新常态下**县域经济**转型升级发展战略研究

以黄陵县为例

柯玲 著

知识产权出版社

全国百佳图书出版单位

图书在版编目（CIP）数据

新常态下县域经济转型升级发展战略研究：以黄陵县为例/柯玲著.
—北京：知识产权出版社，2017.4

ISBN 978 - 7 - 5130 - 4874 - 3

Ⅰ.①新… Ⅱ.①柯… Ⅲ.①县级经济—区域经济发展—经济发展战略—研究—中国 Ⅳ.①F127

中国版本图书馆 CIP 数据核字（2017）第 072254 号

内容提要

本书在科学论述我国经济发展进入新常态对县域经济产生深刻影响的基础上，通过大量深入的调查研究，全面梳理分析了陕西省黄陵县现有和潜在的经济条件，揭示了其在新常态下面临的机遇与挑战，论证了经济转型升级的紧迫性与必要性。作者从黄陵县实际出发，学习借鉴国内外资源型城市转型升级的成功经验，提出黄陵县经济转型升级的战略定位、基本思路、主要目标和路径选择，并重点就现代农业、煤炭工业、石化产业、载能产业和旅游业转型升级的具体方案进行了阐述，最后从整体高度提出保证转型升级顺利推进的支撑体系和保障措施。

责任编辑：张水华　　　　　　　　　　　责任出版：孙婷婷

新常态下县域经济转型升级发展战略研究
以黄陵县为例
柯　玲　著

出版发行：知识产权出版社 有限责任公司		网　址：http：//www.ipph.cn	
社　址：北京市海淀区西外太平庄 55 号		邮　编：100081	
责编电话：010 - 82000860 转 8389		责编邮箱：miss.shuihua99@163.com	
发行电话：010 - 82000860 转 8101/8102		发行传真：010 - 82000893/82005070/82000270	
印　刷：北京中献拓方科技发展有限公司		经　销：各大网上书店、新华书店及相关专业书店	
开　本：787mm×1092mm　1/16		印　张：15	
版　次：2017 年 4 月第 1 版		印　次：2017 年 4 月第 1 次印刷	
字　数：240 千字		定　价：46.00 元	

ISBN 978-7-5130-4874-3

目　录

1 研究背景

1.1 新常态

"新常态"属于经济学范畴，指经济发展模式转轨、经济增长方式转变。新常态给黄陵带来的机遇有以下几个方面。

（1）经济发展趋稳

黄陵煤炭资源丰富，改革开放以后，大规模地进行煤炭资源开采，发展与煤炭有关的电力、建材、酿造业、水泥等产业，经济一直保持高速度增长的态势，但粗放型的经营模式破坏了生态环境，也使经济的内部驱动力不足。近年来，我国经济持续下滑，煤炭价格下跌，煤炭市场竞争力加大，黄陵的经济发展受到严重影响，目前需要改变资源粗放型利用状态，做到农业、工业和服务业协调发展，在经济平稳增长的条件下，逐渐推进新型工业化、信息化、城镇化和农业现代化，力图使黄陵经济全面协调可持续发展。

（2）产业结构优化升级

拉动黄陵经济增长的主要是第二产业，重工业的高投资、高能耗、高污染已经不足以推动黄陵经济的可持续发展，新常态为经济的发展注入了新的活力，可以推动工业经济提升质量。全力推进黄陵循环经济资源综合利用园区和上翟庄科技产业园区建设，力促现有的煤制焦炭、焦油、甲醇、合成氨和煤矸石电厂、粉煤灰水泥等项目全面达产达效，积极开发新的下游精细化工产品，加快发展光电材料、生物制剂、白酒、建材等非能源加工制造业，实现工业经济全面提档升级。

（3）政府简政放权，释放市场活力

党的十八大和十八届二中、三中、四中全会对全面深化改革、加快转变政府职能做出部署，提出了要求。黄陵积极响应中央政府政策，为了适应改革发展新形势和激发经济活力，深化政府改革，加快转变政府职能，简政放权。黄陵取消含金量高的行政审批事项，彻底取消非行政许可审批类别，大力简化投资审批，实现"三证合一""一照一码"，全面清理并取消一批收费项目和资质资格认定，出台一批规范行政权力运行、提高行政审批效率的制度和措施，推出一批创新监管、改进服务的举措，为企业松绑减负，为创业创新清障搭台，为稳增长、促改革、调结构、惠民生提供有力支撑，培育经济社会发展新动力。因此，节约了办理成本，激发了市场活力，刺激了市场投资，有利于拉动经济增长。

1.2 一带一路

从世界范围看，随着经济全球化的深入，当今世界面临着复杂且深入的变化，世界经济依然受到国际金融危机的影响，国际贸易和投资格局亟待调整，各个国家的经济发展也面临着一系列的问题。面对经济、文化、信息全球化的趋势，各个国家的联系越来越紧密，且只有相互合作，推动经济要素合理有序地流动，让资源得到充分有效的利用，才能互利共赢。并且世界发展仍然具有不稳定因素，贫富悬殊过大，宗教矛盾、恐怖主义组织等依然威胁到世界的和平与发展，"一带一路"可以加强区域之间的合作与发展，共同维护世界和平。

从我国来看，随着改革开放的深入，我国国内经济改革进入攻坚期深水区，触及更多深层次矛盾，涉及深度利益关系，需要调整经济结构，转变经济增长方式；近年来，随着国内经济的发展，对能源需求量也大幅度增加，能源进口主要来自于中东和非洲国家，而受国际政治格局的影响，能源供应具有很大的不稳定性。因此"一带一路"提出可以利用国际资源和市场，寻求我国经济发展的驱动力和增长点。"一带一路"给黄陵带来了机遇。

（1）加大改革创新力度，调整经济结构

2013年，陕西成为全国第3个创新型试点省份，西安被确定为全国8个全面创新改革实验区之一，积极与各个国家和地区进行交流与合作，陕西与中亚国家在基础设施、能源、农业等领域合作建设项目100多项，西安交大、西北大学等高校组建中亚学院和丝绸之路经济带研究院，22个国家的近百所大学在西安成立了丝路经济带联盟，黄陵离西安不远，必定会受到其经济的辐射，做大做强能源化工产业、发展先进装备制造业、培育壮大战略性新兴产业、改造提升传统产业、加快发展科技服务业，积极加强经济改革创新的力度，推动经济结构转型。

（2）加强区域合作，共创美好未来

陆上丝绸之路主要经过我国中西部，这些地区深居内陆，交通欠缺，经济发展缓慢，都处于经济发展的上升期。依靠国家的政策和资金，基础设施、货物运输、人员交流等方面的互联互通，可以让区域内资源、资金、人才等要素互相流动，实现资源的优化配置，创造更多的合作机遇。通过全方位的文化、艺术、旅游、学术、医疗、科技等合作，加强中西部的交流，促进民族团结和繁荣兴盛。另外，发挥区位优势，为黄陵企业深化与周边地区的经贸合作搭建平台，提升自身经济发展的质量和层次，加快形成开放型经济新体制，培育经济增长新动力。

1.3 工业4.0

从世界范围看，近年来美国不断调整经济发展战略，重振制造业，2009年启动《2009年美国复兴与再投资法》政策措施，努力调整传统制造业的结构，刺激经济复兴。2011年，美国又推出了《高端制造合作伙伴计划》，目的是提高关键领域的制造能力，开发创新性制造工艺，培养制造业高端人才。日本政府也积极出台政策来促进制造业的发展，将互联通信、节能环保等产业作为国家重点研究项目，重视科技和制造业信息化的发展。2009年的欧债危机让德国等欧洲国家陷入困境，为了摆脱这种局面，德国不得不积极应对，努力调整传统工业机构，发展新兴技术产业。另外德国本身就是制造业强国，制造业技术水平处在世界前列，若是要继续保持这种优势，就必须进行产业调整，利用高科技来武装制造业。针对德国的"工业4.0"，中国政府也提出了中国版的"工业4.0"。

（1）"工业4.0"将会提高工业生产效率，降低资源消耗，提高资源利用效率。通过智能工厂，使得黄陵的资源得到优化配置，实现产业结构升级，其生产模式将打破传统产业链结构，实现实时优化且自我组织的产业链，采取更加智能的生产消费模式，黄陵可以通过互联网将顾客的订单传送至生产商，各地厂商相关设备实时互通，自动调整生产进度并配合完成生产工作，"工业4.0"可以根据市场的需求进行随机变化，给市场带来高效的生产效率。

（2）"工业4.0"可以改变生活方式，解决社会问题。"工业4.0"具有智能化、自动化的特点，且由体力劳动向脑力劳动转变，全新的生产方式可以不受地域的限制，员工可以灵活进行工作，让工作生活更加轻松，延缓退休工龄，降低失业率，缓解城市交通堵塞、环境污染等问题，对人才的培养不再是单纯地以研究成果为标准，而是综合性知识和问题处理能力相结合，促使教育培养出更优质的人才。

1.4 智慧城市

黄陵建设智慧城市的思路有以下几个方面：

（1）加强部门之间的协调

政府在智慧城市的建设过程当中起着举足轻重的作用，因此，政府各部门之间要协调好利益关系，防止各自为政的局面出现，利用各部门的优势资源，消除部门壁垒，整合人才资源，共同建设智慧城市。

（2）结合区域实际情况

政府在推进智慧城市的时候，应从实际出发，客观对待自身的发展水平、发展条件，制定出适合本地区发展的规划，不要盲目地进行资金投入，在发展的同时，注重保护当地生态环境，使得经济与环境协调发展。

（3）提高服务水平

"智慧城市"的建设是要实现城市的可持续发展，可持续发展的核心是以人为本，因此"智慧城市"的建设要注重民生问题，利用信息平台，切实解决民众的疑难杂症，如智能停车、自助快递、自助信息平台等，为民众生活提供便利。

（4）建立长远总体规划

追求短期的经济效益而忽视整体利益，会导致经济、社会、环境发展失衡，立足长远才能实现区域的可持续发展，总体规划才能让区域的资源得到充分合理的利用，因此政府要制定出切实可行的政策方针，明确智慧城市发展的目标、任务及预期效益，切实为智慧城市的建设创造条件。

1.5 革命老区扶贫攻坚

1.5.1 黄陵革命老区现状

黄陵革命老区一般都比较偏僻，自然条件不好，经济普遍落后，基础设施薄弱，交通不便，信息不灵，教育发展落后，经济发展水平与发达地区相比非常落后，贫富悬殊非常大。为了改变贫困老区的落后面貌，实现共同富裕，政府推出了一系列措施。

1.5.2 政策支持

1994 年，国务院发布《国家八七扶贫攻坚计划》的通知，目的是解决贫困户的温饱问题，加强基础设施建设，改变文化、教育、卫生落后的状况，缩小地区差异，实现共同富裕，在信贷经济、财税等方面给予优惠政策。习近平总书记也非常重视扶贫工作，党的十八大以来，多次深入贫困地区调研并发表一系列重要讲话，阐明了新时期我国扶贫工作的重要性，初步形成了新时期我国扶贫开发战略思想。2015 年 10 月，习近平出席 2015 减贫与发展高层论坛并发表题为《携手消除贫困促进共同发展》的主旨演讲。在这次会议中，习近平强调中国将大幅度增加扶贫投入，出台更多惠及贫困地区、贫困人口的政策措施，在扶贫攻坚工作中实施精准扶贫方略，坚持中国制度的优势，注重"扶持对象精准、项目安排精准、资金使用精准、措施到户精准、因村派人精准、脱贫成效精准"等六个精准，坚持分类施策，广泛动员全社会力量，体现了党中央对扶贫工作的高度重视。

1.5.3　扶贫具体措施

（1）政府的政策支持

革命老区的扶贫攻坚是一个艰巨的任务，特别是老革命区经济发展滞后，物质资源匮乏，有的温饱都成问题，更别提医疗、教育、卫生、交通等设施条件，只有依赖政府的政策支持，加大资金投入，改善生活问题、住房问题，对特困户给予救助，对农产品实行保护价格，让农民不会因为市场供给或者经济不景气而造成巨大损失，对于气候比较恶劣的地区，可以采取搬迁的办法，移居到适合人类居住的地方，这样才能逐渐缓解革命老区的贫困状况。

（2）动员社会力量

广泛动员全社会力量共同参与扶贫开发，是我国扶贫开发事业的成功经验，是中国特色扶贫开发道路的重要特征，民营企业、社会组织和个人通过多种方式积极参与扶贫开发，社会扶贫日益显示出巨大发展潜力，因此可以利用媒体对黄陵贫困地区进行宣传，鼓励社会力量关注贫困地区，对贫困地区进行帮扶，成立基金项目，专门扶持革命老区特困户。

（3）发展特色产业

一个地方的特色产业对经济的发展具有巨大的推动作用，若是没有特色产业，仅靠政府的财政补贴、社会的帮扶项目，脱贫难度很大，且很容易返贫，因此若要脱贫致富，首先就要利用优势资源，发展特色产业，打造特色产品，进行广告宣传，吸引市场消费，靠自身优势条件富起来，才能真正脱贫。

（4）加大基础设施的建设

"要致富，先修路"，交通设施可以加强与外界的联系，既可以引进外部的资金和产业，又可以将自己的优势资源运送出去。很多贫困地区以务农为主，那么就要加大水利设施的修建，整治河流、池塘，引水灌溉，宜林则林，宜牧则牧，结合地方气候环境，发展优势农业。

（5）扶持教育事业

教育对贫困地区具有非常大的促进作用，政府要加快制定促进贫困地区发展教育的有关政策，在教育政策、项目和资金投入上向贫困地区倾斜，改善贫困地区办学条件较差、教学设备陈旧等状况，进一步提高对学校学生的补贴标准，对贫困地区学生提供足额的生活补助，鼓励高校人才到贫困地区支教，提高其整体教育教学水平，大力加强教师和干部的培养培训工作。

1.6 供给侧结构性改革

一是提高黄陵各级政府工作的效率。供给侧改革实质上就是改革公共政策的产生、输出、执行以及修正和调整方式，更好地与市场导向相协调，充分发挥市场在配置资源中的决定性作用。说到底，供给侧改革，就是按照市场导向的要求来规范政府的权力，有助于经济结构调整和产业结构调整，有助于保护已有的市场化改革成果。

二是加快黄陵产业结构优化的步伐。供给侧改革将会带来产业结构的大调整，社会将会为中高端产业输送更多的劳动力、资金、金融和技术，而信息及互联网产业、教育及培训产业、文化与智慧产业、服务平台与社会化服务产业将面临难得的发展机遇。对黄陵而言，应当大力发展以旅游为主的第三产业，同时通过技术改革，增加以煤炭、农产品精深加工为主的第二产业的科技含量，生产更加符合市场需求的产品。

三是缩短城镇化建设过程。当前黄陵城镇化率尤其是户籍人口城镇化率偏低，且户籍人口城镇化率大大低于常住人口城镇化率。供给侧改革会加快户籍制度改革、福利保障制度改革、土地制度改革等，推进农民的市民化进程，提高户籍人口城镇化率。

四是促进黄陵创新发展。供给侧改革要求全要素生产率的提高，必然导致各生产要素升级，包括技术进步、知识增长、创新驱动。通过资本与科技创新，结合黄陵产业发展基础，逐步形成个性化、层次化、多元化的供给市场，并衍生出新的需求。

2　现有及潜在的资源条件调查

2.1　区位及交通条件

2.1.1　区位介绍

黄陵地处黄河中游的黄土高原，位于陕西省中部，延安市南端。东靠洛川，南连宜君、铜川、旬邑，西与甘肃省正宁县接壤，北与富县毗邻县城，距省会西安 180 千米。境内东西宽 85.70 千米，南北长 53.20 千米。黄陵属中温带大陆性季风气候，四季分明，气候温和，是全国绿色苹果示范基地，世界苹果最佳优生区。环境优美，气势雄伟的子午岭被清澈的沮河源环抱，是休闲度假的理想胜地。黄陵人文景观独特，是中华民族始祖轩辕黄帝的陵寝所在地，是全国首批爱国主义教育示范基地、全国重点风景名胜区、全国首批 5A 级旅游景区、全国文明风景旅游区、中国黄帝祭祀文化之乡和中国民间文化旅游示范区。区位的显著优势，拉动着黄陵经济的稳步提升（见图 2-1）。

2.1.2　交通建设概况

黄陵境内交通发达，公路、铁路运输畅通，路网结构合理，道路运输总体水平不断提升。2013 年，全县有一级公路 73.808 公里，其中包茂高速 24.9 公里，黄延高速扩能一级公路 26.808 公里，黄陵至店头快速干线

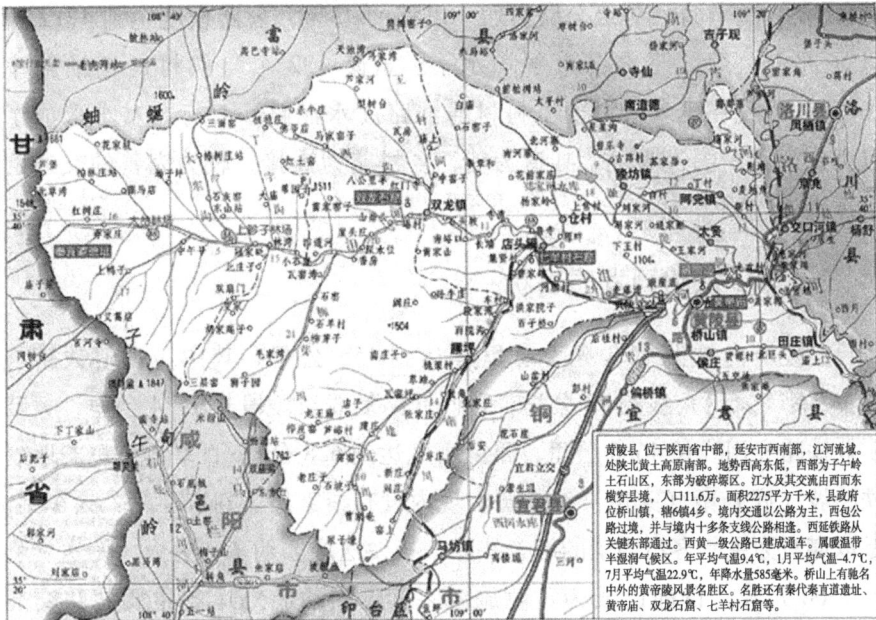

图2-1 黄陵区位图

22公里，柏油以上等级公路通达192个自然村。包茂高速、210国道及西延、秦七铁路贯穿全境，境内黄渠专用机场为空运提供了方便，黄延高速扩能工程（西延高速第二通道）和西延铁路动车已经于2015年建成通车。县境内公路省际相接、县道相连、县乡互通，村村连接，路网稠密，交通便捷，形成了以铁路、航空、高速公路、国道、省道为依托，以县乡公路为骨架，连接城乡，通达周边，优势互补的立体交通网络。在未来的五年内，黄陵将要开展210国道改线项目、黄陵旅游专线建设项目、多个县道升级省道项目等。

2.1.3 公路网发展现状

至2012年，黄陵公路总里程达到1082公里，其中，一级公路22公里，国道干线公路33公里，农村公路1026.931公里，其中县道6条206.226公里、乡道21条171.931公里、村道648.774公里。一级公路22公里，二级公路130.876公里，三级公路159.14公里，四级公路689.6公里，等外公路80.315公里。分别占公路总里程的2%，12%，

15%，64%，7%，等级公路占通车里程的93%，公路密度达到47.2公里/百平方公里，超出全市平均水平。黄陵192个自然村通柏油路率100%，率先在延安市实现了村村通油路（水泥路）目标。基本形成了以高速公路、国道为主，县道为辅，乡村路为连接，较为完善的交通网络体系。

2.1.4 铁路网发展现状

黄陵境内铁路有3条，总里程达到155公里，其中，西延铁路坡（底）秦（家川）线长93公里，包西铁路复线黄陵段长15.4公里，黄陵矿业铁路专用线长46.6公里，路网密度达到6.8公里/百平方公里。西延铁路坡（底）秦（家川）线在黄陵境内设有秦家川、刘家沟两个火车站，是以煤炭为主、客运为辅的综合线路，年发送旅客约7.2万人，发送货物约2300万吨，目前已成为黄陵旅游、煤炭和油品外运的主要铁路交通枢纽。

现已开通西安至延安动车黄陵站，2015年11月份投入使用。黄陵矿业铁路专用线起于西延铁路秦家川站，至于黄陵矿业集团二号煤矿的双龙车站，是黄陵矿1号、2号竖井的煤炭外运专用线，年运输能力2000万吨。主要承担黄陵煤炭外运任务，对地方经济社会的发展起到了举足轻重的作用。黄（陵）韩（城）侯（马）铁路是晋陕两省煤炭外运的新便捷通道，该项目于2015年7月建成通车，满足陕北、山西中南部地区煤炭外运量增长的需要。

2.2 气候资源

2.2.1 黄陵气候概况

黄陵属中温带大陆性气候，总的气候特点是：四季分明，光照充足，气候温和，雨量适中。黄陵年平均气温9.4℃，年极端最高气温39.4℃，极端最低气温零下21.4℃，最热月7月平均气温21.7℃，最冷月1月平均气温零下4.5℃；年平均降水量596.3毫米，最多年降水量1037.2毫米，最少年降水量 306.0 毫米，5 月到 10 月的降水量占全年降水量的 84%，7、8 两个月的降水量占全年降水量的 42%，暴雨出现在 5 月到 9 月，7、8 两个月出现暴雨的次数占全年暴雨出现次数的 90%，连阴雨大多出现在 9 月下旬到 10 月上旬；冰雹等强对流天气出现在 3 月到 10 月，5 月到 8 月出现冰雹等强对流天气次数占全年出现次数的 88%；年平均风速 3 米/秒，盛行风向为西北风和东南风；年平均日照时数 2528.4 小时，最多年日照时数 2688 小时，最少年日照时数 1791 小时；5 月日照时数为一年之中最多，平均为 240 小时，9 月日照数为一年之中最少，平均为 156 小时；年平均无霜期 172 天。

2.2.2　黄陵气候特点

气温：黄陵四季冷暖分明，冬长而不寒，夏短无酷热。据 1992—2008 年气象资料统计，20 年平均气温 9.4℃，各月气温差距大，春季升温快，冬季和夏季气温较稳定。夏季温度最高，平均为 21.7℃，冬季最低，平均为 -1.4℃，如图 2-2 所示。

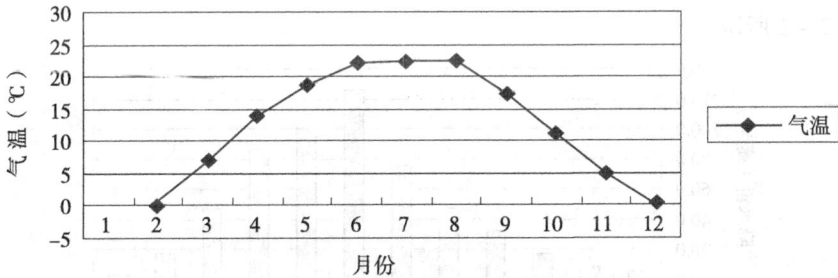

图 2-2　黄陵 1992—2008 年月平均气温

降水：黄陵自然降水量年际降水变化率较大，据 1990—2009 年气象资料记载，年平均降水量 566.2 毫米，最大 942.3 毫米（2003 年），最小 306.0 毫米（1995 年），相差 636.3 毫米。降水量超过 700 毫米的有 2 年，少于 400 毫米的有 2 年，如图 2-3、表 2-1 所示。

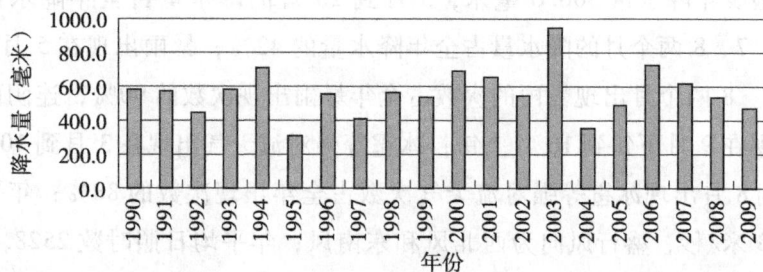

图 2-3　黄陵 1990—2009 年各年降水量

表 2-1　黄陵 1990—2009 年各年降水量

年份	1990	1991	1992	1993	1994	1995	1996	1997	1998	1999
降水量（毫米）	583.2	573.4	447.6	585.2	708.8	306.0	557.1	408.8	567.6	536.5
年份	2000	2001	2002	2003	2004	2005	2006	2007	2008	2009
降水量（毫米）	692.2	658.7	548.5	942.3	358.2	487.9	730.1	616.0	539.6	475.4

黄陵的各月降水量分布不均，差别较大。月平均降水量 7 月最大，为 127.9 毫米，最小是 12 月，为 3.7 毫米，相差 124.2 毫米，如图 2-4、表 2-2 所示。

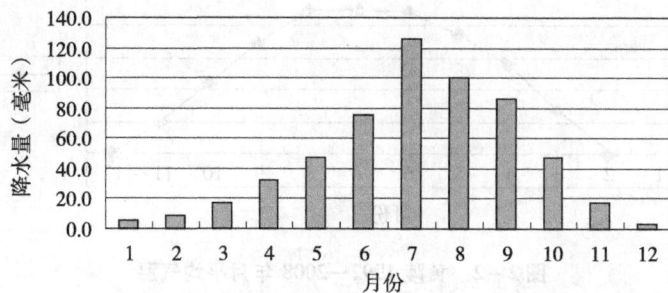

图 2-4　黄陵 1990—2009 年各月平均降水量

表 2-2　黄陵 1990—2009 年各月平均降水量

月份	1 月	2 月	3 月	4 月	5 月	6 月	7 月	8 月	9 月	10 月	11 月	12 月
降水量（毫米）	5.4	9.0	17.7	32.3	47.2	75.1	125.6	99.6	86.6	47.2	16.8	3.7

降水主要集中在夏季，为 305.4 毫米，冬季降水最少，为 17.9 毫米，

相差287.5毫米。夏季降水量占全年的53.5%，其余依次为秋季26.5%，春季16.9%，冬季3.1%，如表2-3所示。

表2-3　黄陵历年季节降水量

季节	春季 （3~5月）	夏季 （6~8月）	秋季 （9~11月）	冬季 （12~2月）
降水量（毫米）	96.6	305.4	151.1	17.9
占全年降水量的百分率（%）	16.9	53.5	26.5	3.1

降水日数：全年平均降水日数为121天，最多157天（2003年），最少96天（1995年），相差61天。7月份降水日数最多，平均为16天。

降雪：黄陵初雪日最早出现在10月16日，最晚1月12日，相差89天；终雪日最早出现在1月17日，最晚4月12日，相差85天。年平均降雪日数为20天，最多年34天（1994年），最少年8天（1999年）。历年最大积雪深度15厘米，1995年和2008年均出现最大积雪深度。

2.2.3　黄陵气象灾害

黄陵的主要气象灾害有干旱、冰雹、暴雨、霜冻、雷电、大风。其中危害最为严重的是干旱，因降水年份和季节分配不匀，变率大，易发生春夏连旱和伏旱；其次是冰雹和暴雨，冰雹对果业和农业造成了很大的威胁；另外，暴雨、突发的短时高强度降水和瞬时大风使局部地方发生洪涝灾害和风灾。

2.3　土地资源

2.3.1　黄陵土地资源概况

黄陵土地总面积2287.28平方公里（343.09万亩），农用地面积321.47万亩，占土地总面积的93.7%，其中耕地21.96万亩；建设用地7.38万亩，占土地总面积的2.2%；未利用地14.24万亩，占土地总面积的4.1%。建设用地中，建制镇用地面积1.16万亩，占土地总面积的

0.3%；村庄占地3.46万亩，占土地总面积的1.0%；采矿用地1.26万亩，占土地总面积的0.3%；交通用地1.2万亩，占土地总面积的0.3%；其他建设用地0.28万亩，占土地总面积的0.09%。

2.3.2 土地利用现状

农用地：耕地21.96万亩，占农用地总面积的6.84%，各乡镇均有分布，其中隆坊镇、田庄镇和桥山办事处分布较多。

园地：9.94万亩，占农用地总面积的3.10%，主要分布在桥山办事处、隆坊镇、阿党镇等。

林地：282.53万亩，占农用地总面积的87.89%，主要分布在店头镇、双龙镇等。

牧草地：5.18万亩，占农用地总面积的1.62%，主要分布在桥山办事处、隆坊镇、阿党镇和双龙镇。

建设用地：城镇村及工矿用地5.89万亩，占建设用地总面积的79.81%，主要分布在桥山办事处、隆坊镇和店头镇；交通利用地1.3万亩，占建设用地总面积的17.62%，主要分布在桥山办事处、阿党镇、店头镇、双龙镇；其他建设用地0.28万亩，占建设用地总面积的2.06%，主要分布在双龙镇和隆坊镇。

未利用地：河流水面1.11万亩，占其他土地总面积的7.8%，主要分布在桥山办事处、双龙镇和阿党镇；其他草地13.05万亩，占其他土地总面积的91.65%，主要分布在桥山办事处、隆坊镇、店头镇、阿党镇和田庄镇。

2.3.3 土地利用特点

土地利用地域分化明显。黄陵分西部中低山丘陵区、中部川道、东部塬区三种地貌，土地利用具有明显的地域特点：西部中低山丘陵区处于沮河上游，是全县及黄河流域重要的水源涵养林区，全县83.60%的林地分布于此；中部川道煤炭资源丰富，工矿企业较多，耕地少；东部塬区由于地势平坦、土壤肥沃、光热条件好，耕地面积占全县耕地总面积的67.40%。

2015 年黄陵土地利用率为 95.82%，低于延安市 97.92% 的平均水平，其中农用地面积为 321.47 万亩，占黄陵土地总面积的 93.7%，农用地所占比重较大。

林地面积较大，生态环境较好。2015 年黄陵林地面积 282.53 万亩，占黄陵土地总面积的 82.35%，集中分布于西部中低山丘陵区，形成了天然的生态保护屏障，为改善黄陵及黄河流域生态环境和水源涵养发挥了有效的作用。

2.4 矿产资源

2.4.1 资源概况

黄陵是陕西省矿产资源较丰富的县市之一，目前已发现的矿产资源有煤炭、石油、天然气、煤层气、锗、镓、铀、地下水、矿泉水、水晶石、红沙、页岩、油页岩、石灰石、砖瓦用黏土、建筑用砂岩等多种矿产资源。已开发利用的主要以煤炭、石油、砖瓦用黏土、建筑用砂岩资源为主。

煤炭资源：累计探明储量 27.3 亿吨，煤田总面积 1149.07 平方公里，占黄陵面积的 45.7%，跨越店头、双龙、隆坊 3 个镇。目前，县域内共设立矿产资源开发企业 61 家，煤矿 28 家（10 家市属以上国营矿井，18 家地方小型矿井），非煤矿山 33 余家（砖厂 25 家、采石场 8 家）。黄陵矿区煤种属炼焦气煤，可选性好，生产的精煤灰分、硫分低，挥发分、磷分中等，铅、砷、铍、汞等微量有害元素含量低，是上好的炼焦配煤、高炉冶炼用煤和化工原料煤。但长期以来，黄陵煤一直被作为电煤产品销售，约束了资源价值的释放。同时，煤炭洗选产生的煤矸石堆放、煤炭生产过程中的瓦斯抽放以及矿井疏干水的排放，既会对环境产生污染，又是资源的极大浪费。

石油资源：目前正处于勘探阶段，主要分布在双龙、店头、隆坊等镇，由延长石油集团、中石油长庆分公司、中石化华北分公司三家石油企业负责勘探工作已探明石油地质储量约 1.06 亿吨，预测储量 2 亿~4 亿吨。

2.4.2　煤炭资源开发情况

煤炭资源及分布构成：黄陵是延安市煤炭资源的主要聚集地，现已探明煤炭资源面积 1149.07 平方公里，地质储量 27.3 亿吨，保有资源 24.5 亿吨，可采储量 21 亿吨，属"渭北黑腰带"煤田，是陕西省四大煤田之一。

煤炭资源品质：根据相关资料及黄陵煤质分析，黄陵煤炭属于黄陇侏罗纪系，主要可采煤层位于侏罗系中统延安组下部，煤层厚 0～7.39 米，平均厚 2 米，属中厚层和厚煤层。黄陵矿区煤炭资源具有埋藏浅、易开采、低—中灰（12.52%～20.64%）、低硫（0.33%～0.61%、低磷（0.0008%～0.2374%）、高发热量等特点（22.1～27MJ/kg），是优质的化工、动力及生活用煤，如表 2-4 所示。

表 2-4　黄陵矿区煤炭煤质分析数据

序号	分析指标	数据
1	全水分	8.50%
2	分析水分	3.18%
3	灰分	22.06%
4	挥发分	37.03%
5	全硫	0.43%
6	氢	4.00%
7	发热量	23.20MJ/kg

煤炭生产状况：黄陵煤矿实现双回路供电后，经过资源优化整合，产能大幅度提高，截至 2015 年年底黄陵境内有各类煤矿企业 26 处，原煤产量达到 3000 余万吨。其中省、市所属煤矿 8 个，年产 2262.83 万吨，县属煤矿 18 个，年产 427.5 万吨。基本情况见表 2-5。

表 2-5　黄陵县煤矿产能情况表

矿名	2005 年核定能力（万吨/年）	2015 年生产能力（万吨/年）
腰坪沙场沟煤矿	6	30
南川一号煤矿	30	90
石牛沟煤矿	6	30

矿名	2005 年核定能力（万吨/年）	2015 年生产能力（万吨/年）
店头曹家峪石牛沟煤矿	6	已关闭
金咀沟煤矿	6	30
腰坪超强煤矿	5	15
店头丰源矿	3	30
明星煤业有限公司	3	30
店头宏兴煤业有限公司	3	30
平安煤业有限公司	5	30
隆坊下芋子沟煤矿	6	已关闭
田庄镇石牛沟煤矿	6	已关闭
南川二号煤矿	21	60
金穗煤矿	6	45
李章河二矿	6	30
店头镇北川第一煤矿	6	已关闭
阿党镇棋智煤矿	6	15
东方煤炭有限公司	6	30
天顺煤矿	4	15
店头兴隆煤矿	5	15
腾达煤矿	3	15
寺湾村办二矿	6	不实行双回路

2.4.3 石油资源开发情况

黄陵境内已探明石油地质储量约 1.06 亿吨（长庆探明约 0.7 亿吨、延长探明约 0.16 亿吨、中石化探明约 0.2 亿吨），预测储量 2 亿~4 亿吨。2014 年累计完成各类井位 589 口（延长 373 口、长庆 191 口、中石化 25 口），累计采出原油 17.88 万吨（延长 4.015 万吨、长庆 13.07 万吨、中石化 0.795 万吨）。三家石油企业累计完成开发投资 22.65 亿元，实现利税 6585.62 万元，规费收入 2208.25 万元，实现产值约 8.04 亿元。

黄陵 2015 年的石油勘探开发由延长石油股份有限公司建设指挥部、长庆油田分公司第一采油厂长东项目部、中石化华北分公司项目部三家企业自筹资金 6 亿元，完成石油探井 30 口，天然气探井 10 口，生产井 200 口，生产原油10万吨（市政府下达任务12万吨）。延长油田股份公司黄陵指挥部10万吨联合站年内完成立项、土地预审等前期工作，2016年开工建设，其中延长石油集团在黄陵"十二五"期间的总体目标如表2－6所示。

表2－6　黄陵县延长石油集团总体目标情况表

井别	类　别	2011年	2012年	2013年	2014年	2015年	小计
探井	口数（口）	15	15	20	20	20	90
	预计进尺（万米）	2.5	2.5	3.2	3.2	3.2	14.6
	试油（口）	10	12	15	15	15	
	新增控制面积（km²）	16	16	20	20	20	92
	新增控制储量（万吨）	560	560	700	700	700	3220
	预计投资（万元）	2425	2505	3300	3300	3300	14830
生产井	口数（口）	60	110	192	200	250	812
	预计进尺（万米）	9	16.5	28.8	30	37.5	121.8
	新井投产（口）	60	110	192	200	250	812
	新井产量（万吨）	0.84	1.54	2.69	2.8	3.5	11.37
	新建产能（万吨）	1.3	2.4	4.2	4.3	5.4	17.6
	年产量（万吨）	0.84	2.3	4.7	8.5	12	28.34
	累计产量（万吨）	0.84	3.14	7.84	16.34	28.34	
	预计投资（万元）	10800	19800	34560	36000	45000	146160
注水井	新钻注水井（口）	16	22	29	35	45	147
	新建注水站（座）	2	2	3	3	4	14
	新投转注井（口）	15	15	25	25	30	110
	新增注水面积（km²）	6	6	10	10	12	44
	预计投资（万元）	4070	4790	6730	7450	9700	32740
合计（万元）		17295	27095	44590	46750	58000	193730

井位开发方面：由于受区域环评、保护区（林业自然保护区、水源地保护）及企业计划任务等因素影响，三家石油企业油气勘探工作进展较2015年总体向缓。至2015年5月，长庆仅申报了3口天然气探井，已予以审批，长庆二维油气勘探请示报告已上报政府，待复批；审批延长井位46处，已完钻生产井80口，探井5口；中石化尚无井位开发。原油开采方面，至2015年6月底已生产原油4.37万吨（长庆2.53万吨、延长1.77

万吨、中石化 0.074 万吨），较去年同期增长 18.5%，占年度任务的 43.7%。

开发利用规划分区：根据开采规划的分区原则，黄陵规划鼓励开采区 1 个，限制开采区 1 个，禁止开采区 11 个。

鼓励勘探开采区：为油气资源相对丰富、分布相对集中，易于形成规模开采，外部条件基本良好，能有效控制对生态环境影响的地区。

限制开采区：已确定的水源地的二级保护区；地质灾害治理区、国家天然林保护区、耕地保护区；对县城总体景观和生态环境有较大影响的区域。限制污染水源以及易引发地质灾害的区域开采。限制在现有煤炭开采企业法定范围内易引发安全事故的区域开采。

禁止开采区：已确定的水源地一级保护区、基本农田保护区、主要城镇、铁路、公路、重点工程设施规定的保护范围，重点风景名胜、文物保护单位，禁止油气勘探开发。

2.5　水利资源

2.5.1　黄陵水资源概况

黄陵水资源总量 1.26 亿 m^3，水资源可利用量 5516 万 m^3，人均占有量 1038m^3，仅为全国人均占有量的 34%，属资源性缺水地区。加之不同地域人均水资源差异也较大，沮河县城以上人均水资源占有量大于 2000m^3，县城以下人均水资源占有量只有 117m^3。水资源年内分配也不均，年际变化较大，调蓄工程不足，易造成工程型缺水。水资源主要是地表水资源，占到总水资源量的 92.1%，而现状水资源开发利用主要以地下水开采为主。黄陵地表水开发利用率只有 11.2%，而流域地下水开发利用率已达 45.8%。地表水供水又以无调蓄能力的引水工程为主，黄陵蓄水工程不足，径流资源大量流失。

2.5.2　黄陵河流沟道统计

黄陵境内河流均属渭河一级支流北洛河水系。北洛河、葫芦河、沮河、连达沟、慈乌河是县境内的 5 条主要河流，其中葫芦河、沮河、连达沟、慈乌河均为北洛河右岸的一级支流。北洛河、葫芦河为过境河流。境内大于 $100km^2$ 的河流有淤泥河、建庄川、双龙西沟、柳芽川、南王家河 5 条。长度在 2km 以上的河流沟道 391 条，河流沟道按面积分级统计，如表 2 -7 所示。

表 2 -7 黄陵河流沟道面积分级统计表

流域面积（km^2）	1 ~ 10	10 ~ 50	50 ~ 100	100 ~ 1000	1000 以上	合计
数量（条）	328	42	13	5	3	391

北洛河发源于定边县白于山南麓，流域地跨陕、甘两省 18 个县市，干流全长 680.3km，流域面积 $26905km^2$，平均比降 1.53‰。黄陵境内流长 40km，成为县东界河。北洛河入黄陵境上游交口河水文站段面流域面积 $17180km^2$，多年平均径流量 4.79 亿 m^3，平均流量 $15.2m^3/s$，年输沙量 825 万 t。

葫芦河发源于甘肃省华池县，流经富县入黄陵，干流全长 235.3km，流域面积 $5449km^2$，平均比降 2.37‰。黄陵境内流长 32km，多年平均径流量 1.32 亿 m^3，平均流量 $4.25m^3/s$，年输沙量 132 万 t。流域上游植被较好，河流含沙量小。

沮河发源于子午岭东麓的沮源关，由西向东纵贯全县，注入北洛河。沮河全长 140km，流域面积 $2486km^2$，平均比降 3.0‰，黄陵境内流长 128km，流域面积 $1982km^2$，占黄陵总面积的 87%。多年平均径流量 1.3 亿 m^3。上游植被较好，河流含沙量小。

连达沟全流域在县境内，流域面积 $50.8km^2$，河长 15.7km，属季节性河流。多年平均径流量 0.022 亿 m^3。

2.5.3 水资源开发利用现状

黄陵属中温带大陆性季风气候，冬春干寒少雪，夏秋温热多雨。全县多年平均降水量 576.1mm，多年平均自产地表水 1.16 亿 m^3，地下水 0.62 亿 m^3，水资源总量 1.26 亿 m^3，位居延安市第 4。人均水资源量 $1038m^3$，为延安市人均水平的 1.5 倍。沮河流域自产水资源总量 1.09 亿 m^3（沮河全长 140km，流域总面积 2486km^2，平均比降 3.0‰，多年平均径流量 13043 万 m^3，年降水量 578.0mm，平均流量 3.77m^3/s，由双龙川的柳芽、西沟、建庄川、淤泥河、小清河 5 大支流构成)，占黄陵自产水资源总量的 86.5%，其中地表水 1.03 亿 m^3，地下水 0.53 亿 m^3。旱灾是黄陵发生频率高、损失大的第一大自然灾害。水资源区域分布、年内分配不均，年际变化大；沮河县城以上主要产水区水资源总量较丰，人均大于 2000m^3；塬区干旱，开发利用条件差；葫芦河及北洛河干流过境水量较大；沮河水质有一定污染，影响开发利用。

黄陵有大型水库 1 座、中型水库 1 座、小型水库 4 座，总库容 1645 万 m^3，兴利库容 898.5 万 m^3，淤地坝（塘坝）和溯 9 处。小型引水工程 17 处，现有供水能力 625 万 m^3。小型提水工程 7 处，现有供水能力 202.5 万 m^3。地下水生产井 83 眼，其中配套机电井 70 眼，现有年供水能力 454.5 万 m^3。黄陵各类供水工程总供水量 1992 万 m^3，其中地表水 1589 万 m^3（含向延安炼油厂供水 504 万 m^3），占总供水量的 79.8%，地下水 375 万 m^3（含向铜川焦坪煤矿供水 20 万 m^3），占总供水量的 18.8%，雨水利用量 28 万 m^3。

2.6 森林资源

2.6.1 黄陵森林资源概况

黄陵地形复杂多样，自然生态条件适宜中温带各种生物生长，主要乔木树种有：辽东栎、山杨、白桦、油松、侧柏、刺槐、泡桐、大关杨、中槐、杜梨、棒树、秋树、榆树、水杉、北京杨、新疆杨、柳树；经济林树种有：苹果、梨、桃、杏、核桃、柿子、葡萄、桑、花椒等；灌木主要有：胡枝子、秀线菊、枸桔子、虎棒、荆条、沙棘、狼牙刺、酸枣、黄蔷薇、连翘等。草本植物有四百余种，主要有：白羊草、黄花、达呼里、紫云英、针茅、冰草、黄背营、硬毛棘豆、花首稽、山野豌豆、委陵草及蒿属等。药用植物共有 423 种，主要有：桃红、黄芪、黄芩、柴胡、地骨皮、党参、板蓝根、槐米、枣红、柏于红、秦艽、杏红等。

黄陵森林植被分布，自西向东构成两个明显的植被区域，西部主要是天然次生林地带，主要分布在山地和阳坡丘陵，且生长较好。阳坡和丘陵顶部多为疏林和灌丛，整个林区呈现出森林、灌丛、无林荒山相间的分布特点。全县森林以落叶阔叶林为主，其次为针阔混交林和小片油松或侧柏林。

2.6.2　森林分布

林地面积 40818.38hm^2，其中有林地面积 16215.08hm^2，疏林地面积 463.54hm^2，灌木林面积 5633.37hm^2，未成林地面积 7628.4hm^2，无立木林地面积 717.06hm^2，宜林地面积 10154.32hm^2，分别占林地面积的 39.72%、1.14%、13.80%、18.69%、1.76%、24.88%。苗圃地面积 6.11hm^2。各镇、林场林地现状详见图 2-5。

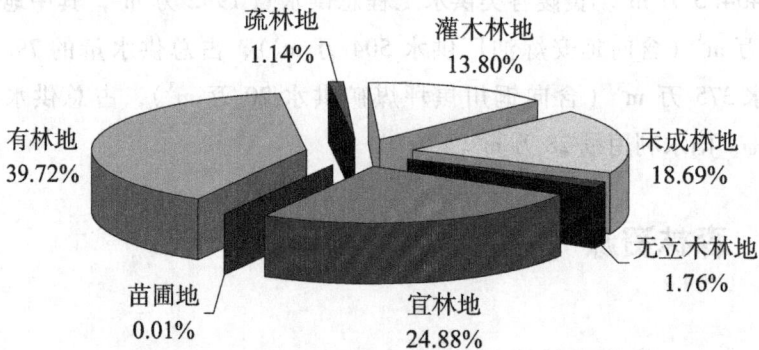

图 2-5　林地分类

黄陵森林面积 16215.08hm^2，占林地面积的 39.72%。现有林种结构分为防护林 12641.04hm^2、特用林 157.82hm^2、用材林 2364.61hm^2、经济林 1051.61hm^{2}4 大类。根据林地落界技术规程，将森林即有林地和国家特别规定灌木林地纳入各林种统计范围，另有 24603.3hm^{2}疏林地、其他灌木林、未成林造林地、苗圃地、宜林地未纳入林种结构的面积范围。资源分布详见表 2-8。

表 2-8 黄陵林地资源现状（单位：公顷）

统计单位	权属	起源	林地					苗圃地	宜林地
			合计	有林地	疏林地	灌木林地	未成林造林地		
1	2	3	4	5	6	7	8	9	10
黄陵	合计	小计	40818.38	16215.08	463.54	5633.37	7628.4	6.11	10154.32
		天然	11198.23	5232.8	295.29	5326.86	343.28		
		人工	18742.16	10982.28	168.25	306.51	7285.12		
	国有	小计	9971.76	6233.97	290.18	2039.07	910.65		497.89
		天然	7767.58	5106.04	290.18	2028.08	343.28		
		人工	1706.29	1127.93		10.99	567.37		
	集体	小计	30846.62	9981.11	173.36	3594.3	6717.75	6.11	9656.93
		天然	3430.65	126.76	5.11	3298.78			
		人工	17035.87	9854.35	168.25	295.52	6717.75		

2.6.3 分类规划

公益林地规划：根据黄陵森林资源规划设计调查结果及公益林区划界定成果，共区划公益林面积 32268.19hm^2，占黄陵林地总面积的 79.05%，林种结构符合生态优先原则，如表 2-9 所示。

表 2-9 公益林地规划（单位：公顷）

规划期	公益林等级	林地	公益林				占林地面积比率
			小计	防护林	特用林	其他林地	
现状	合计	40818.38	32268.19				79.05%
	重点公益林地		16186.7	8926.82	124.1	7135.78	39.65%
	其中：国家公益林地		16186.7	8926.82	124.1	7135.78	39.65%
	一般公益林地		16081.49	3714.22	33.72	12333.55	39.4%
规划	合计	40818.38	32268.19				79.05%
	重点公益林地		16186.7	10098.8	124.1	5963.8	39.65%
	其中：国家公益林地		16186.7	10098.8	124.1	5963.8	39.65%
	一般公益林地		16081.49	5159.69	33.72	10888.08	39.4%

国家级公益林地：根据《国家级公益林区划界定办法》（林资发〔2009〕214 号）及重点公益林区划界定和生态补偿实施情况，黄陵区划

国家级公益林地面积 16186.7hm²，占公益林地总面积的 39.65%。除黄帝陵周边为一级保护外，全部为二级保护，以防护林为主。国家级公益林地主要在河寨林场等有分布，主要分布在生态重要的河流沿岸及特殊保护的黄帝陵周边。

规划到 2020 年，国家级重点公益林地面积保持稳定，保护等级不变，林种以防护林为主。

一般公益林地：黄陵区划一般公益林面积 16081.49hm²，占公益林总面积的 49.84%，林种为防护林、特用林、其他林地。其他公益林在黄陵其他镇均有分布。主要分布在未列入国家级公益林的河流两岸、重点保护区周边及生态脆弱区。

规划到 2020 年，其他公益林地面积保持稳定，林种为防护林、特用林、其他林地。

重点商品林地规划：黄陵目前重点商品林 644.24hm²，占商品林总面积的 7.53%，林种分别为用材林、经济林、其他林地。主要分布在隆坊等镇，如表 2－10 所示。

表 2－10　商品林地规划

规划期	商品林等级	林地	商品林				占林地面积比率
			小计	用材林	经济林	其他林地	
现状	总计	40818.38	8550.19	3094	1262.2	3649.6	20.95%
	重点商品林		644.24	431.43	6.27	206.54	1.58%
	一般商品林		7905.95	1933.18	1045.34	4927.43	19.37%
规划	总计	40818.38	8550.19	3094	1262.2	3649.6	20.95%
	重点商品林		644.24	431.43	103.88	108.93	1.58%
	一般商品林		7905.95	1933.18	3947.28	2025.49	19.37%

2.7　旅游资源

2.7.1　黄陵旅游资源概况

近年来，黄陵县按照"中华民族精神家园、炎黄子孙朝圣地"定位，着力构筑"一核心四区域"的旅游开发格局，现已开工建设黄帝文化园区、黄陵国家森林公园、轩辕酒文化旅游产业园等重点旅游项目，工业旅游、农业旅游、乡村旅游蓬勃发展，旅游产品不断丰富，旅游规模逐年扩大。目前，全县有涉旅企业50余家，标准床位3000多张，可容纳5000多人同时用餐，其中，桥山滨湖酒店为4星级旅游酒店，国内旅行社8家，旅游商店30多户，农家乐120余家，旅游从业人员5000多人，能为游客和大型接待团体提供吃、住、行、游、购、娱等全方位优质服务。旅游商业开发以黄帝文化、姓氏文化系列旅游纪念品和以苹果、黑陶、白酒、杂粮等地方特产及面花、剪纸、木雕等民间手工艺品为主。黄陵地方风味小吃品种繁多，色味俱佳，有油糕、软馍、漏鱼、剁面、凉粉、黄酒等系列产品。

黄帝陵号称"天下第一陵"，是陕西北线唯一的一家5A级旅游景区，是全国首批重点文物保护单位、全国首批爱国主义教育示范基地、全国首批5A级旅游景区、全国文明风景旅游区、中国祭祀文化之乡和中国民间文化旅游示范区。黄帝陵祭奠是国家非物质文化遗产。黄陵县2007年被命名为陕西省首批旅游强县，2012年被省政府命名为"陕西省旅游示范县"。

此外，黄陵境内还有被誉为千年古寺、佛教艺术殿堂的全国重点文物保护单位——3A级景区万安禅院石窟；被誉为两千年前的高速公路的全省重点文物保护单位——上畛子秦直道；被誉为黄土高原明珠的自然奇观——侯庄湫、贾塬湫；已经建设开园的4A级景区轩辕养生谷。黄陵还有各类古文化遗址624处。丰富的文化内涵，秀丽的美景，吸引着海内外炎黄子孙前来谒陵祭祖，观光旅游。

2.7.2　旅游资源分类统计

依据对规划区旅游资源的多次调查、记录、标绘所取得的第一手资料，结合地方政府提供的相关资料，最终依据《中国旅游资源普查规范》、《中华人民共和国国家标准〈旅游资源分类、调查与评价〉》（GB/T 18972—2003），对规划区旅游资源进行梳理，确定出规划地旅游资源谱系，具体见表2-11。

表2-11 旅游资源分类统计

主类	亚类	基本类型	主要资源
地文景观	综合自然旅游地	山岳型旅游地	长寿山
	地质地貌过程形迹	沟壑地	黄土地貌景观（黄陵黄土塬、黄土峁、长寿山黄土沟谷）
水域风光	天然湖泊与池沼	观光游憩湖区	侯庄湫、贾塬湫
生物景观	树木	丛树	东石狮古柏群、川庄村千年古柏
遗址遗迹	史前人类活动场所	人类活动遗址	郤村火庙坪遗址（新石器）
		文物散落地	垄庄村斜嘴遗址（新石器）等
	社会经济文化活动遗址遗迹	军事遗址与古战场	曹屾村敌台遗址等
		废弃寺庙	阿党镇梁家河关帝庙遗址等
		废弃生产地	韩庄村20亩地遗址等
		废城与聚落遗迹	故邑村古城寨址等
		长城遗迹	周家湾长城遗址（秦）
		烽燧	故邑村烽火台遗址等
建筑与设施	综合人文旅游地	动物与植物展示地	荣华果业、万亩观光园
		传统与乡土建筑	任云峰民居、白九万民居等

由表2-11可以看出，规划区内旅游资源包含5个主类、7个亚类，基本类型为14类以及众多主要资源。资源类型较为丰富，其中历史遗迹类和建筑设施类为规划区的主要资源类型，同时规划区的地文景观、水域景观和生物景观又较为典型。地文景观为黄土沟壑地貌，水域风光包括有黄土旱塬奇观——湫，生物景观主要为荣华果业、万亩观光园和东石狮村的古柏。此外，旅游商品有一定开发，如饮食上有黄陵油糕、软馍、黄黄馍、油坨坨、煎饼、油骨朵、锅巴子等，水果有苹果、梨和枣，手工艺品有剪纸、面花、龙鼓和霸王鞭等，人文活动有古庙会、火把会、重阳民祭、民间社火、清明公祭等。总而言之，黄陵东线旅游规划区的旅游资源类型较为丰富，部分资源特色明显，依托黄帝陵景区人文旅游资源，本规划区旅游资源的开发潜力巨大。

3 黄陵经济结构现状分析

3.1 黄陵经济发展成就

近年来，黄陵强力推进"煤油化工强县、特色产业富民、文化旅游带动、统筹城乡发展"战略，不断深化改革开放，调整产业结构，加快基础设施建设，保障和改善民生，推动全县经济社会持续健康稳步发展。先后创建为陕西省首批旅游强县、省级卫生县城、省级平安县、省级计生优质服务县、省级双拥模范县、省级新农村电气化示范县、全国科技进步合格县和省级园林县城。连续多年在延安市目标责任考核中被评为优秀等次，连续三年跻身陕西县域经济社会发展十强县，2009 年、2010 年、2011 年、2013 年均进入西部百强县之列。

新型工业化进程加快。按照"煤炭主导、园区承载、化工提升、石油增效"的工业发展思路，依托资源优势，加快推进新型工业化进程，黄陵循环经济综合利用园区建设取得重大进展，园区入驻企业 54 家，从业人员达 30000 余人，其中规模以上 38 家。曹家峪焦化园区生产焦炭 160 万吨、化产品 17 万吨，国内最大的单套 30 万吨煤炉气制甲醇项目建成投产，10万吨合成氨项目投入试运行，园区全面达产达效。2×30 万千瓦煤矸石电厂基本建成，即将并网发电。黄陵科技物流园区生产玻璃微珠 2700 吨，100 万吨生态水泥项目开工建设，年产 16 亿枚果袋项目落户园区，园区被确定为省级重点建设县域工业集中区。煤矿安全质量标准化建设扎实推进，生产原煤达 3000 万吨以上，实现了煤炭安全生产零死亡。油气开发初具规模，完成钻井 243 口，产量达到 10 万吨以上。非公经济蓬勃发展，实现的增加值占到全县生产总值的 24% 以上。

农业现代化水平不断提升。按照"稳粮强果、促畜扩菜"的思路，大力发展现代特色农业，推进现代农业园区建设。全县 7 大现代农业示范园区建设强力推进，荣华省级园区和店头等市级园区示范带动效应有效发挥。苹果标准化生产水平不断提升，7000 亩有机苹果基地通过认证，苹果总面积达到 22 万亩，总产量 26.3 万吨，产值 10.2 亿元。新建改建日光温室、钢架大棚 410 座、200 吨蔬菜库 2 座，建成万头生猪示范场 3 个、畜禽养殖场 8 个，扩建良种猪场 2 个，产业规模效应逐步显现。生态循环技术普及推广，秸秆还田达到 6 万亩。全县流转土地 560 宗 5400 亩，农民专业合作社达到 97 个。2014 年全县农业生产总值达到 14.27 亿元，粮食总产量达到 4.79 万吨。

旅游开发取得新进展。按照"大景区、大旅游、大产业"的思路，依托黄陵独特的人文资源优势，大力发展旅游业。景区建设多点突破，黄帝陵影响力不断提升，荣获"中国十大古典陵墓园林"称号。黄陵国家森林公园基本建成并开园运营，逐步形成了"一园五区两线"旅游产业新格局。轩辕酒文化物流园完成白酒包装、检测、储存等主体工程。万安禅院景区景观雕塑等工程完工，成功创建为国家 3A 级旅游景区。乡村旅游产业稳步推进，全县共发展农家乐接待户 120 余家，旅游服务水平和接待能力显著提升。全县接待游客 260 万人次，旅游综合收入 9 亿元。在旅游业的拉动下，2014 年全县社会消费零售总额完成 13.11 亿元，第三产业增加值达到 18.3 亿元。

城乡建设统筹推进。按照"一城两区、人文园区、现代新城"的定位，对老城区只拆不建，对规划保留的建筑仿古改造，加大了绿化、美化、亮化力度，配套完善了垃圾污水处理和水电气暖等基础设施，全面提升了城市综合承载能力。在县城以西规划建设 4.43 平方公里的梨园新区，作为黄陵的行政中心和群众生活居住区。目前，新区保障房和路、水、气、暖等配套设施正在加快建设。店头省级重点示范镇按照"循环经济样板镇、统筹城乡明星镇、地企共建示范镇"的目标定位，借力于煤业集团、矿业公司等企业支持，按城市标准进行规划建设。隆坊市级重点镇、田庄县级重点镇立足"产业强镇、商贸重镇、文化名镇"定位，基本形成了功能完善、各具特色、具有一定辐射带动能力的区域发展中心，全县城镇化率达到53.2%。按照"人口集中、标准一流、设施完善、服务均等"的要求，突出抓好南河寨等8个新型农村示范社区建设，着力打造农民群众的幸福生活家园。与此同时，王庄河应急水源工程、沮河重点段防洪工程和黄店塬区复线、店头环线、店双路、店后路、香黄路、腰杨路改造建设等一批重点项目相继完工；"四山"绿化和沮河、大气污染、矿区环境、地质灾害治理扎实有效，城乡发展条件明显改善。

民本民生显著改善。围绕"学有优教、病有良医、劳有丰酬、住有宜居、老有颐养"目标，黄陵坚持每年办好"十件惠民实事"，着力解决群众最关心、最直接、最现实的利益问题。大力推进扶贫开发，使全县5000户20000口低收入人口脱贫致富。坚持教育优先发展，学校标准化建设、校舍安全工程和"一个乡镇至少一所公立幼儿园"建设工程全部完成，西安高新一中在黄陵中学开设"高新班"，实现了幼儿园至高中15年免费教育，被评为省级学前教育三年行动计划先进县，成为全省第三个、陕北地区第一个"双高双普"达标县。医药卫生体制改革不断深化，城乡公共卫生设施、医疗条件和服务水平明显提升，2013年在全市率先实现城乡居民基本医疗保险个人缴费零负担，2014年由西安交大二附院对县医院进行了紧密型托管，有效解决了群众看病难、看病贵问题。文化惠民工程深入推进，县文化艺术中心建成投用，县文化馆、图书馆和乡镇文化站建设改造工程全面完成，全县90%的行政村建成了综合文化室和农家书屋，基本可满足广大群众日益增长的精神文化需求。建立了覆盖城乡的养老、就业、最低生活保障和社会救助体系，为中低收入群众提供保障性住房2000余套，并实现了全县2581名残疾人定期生活补助和居家安养补贴全覆盖。社会大局保持稳定，公众安全感和社会治安满意度持续提升，连续三年被评为全省平安建设先进县，连续五年保持在省级信访"三无县"行列。

3.2 黄陵产业竞争力定量评价

3.2.1 县域经济竞争力评价指标体系的构建

在参考中国县域研究中心的基本竞争力评价指标体系的基础上，结合县域经济研究专家对影响县域经济发展因素的最近动态来设立指标体系。

（1）一级指标的确定

中国县域经济研究中心对全国县域经济竞争力评价指标主要是从经济总体实力、平均水平（富裕程度）和发展速度这三个大类指标展开，结合陕西县域经济的特点，选取经济实力竞争力、产业竞争力、企业竞争力、政府作用竞争力、基础设施竞争力、文化教育竞争力六大指标作为一级指标，这些指标都能在不同程度和不同方面对县域经济竞争力产生影响。

以上六个一级指标是本研究通过阅读文献县域竞争力评价指标体系总结出来的，都是共性指标，且基本上都是趋于成熟的指标。根据现阶段政府对县域经济的发展更多地关注发展活力和社会保障问题，因此增加了发展竞争力这个指标。

（2）二级指标的确定

对于经济实力竞争力、产业竞争力、企业竞争力、政府作用竞争力、基础设施竞争力、文化教育竞争力这六个一级指标来说，下面的二级指标的选取也主要是参考相关文献对县域经济竞争力评价的二级指标；而对于新增的发展竞争力这个一级指标的二级指标的确定，则围绕现阶段政府对县域经济的发展应更多地关注县域经济发展活力的精神，以及根据国务院发展研究中心产业部在首届全国省域经济综合竞争力高层会议中提出的应该更多关注民生保障这方面的内容，确定把人均年末金融机构各项贷款余额、非公有经济比重和 GDP 增长率（%）和每万人社会福利院床位数作为其二级指标。其中人均年末金融机构各项贷款余额、非公有经济比重和 GDP 增长率（%）是发展活力的反映，每万人社会福利院床位数则是作为反映民生保障的指标。

（3）最终确定的指标体系

经过上述对六个成熟的、共性的一级指标和结合对新增指标的分析总结，确定了县域经济竞争力指标体系共包括 6 个一级指标、25 个二级指标。

3.2.2 县域经济竞争力评价

黄陵 2008 年被陕西省评为"县域经济社会发展十强县"，由此可见，近年来黄陵经济的发展有目共睹。而且从黄陵县域经济发展状况分析来看，黄陵经济发展存在很大潜力的同时也有着不少还有待解决的问题。为了使黄陵得到更好更快的发展，就需要把黄陵同陕西省几个具有代表性的县域进行对比，明确黄陵经济发展的优势和不足之处，从而从发展优势和弥补不足两个方面来提升黄陵的县域经济竞争力。考虑到陕南地区的县域同黄陵经济的差异性较大，只选取了关中和陕北几个具有代表性的县域同黄陵经济竞争力做比较。在关中地区选取了兴平市、华阴市和韩城市这 3 个县级市作为评比对象，这 3 个县域也是陕西仅有的 3 个县级市，近几年的发展速度也很快。区域经济学的城市化理论认为，区域经济的发展过程实质也就是城市化不断发展的过程，城市化是区域经济发展的必由之路和最终成果，县域经济的发展也是如此，黄陵发展的最终目标也应是城市化。另外还选取关中地区的另一个县域杨凌区与黄陵做比较，因为杨凌区作为国家级农业技术示范区，近几年发展速度很快，也是陕西另一个在不久的将来能率先建设成为市的县域。

陕北地区可选取洛川县和宜君县作为比较对象，主要原因是因为这 2 个县与黄陵接壤，近几年的发展速度很快，经济状况也比较相似。和黄陵相比，洛川的人文资源也比较丰富，有着举世罕见的黄土奇观，黑木沟黄土地质遗址被科学家称为研究黄土高原形成的"历史年轮"，已被国家命名为"黄土地质公园"，文物古迹也相当丰富。特别是洛川的苹果产业，已逐渐打造了自己的苹果品牌，有好多值得黄陵苹果产业学习的地方。宜君和黄陵一样也是苹果最佳产区之一，矿产资源也比较丰富，以旅游为龙头的第三产业也日益繁荣。

县域经济的发展应以该县域的特色为基础，把特色资源变为资源优势、把资源优势变为产业优势来发展。在发展过程中，也应该把经济发展较快较好的县域作为发展的目标、追赶的对象，比较其与相对发达的县域还有多大的差距，体现在哪些方面。根据中国县域基本竞争力经济中心对县域经济的研究，一般来讲，县域经济单位应该不包括市辖区。但是根据县域的概念，还有本研究对县域经济竞争力的研究重要的是为了发展县域经济，侧重点不在排名，选取适当的市辖区也是为与黄陵做比较来找出不足的地方，从这个意义上来讲，选取市辖区也不是不无必要。因此，选取了延安市经济中心的宝塔区和榆林市经济中心的榆阳区作为黄陵的比较对象。

黄陵同神木、府谷、志丹等县在近几年被评为"陕西省县域经济社会发展十强县"，很显然，黄陵的经济在陕西已达到较高的水平。但是在这十强县中，黄陵仅排第八位，说明需要赶超的地方还有很多。因此，选取处在首位的神木县做比较，来了解黄陵有多大的差距就显得很有必要。

通过以上的分析，研究选取了兴平市、华阴市、韩城市、杨凌区、洛川县、宜君县、宝塔区、榆阳区和神木县这9个县域作为黄陵的比较对象（见表3－1）。

数据的采集来自2013年中国县域经济年鉴和各县的统计公报，但有个别没有搜集到的数据是通过面板数据分析得到，完成了第一手数据资料的搜集工作，基本上保证了数据的真实性。

表3－1　陕西省县域经济社会发展十强县相关指标

关联度得分	榆阳	宝塔	洛川	神木	宜君	兴平	华阴	韩城	杨凌	黄陵
经济实力	0.61	0.75	0.53	0.49	0.50	0.62	0.53	0.63	0.55	0.57
排名	5	2	9	1	10	4	9	3	7	6
产业企业	0.61	0.62	0.55	0.87	0.51	0.67	0.58	0.67	0.60	0.54
排名	5	4	8	1	10	3	7	3	6	9
政府作用	0.57	0.84	0.55	0.77	0.56	0.57	0.54	0.69	0.56	0.57
排名	5	1	9	2	7	5	10	3	7	5
基础设施	0.76	0.73	0.59	0.59	0.54	0.60	0.68	0.74	0.67	0.80
排名	2	4	9	9	10	7	5	3	6	1
文化教育	0.99	0.86	0.61	0.60	0.50	0.98	0.55	0.77	0.51	0.54
排名	1	3	5	6	10	2	7	4	9	8
社会发展	0.52	0.54	0.61	0.60	0.60	0.98	0.55	0.77	0.51	0.54
排名	10	9	8	1	7	5	6	2	4	3
总得分	0.66	0.72	0.56	0.81	0.53	0.66	0.58	0.70	0.59	0.61
总排名	5	2	9	1	10	5	8	3	7	6

从表中可以看出，黄陵的关联度最终得分为 0.61，在选取的 10 个比较对象中排在第 6 位，神木的得分最高，即其经济竞争力排在首位。假如把经济竞争力得分在 0.70 以上列为第一层次、在 0.70 分以下而在 0.60 分以上为第二层次和其他列为第三层次的话，神木、宝塔和韩城这 3 个县域当属于第一层次；杨凌、华阴、洛川和宜君得分在 0.60 之下属于第三层次；而黄陵经济竞争力得分为 0.61，属于第二层次，竞争力处于中游的水平。其大部分二级指标的得分同第一层次的县域相比还相对较低，说明黄陵同第一层次的县域经济发展还有着很大的差距，体现在各个指标上。

经济实力既是过去经济实力的结果，又是现在成绩的体现，同时也是未来发展的重要基础。黄陵的经济实力排名处于第 6 位，可见其经济实力还相对较弱。2013 年黄陵完成国内生产总值 108.53 亿，只占神木的 11.7%左右，还不到韩城的 40%，总量相对较少；而人均 GDP 和处于第一层次的县域比较起来也存在一定的差距，还不到神木的 50%；而黄陵的城乡居民的储蓄款余额与第一梯队相差甚远，由此造成了黄陵的经济实力竞争力不高。企业是县域经济最基本的单元，企业产业竞争力是县域经济竞争力的直接体现，是县域经济竞争力的中坚力量。黄陵产业与企业竞争力这一指标排名倒数第二位，主要是因为代表产业与企业竞争力的指标中只有工业总产值这个指标相对于其他县域有一定的优势，除此之外，其他的指标都相对较低。

在发展经济、规范和调控经济、保障社会与经济协调发展、促进区域经济持续健康发展和市场经济进一步成熟等方面，政府的公共管理水平和服务效率都起着非常重要的作用。黄陵的政府作用竞争力这一指标排名第 5，比其产业与企业竞争力这一指标的排名有所上升，原因是影响这个指标的财政收入增长率和财政支出都相对较高。

基础设施发育的完善与发达程度直接影响区域经济的活跃度、开放度，是吸引外部稀缺资源和整合内部资源的基础性要素。而黄陵的基础设施竞争力这一指标相对于它的其他 5 个二级指标的排名来讲是最高的，处于第一位。主要是因为代表基础设施竞争力的每万人拥有医院数、卫生院床位数这一指标值相对较高，而这个均值指标当然也是受到黄陵人口少的影响。但正是由于黄陵人口相对过少，则黄陵的普通中学在校学生数和小学在校学生数也相对过少，从而影响了黄陵的文化教育竞争力，导致黄陵文化教育竞争力这个指标得分值很低，只高于杨凌和宜君。

发展竞争力这个指标是黄陵 6 个二级指标中指标值相对最高的一个指标，在评比中处于第三位。说明黄陵在发展活力和发展速度上有着很好的优势，这也正是为什么黄陵能在近年被陕西评为"县域经济社会发展十强县"的原因。

总的来说，黄陵在县域经济竞争力评价中有优势也有劣势，相对于评比对象中第一层次的县域来讲，需要着力发展、提升、赶超的地方还很多。

3.3 黄陵产业可持续发展能力定量研究

资源型城市可持续发展是资源可持续开采、社会进步、环境支持、经济发展（非资源产业发展）四个方面保持高度和谐的过程，为了全面反映资源型城市各个方面的状况，对资源型城市可持续发展指标体系的评价需要采用多指标综合评价的方法。可持续发展综合评价问题是把多个描述被评价区域的统计指标转化成无量纲的相对评价值，并综合这些评价值以得出该评价区域可持续发展的一个总体评价。

（1）社会支持系统

运用 SPSS16.0 对黄陵相关数据进行主成分分析，最后计算得到各年的综合得分。从得分可以看出黄陵社会支持系统 2011—2014 年呈现了可持续的趋势。尤其是 2014 年比 2013 年有了长足的进步。城市居民人均可支配收入、农村人均纯收入、发电量、地方财政性教育经费占 GDP 比重、城市化水平、社保覆盖率、总人口这些指标对于社会支持系统的可持续发展起到了重要的作用，从中可以看到人口自然增长率的系数为负数，并且绝对值较大，是限制社会支持系统可持续发展的重要制约因素。

（2）经济发展支持系统

运用 SPSS16.0 对数据进行主成分分析，得到各年的综合得分，从各年的综合得分可以看出黄陵的经济在 2011—2014 年呈现持续发展趋势，且第一主成分的贡献率为 74.941%，具有较高综合性。从主成分负荷中可以看出，人均 GDP、工业企业全员劳动生产率、工业企业总资产贡献率、进出口贸易总额、人均储蓄存款余额、人均社会消费品零售总额、固定资产投资总额这几个指标与经济发展关系比较紧密，需要引起重视，而 GDP 年增长率、产值占 GDP 比重的负荷指标为负且绝对值较大，说明 GDP 的增长缓慢与非资源开发产业发展滞后，是限制经济发展的主要因素。

（3）环境支持系统

运用 SPSS16.0 对数据进行主成分分析，提取了一个主成分指标，且贡献率达到 73.381%，工业企业废水排放达标率、人均公共绿地面积、森林覆盖率、环境治理投资占 GDP 比重，是影响黄陵环境问题的主要因素，黄陵应加强对工业企业二氧化硫排放的监管。

（4）资源支撑系统

运用 SPSS16.0 对原始数据进行主成分分析，可知人均耕地面积、人均水资源、原油可采储量、煤炭可开采储量这几个指标对黄陵资源支持系统的可持续发展起着重要的作用。黄陵近几年来资源可持续发展呈下降趋势，因此，黄陵应加强对原油开采、煤炭开采进行有效控制，同时注意节约用水，保护水资源。

3.4　黄陵经济转型的必要性

3.4.1　应对经济新常态的需要

煤炭行业经历了 2001—2011 年的"黄金十年"，其间煤炭价格总体上稳定上涨，相对应的行业收入和占 GDP 比重不断提升，2011 年分别达到 32 593.9 亿元和 6.7%。随着矿井建设进入出煤期，产量刚性增长，近 3 年年均新增产能约 4 亿吨，而受多重因素影响，煤炭行业的需求在逐渐递减，进而加剧了国内煤炭市场供大于求的矛盾，导致严重的产能过剩。据中煤协统计，目前全国煤炭产能约 40 亿吨，在建产能约 11 亿吨，再加上约 3 亿吨的进口煤，预计我国煤炭行业产能过剩在 15 亿吨以上。严重的产能过剩压力必将导致激烈的煤炭市场竞争，影响整个行业的健康发展和社会的和谐稳定。特别是 2012 年以来，受下游行业不景气、出口困难、前期刺激造成产能扩张等因素影响，煤炭需求始终处于疲软态势，煤炭价格、行业收入持续下跌。据中国煤炭工业协会统计，2014 年前 11 个月全国有 8 个省区煤炭整体亏损，煤炭企业利润同比下降 44.4%，亏损企业亏损额同比增长 61.6%，企业亏损面在 70% 以上。此外，随着开采条件趋于复杂、生产要素成本上升、资源环境约束增强等因素影响，可能会导致煤炭企业成本继续上升，企业盈利更趋困难。

3.4.2　应对生态约束的需要

煤炭产业作为黄陵的最大支柱产业，其开采与利用过程都会造成水资源破坏、大气污染、地表植被破坏、土地退化和塌陷等问题。中国现为煤炭消费第一大国，2013 年煤炭消费量达 36.1 亿吨，占全球总消费量的 50.3%，是 1998 年的 2.9 倍，巨大的消费总量和高速的增长率已造成严重的生态环境压力。为应对环境问题，2015 年 1 月 1 日，被誉为"史上最严"的新环保法开始实施。2015 年 5 月国务院又出台了《关于加快推进生态文明建设的意见》，明确提出到 2020 年单位国内生产总值 CO_2 排放强度比 2005 年下降 40% ~ 45%，能源消耗强度持续下降。随着生态建设持续加力，煤炭消费减量的趋势难以逆转，迫切需要煤炭行业加快转型。

3.4.3　优化产业结构的需要

产业发展与经济结构不相匹配，突出表现为"两头小中间大"，黄陵重工业化趋势十分明显，三次产业的比例由 2005 年的 11.9∶60.0∶28.1，到 2010 年的 5∶77∶18，到如今的 6.4∶78.2∶15.4。第二产业比重持续扩大，三产比重过小，对经济社会的可持续发展带来了一定的压力。总体来说，黄陵产业层次较低、内部结构不合理、竞争力不强。资源开发型产业比重大，多数产品处于产业链分工低端，很难形成优势产业链条、产业集群。产业结构调整较难，高耗能产业比重较大，高科技企业培育较少，传统优势产业多，战略性新兴产业少，且产业配套能力不够，产业带动力不强。产业核心竞争力不强，多数企业生产设备和技术水平落后，以企业为主体的创新体系和信息化体系建设还在起步阶段，缺乏核心技术、人才和自主知识产权等。

3.4.4 资源型城市可持续发展的需要

资源型城市中，都不同程度地存在依赖自然资源产出的现象。由于资源型产业具有产生、发展、成熟及衰退的固有的发展规律，而资源型城市的发展严重依赖资源型产业的发展。因此资源型产业是城市经济与社会发展的"晴雨表"，一旦资源枯竭而接续替代产业没有形成，城市就会陷入步履维艰之境。故对资源型城市资源型产业进行转型，培养与发展接续替代产业是促进城市经济好转的根本途径，也是促进资源型城市全面可持续发展的前提保证。当前，黄陵与煤相关的产业的产值占49%左右，与煤相关的产业对财政的贡献率达到56%，单一的产业结构和依赖性的经济增长将面临十分严峻的形势。

4 资源型城市产业转型案例及其启示

4.1 德国鲁尔区

德国鲁尔区位于德国中西部，介于莱茵河及其支流鲁尔河、利伯河之间，与总长400多千米的4条运河相互沟通，形成区域内完整的内河运输网络，通过莱茵河口的鹿特丹港口对外联系。鲁尔区拥有德国最稠密的铁路网，区内的高速公路也交织成网，任何地点距离高速公路都不超过6千米，交通非常便利。且地处欧洲的十字路口，又在欧洲经济最发达的区域内，邻近法国、荷兰、比利时、丹麦、瑞典等国的工业区。面积4593平方千米，占全国面积的1.3%，区内人口达570万，占全国人口的9%，核心地区人口密度超过每平方公里2700人，区内5万人口以上的城市24个，其中埃森、多特蒙德和杜伊斯堡人口均超过50万，鲁尔区南部的鲁尔河与埃姆舍河之间的地区，工厂、住宅和稠密的交通网交织在一起，形成连片的城市带。鲁尔区内的城市有欧洲最长的购物街、独特的展览馆和博物馆、休闲公园以及音乐剧、话剧和音乐会，还有被称为"运动之王"的足球、现代时尚运动甚至室内冬季运动。目前是世界上最大的工业区之一，也是全欧洲人口密度最大的地区之一。

鲁尔区是典型的传统工业地域，被称为"德国工业的心脏"。鲁尔煤田是著名的优质煤田，储量丰富，开采条件好，位于德国西部北莱茵——威斯特法伦州，邻近荷兰，由莱茵河东岸的支流鲁尔河而得名。鲁尔区西南部靠近法国著名的洛林铁矿，矿区分布面积达 1100 平方千米，东部延伸到卢森堡国境内。德国鲁尔工业区形成于第二次工业革命时期，19 世纪上半叶，鲁尔区开始大规模地开采煤矿和生产钢铁，并成为世界上著名的重工业区和最大的传统工业地域，主要经济部门有煤炭、电力、钢铁、机械、化工等。鲁尔工业区是德国的经济命脉，是德国发动两次世界大战的物质基础，战后对德国经济的恢复起到重要作用。从 19 世纪中叶开始，在此后的 100 多年中煤炭产量始终占全国 80% 以上，钢产量占全国 70% 以上。20 世纪 50 年代以后，随着石油和天然气的广泛使用，煤炭在世界能源中的比重逐渐降低，并且技术的发展使得炼钢的耗煤量越来越低，由于廉价石油的竞争，使这个百年不衰的工业区爆发了历时 10 年之久的煤业危机。同时，世界上生产和出口钢铁的国家越来越多，钢铁市场的竞争越来越激烈，鲁尔区的钢铁工业受到沉重的打击。20 世纪 70 年代，爆发全球经济危机，钢铁的需求量急剧下降，随着钢铁替代产品的出现，钢铁工业更是受到严重打击。鲁尔区的经济开始衰退，矿区以采煤、钢铁、煤化工、重型机械为主的单一重型工业结构日益显露弊端，逐步陷入结构性的危机之中，一些大型煤钢联合企业关闭，工人大量失业。此外，传统的重工业带来的环境污染、用地紧张、交通拥挤等问题，迫使许多企业向外转移，纷纷移到德国南部地区，鲁尔区的工业发展面临着巨大的挑战，如何摆脱困境，适应经济的发展，使经济由衰落走向繁荣，是鲁尔区不得不思考的问题。

20 世纪四五十年代，开始了新科学技术革命，以原子能技术、航天技术、电子计算机技术的应用为代表，还包括人工合成材料、分子生物学和遗传工程等高新技术。面对这样的趋势，鲁尔区的唯一出路就是逐步培育新的替代产业，改变原先单一的经济结构，使矿区朝着多样化的方向发展，以适应新形势下经济发展的需要。因此，20 世纪 60 年代，鲁尔区开始积极调整工业结构与布局，发展第三产业和优化环境等方面的综合整治措施。进行设备更新和技术改造，关闭和合并老厂，扩建新厂，进行企业内外调整，加强企业内部和企业之间的专业化与协作化，通过这样的调整，各生产部门分工明确，同时钢铁工业的布局也相应进行了调整，钢铁工业的加工都集中在莱茵河沿岸港口。为了使鲁尔区的经济结构趋向多元化、联邦、州政府和鲁尔区煤管协会都想方设法改善鲁尔区的投资环境，鼓励新兴工业迁入鲁尔区，而鲁尔区也完全具备发展这些新兴工业的有利条件，如劳力充足、交通便利，又是巨大的消费市场。因此新建和迁入的工业企业像雨后春笋般不断涌现。另外修建了完善的供水系统，为了改善居民生活质量，区域总体规划中制定了营造"绿色革命"的计划，全区进行了大规模的植树造林。

到 20 世纪 90 年代，鲁尔地区已成为德国统一后的一个工业布局合理、结构优化、技术先进、经济繁荣的新型工业区，改变了重工业区环境污染严重的局面，成为环境优美的地区。

4.2 枣庄

枣庄市位于山东省南部，东与临沂市平邑县、费县和苍山县接壤，南与江苏省铜山县、邳州市为邻，西、北两面分别与济宁市微山县和邹城市毗连；东西宽约 56 千米，南北长约 96 千米，总面积 4563 平方千米，占全省总面积的 2.97%。据考古发现，早在 7300 年前的新石器时期这里就有了人类足迹，新中国成立后，枣庄地区分属台枣专署和尼山专署。1961 年 9 月定为省辖市，1979 年滕县由济宁专区划归枣庄市。枣庄因多枣树而得名。境内有台儿庄古城、抱犊崮国家森林公园、熊耳山国家地质公园、甘泉寺、汉诺庄园等。著名历史人物有齐贵族田文号孟尝君，受封于薛，门下有食客 3000，先后出任齐相、秦相和魏相，是当时名扬四海的显赫人物；薛人毛遂为赵国平原君门下，自荐出使楚国，说服楚王联合抗秦，自此"毛遂自荐"被历代传为佳话；汉初薛人叔孙通，才智过人，被汉高祖刘邦拜为博士，后为太子太傅；等等。

枣庄市是一个典型的资源型城市，全市经济主要靠煤炭、石膏和石灰岩三大自然资源来支持，其中煤炭占主要部分，因此枣庄被称为"煤城"，在 1961 年建市之后，枣庄成为全国重点煤炭资源城市，为我国经济的发展起过重要作用。在经济发展中煤炭、水泥建材等资源型重工业占据产业的主导地位，长期以来煤炭产业占经济的 80% 以上。新技术、新设备的使用，使得煤炭市场的竞争力越来越激烈，枣庄单一的经济结构严重制约了经济的发展，传统的产业如纺织、建材、机械、造纸等产业面临着严重的经济危机，并且随着资源的枯竭，资源型产业对地方经济的带动作用越来越小。长期的采矿导致枣庄地下出现大面积的采空区，棚户区成片，空气受到污染，环境脏乱差。在资源型发展初期，对劳动力需求旺盛，大量人口涌入，在经济下滑时期，由于支柱产业经济的下滑，第一、第三产业发展不足，会导致无业可就的状况，出现严重的劳动力过剩局面，一方面会导致人口的大量流失，另一方面引起社会不安定的因素增多。同时城市的人力资源主要是劳动力型人才，从事国有企业的资源开发，对城市的创新能力和带动能力较小，加之矿区主要以开采煤矿为主，高新技术产业缺乏，环境差，很难吸引高科技人才，限制了城市的可持续发展。此外，枣庄老城区偏离京沪铁路、京福高速、104 国道等国家主要交通干线，交通通达性不理想，以致不能形成大规模的人流、物流，经济活力不足，城市发展也受到很大的限制。2009 年，被国务院列为第二批 32 个资源枯竭型城市之一。资源型产业已经不能为城市的发展提供足够的就业支撑、产值支撑和财政支撑。枣庄同其他资源枯竭型城市一样，作为曾经因煤而兴的城市，正在为经济的衰落而头痛，枣庄市的财政、建设与民生都陷入了低谷，枣庄举步维艰，迫切需要经济转型，为经济发展寻找新的增长点。

枣庄市政府痛定思痛，决定对枣庄进行改革。2004 年，枣庄市委市政府西迁至薛城区，紧邻京沪铁路、京台高速和在建的京沪高铁。首先，关停小煤矿、关掉所有立窑水泥生产线、关掉露天采石场。由于枣庄境内的水资源非常丰富，煤化工业被政府视为主要的替代产业，经过多年发展，目前成为国内最大的煤化工基地之一。另外加大对制造业的扶持力度，引导原有的制造业形成产业集群，加大建材、电力、纺织、食品、造纸等传统产业的改造升级和企业重组。其次，政府加大对农业的扶持力度，枣庄的地理、气候条件都适合发展农业，是山东的三大菜篮子之一，并在蔬菜、果品等绿色产品方面有明显的竞争优势。再次，发展旅游业带动经济转型，枣庄区域内有自然类旅游资源点 32 处，人文类旅游资源点 38 处，发展旅游业极大地促进了枣庄经济的发展。最后，政府确立了"生态立市"的发展理念，力图改善城市的环境问题，大面积植树造林，到 2014 年 9 月，枣庄成功创建成为山东省的第四个国家森林城市。

枣庄按照生态立市的发展理念，坚持工业强市的发展重点，坚持融合发展、统筹发展，枣庄市正在稳步完成规划确定的"转型升级和经济文化融合发展高地"的目标，目前已经取得了重大成功。

4.3 对黄陵经济转型的启示

纵观国内外的资源型城市，一开始都是过分依赖不可再生资源，致使经济的内在动力不足、市场竞争能力降低、生态破坏殆尽、地区发展难以为继，不得不考虑地区的经济转型道路和可持续发展道路。像德国的鲁尔区、美国的匹兹堡，中国的枣庄、黄石等，经过一些改革措施，都取得了明显的效果。黄陵经济要转型，就必须借鉴国内外资源型城市转型的经验，进行改革。

（1）产业结构调整和优化升级

黄陵矿产资源丰富，有煤炭、锗、镓、铀、天然气、水晶矿等，其中煤炭资源是区内最主要的矿产资源，也是中国 33 个重点产煤县和陕西省四大煤田之一，经济以煤炭工业为主，每年的经济效益占到地区生产总值的70% 以上，是黄陵的支柱性产业。近年来资源的驱动力已经逐渐下降，为了改变这种单一的经济结构，提高资源利用效率，就必须调整产业结构，发展第一产业和服务业，实行产业结构多元化战略，对国有企业进行内部改革，释放经济活力，关闭粗放型工厂，进行设备和技术的更新改造，对煤炭资源进行深加工，提升附加值和市场竞争力，延伸煤炭产品的产业链，并且寻求煤炭产品的替代品。转变能源消费结构，促进城市绿色发展和低碳发展，推广清洁能源。加快建筑、机械、水泥等产业的改组改造，走集约化、规模化道路，形成产业集群，提高规模效应。健全人才机制，鼓励高新技术产业的发展，大力引进信息技术、材料科学、电子、生物医药、能源等高新技术产业，加快大型高新技术产业园区建设，集聚高新技术产业群；利用科技创新提升产业转型的增长后劲，助推经济发展，使高新技术产业成为新的经济增长点。

（2）基础设施建设和环境治理

基础设施建设是社会再生产正常运转的基本前提，它能够为资源枯竭地区的工业转型创造良好的投资环境。黄陵基础设施薄弱，政府应该积极加大对基础设施的投入，积极完善交通运输网，提升道路网络密度，提高城市道路网络连通性和可达性，加强城市桥梁安全检测和加固改造，限期整改安全隐患。世界开始进入"工业4.0"阶段，物联网对经济发展的推动作用重大，政府应重视物流、信息通信等产业，依托良好的交通网络、物流基础和通讯条件，大力发展新型产业园区，建立覆盖区内产业价值链的配套设施和技术创新中心，以此推进新型产业园区建设，实现城市产业转型。加强城市供水、污水、雨水、燃气、供热、通信等各类地下管网的建设、改造和检查，优先改造材质落后、漏损严重、影响安全的老旧管网，确保管网漏损率控制在国家标准以内。建立完善的供水系统，加快污水和垃圾处理设施建设，保障居民生活用水的健康。同时加大生态园林建设，植树造林，改善环境，兴建社区公园、街头游园、郊野公园、绿道绿廊等设施，控制房价和物价，大力扶持教育事业，培养高素质人才，发展医疗卫生事业，为居民的生活提供方便。

（3）政府政策支持和多渠道筹集资金

资源型城市过度依赖资源，长期进行重工业的发展，要实现工业转型和新技术产业的发展需要大量的资金，只有采取多种手段对社会资源进行整合，多方式和多渠道筹集城市工业转型的资金，才能对城市工业转型提供物质基础。矿产资源属于国家所有，黄陵的产业转移首先要加大政府政策的扶持力度和资金投入，简政放权，提高行政效率，吸引外商投资，对低能耗、低污染的企业给予减税、免税的政策支持和财政补贴，对传统的煤炭企业征收"煤炭附加税"和"煤炭补贴税"等，通过收税促使高能耗、高污染的传统工业的升级和转型，减少对煤炭资源的依赖，此时政府也应当对黄陵进行总体规划，制定可持续发展的短期目标和长远目标，从而引领城市经济健康、有序发展。吸引银行、证券公司、保险公司等金融机构对城市资源的替代产业和城市的新型产业进行投资，组建产业转移方面的管理公司，可以借鉴德国鲁尔区的经验，发行土地发展基金债券，盘活各种资本，促进产业转型。

（4）健全社会保障体系和增加就业岗位

资源型城市的开发需要大量的劳动力，资源的开采殆尽，会导致大量的劳动力失业，生活没有来源，致使生活水平降低，引发社会犯罪、混乱等现象。首先，黄陵政府应该建立完善的社会保险制度，包括养老保险、医疗保险、失业保险和职业病假工等，保障职工的权益，为大量的劳动力人口提供有效的基本保障和公共服务，切实改善居民生活状况。其次，政府、企业和社会组织对下岗和转岗工人进行针对性培训，提高其再就业能力。另外鼓励纺织业、制造业、食品加工、农产品深加工等产业的发展，这些部门需要劳动力，可以让失业人口再就业，同时服务业是解决劳动力就业的主渠道，鼓励大量城市下岗职工和农村剩余劳动力进入服务行业，鼓励个人创业，政府对创业的劳动力给予减税、免税的政策，为其营造宽松的社会发展氛围，减少失业人口数量，促使社会稳定。

5 黄陵经济转型定位、思路与战略目标

5.1 黄陵经济转型的战略定位

依托黄陵资源优势、地域优势、产业优势，持续壮大工业经济，巩固能源产业的基础地位。瞄准高载能、精细化工、新型材料、装备制造、农产品加工、新能源等领域，转变发展方式，大力发展非能源产业，着力构建生态经济体系，培育新的经济增长点，提升黄陵经济可持续发展能力。逐渐形成以煤炭产业为核心，以载能产业、旅游产业、石化产业、现代农业四大产业体系为支撑的新型产业结构，实现黄陵经济的绿色、循环、低碳发展和经济结构转型升级，将黄陵建设成为中华民族人文圣地、黄帝祭祀文化之乡、生态旅游历史名城、幸福宜居家园和陕西省煤炭资源型经济转型升级示范区。

5.2 黄陵经济转型的基本思路

以党的十八大和十八届三中、四中全会精神为指导，紧紧抓住国家建设丝绸之路经济带、深入推进西部大开发战略和省委、省政府支持延安率先实现统筹城乡发展、延安成为国家现代农业示范区的重大历史机遇，围绕"四个全面"战略布局，以建设富裕、生态、和谐的新黄陵为目标，以全面建成小康社会为主线，以深化改革、扩大开放、体制和机

制创新为动力，创新发展模式，提高发展质量，着力实施"生态文明立县，煤油化工强县，特色产业富民，文化旅游带动，城乡统筹发展"的经济发展战略。

主动适应经济发展新常态，优化产业结构，壮大提升传统能源产业，培育战略性新兴产业，发展文化旅游产业、现代农业、现代服务业。突出项目带动和品牌带动，进一步提升煤炭产业的核心竞争力和带动作用，加快推进产业链向上下游延伸，向中高端环节发展；增强自主创新能力，加快发展载能产业，培育战略性新兴产业，进一步增强技术创新对经济发展的带动作用；加快传统农业向现代农业、传统服务业向现代服务业转变，为经济转型升级提供服务支撑；建设以煤化工循环经济产业园、高新技术产业园、物流产业园"三轮驱动"的主体产业群，构建集群化、高端化的现代产业体系，实现黄陵经济的又好又快发展。

5.3　黄陵经济转型的主要目标

构建煤化工循环经济产业园，大力推进企业兼并重组，逐步淘汰落后产能、低附加值的产业，促进资源向优势企业集中，向上下游延伸产业链，从而实现煤炭产业的集约化、高端化发展，提高黄陵支柱产业的核心竞争力。减少污染物排放和植被破坏，全面改善区域环境，实现绿色、循环、低碳发展，建成生态文明的美丽新黄陵。着力应用高新技术和先进适用技术改造提升传统优势产业，把技术改造作为提升特色优势产业技术装备水平的重要手段，不断提高资源利用率，延缓黄陵煤炭资源的衰竭速度，避免因资源衰竭造成的发展衰退，规避"荷兰病"。优化产业结构，大力发展战略性新兴产业、旅游业、现代农业等，培育新的经济增长点，使黄陵逐步摆脱对资源优势的过度依赖，实现各产业统筹发展。

5.4　黄陵经济转型的主要内容

以技术创新为主导，以结构调整为主线，坚持保增长与调结构双轮驱动，抢占产业发展制高点，集中力量发展现代农业、煤炭产业、石化产业、载能产业、旅游业五大板块，推动"传统产业品牌化、主导产业高端化、新型产业规模化"，逐步实现黄陵经济转型升级。

5.4.1 现代农业

以生态升级为基础，以产业体系升级为核心，以文化升级、营销升级为手段，以组织升级为保障，以效益升级为目的。通过实施"六大升级"战略，推动农业现代化和农业的可持续发展，实现黄陵现代农业的转型升级。

生态升级，通过强化农业环境建设、推动农业生产环境污染治理、提高农业产出效率，使黄陵达到或超过国家、省、市"生态文明"建设的相应目标，让黄陵人民有一个健康生产的空间。产业体系升级，通过农业土壤条件升级、农业基础设施升级、农业投资升级、农业科技升级、农业人力资本建设升级、农业创业创新氛围建设升级、农业生产结构升级、农业生产机械化、规模化、标准化建设升级、农产品生产数量、质量升级、农业经营模式升级，全力发展基础种植业；通过扩大生产规模、延伸产业链条、强化技术创新、推动循环化发展等策略，大力发展农产品精深加工产业。通过培育农产品品牌，强化农产品的文化建设和农产品物流园区建设，推动农产品销售的信息化、外向化，提高农产品贸易贮藏能力、农业生产防灾减灾能力、农业及企业服务能力和农产品国际贸易竞争力，全面提升农产品加工与销售服务能力。组织升级，通过成立农业经营组织、行业组织或农业专业合作社等，建立各农产品行业协会，强化组织管理，充分利用本地农产品文化，提高本地农产品在销售方面的发言权。营销升级，通过信息化建设，完善农产品营销平台、营销体制、营销手段，推动农产品加工业的品牌化、外向化发展，不断减小农产品营销的消费弹性。文化升级，通过培育苹果消费文化，使苹果与旅游文化有机结合，赋予农产品加工业产品文化内涵，增强农产品加工业产品的刚性需求。效益升级，包括苹果生产效益、苹果精深加工产品效益等，是现代农业发展的最终落脚点，充分提升现代农业发展效益，对强化黄陵的社会建设，增强人民的幸福感和文化素养，具有极其重要的作用。

5.4.2 煤炭产业

着力推行"两步走"的复合发展模式，在转型初期，依托煤炭资源，加快煤炭产业链延伸，完善产业链，巩固扩大主导产业的核心地位，增强核心竞争力；在转型中、后期，强化产业耦合，大力发展非能源产业，优化产业结构，着力培育新兴产业，推动跨产业融合发展，构建多核心的产业结构体系，实现黄陵资源型产业结构的全面转型。具体路径：调整优化产业产品结构，提升产业发展质量效益；推动关键技术革新；支持发展骨干企业和重点项目，严控传统煤化工生产规模，合理调控煤炭产能；推进企业结构调整重组，优化资源配置；加快产业基地和园区建设，提高项目建设集中度。

5.4.3 石化产业

按照可持续发展理论和科学发展观，统筹规划，充分利用西部大开发和相关扶贫攻坚战略，承接我国石化产业整体转移及延伸的机遇，强化同相邻地区石化产业的深度对接，形成设施共建、资源共享、优势互补的产业布局，逐步构建完善且具有较强区域竞争力的石化产业链体系。

重点发展石油产品、有机原料，包括新材料在内的合成材料及其下游的深加工产品，通过延长产业链的方式，建设具有较高产品集中度、产业配套能力完善的黄陵石化产业集聚区，进而促进石化产业同关联产业的互动对接，实现产业间集聚经济，逐步建成西部重要的石化产业基地和产业深度融合的示范区，实现石化产业的快速发展，使黄陵成为西部地区石化产业深度对接的新增长区域。

5.4.4 载能产业

首先，高度审视煤炭行业发展新常态，充分把握国家新能源发展战略及高载能产业向西部转移的契机，立足黄陵煤炭资源及区位优势，大力发展火电产业，推动煤炭资源的综合利用，构建集新型建材、物流等于一体的循环经济园区，就地消化本地区富余的煤炭和电力资源，构建和延伸载能产业链。

其次，在载能产业链形成的基础上，进一步做长增粗产业链，选择关联性强、技术含量高的产品或企业作为合作伙伴，强化产业耦合，形成产业集群，增强整体竞争力。

最后，进一步强化与相关科研院所合作，加强关键技术的研究，提高自主创新能力，突破综合控制系统及其他关键部分的技术障碍，培育核心技术，打造品牌，推动技术进步，提升黄陵高载能产业的核心竞争力。

5.4.5 旅游业

以资源为依托，以市场为导向，以培育旅游精品为核心，结合黄陵旅游业发展实际，统筹经济、社会和环境效益，按照政府主导、全社会共办旅游的发展路线，充分挖掘黄帝陵、黄土风貌、森林植被等旅游资源，建设特色旅游胜地，着力打造黄帝文化产业园、农业生态观光娱乐旅游带、自然观光度假旅游带、黄陵国家森林公园、现代工业旅游区、现代农业观光体验旅游区、黄土风情旅游区等"一园两带四区"的黄陵旅游业空间布局。发挥旅游业的带动作用，逐步形成设施完善、服务一流的旅游基地、商务会展中心和交通枢纽，推动黄陵现代服务业跨越式发展，把黄陵建设成为"中华民族人文圣地，山水生态优美景区，宜游宜业宜居县城"，全力打造全国"祭祖旅游示范地，生态旅游体验地，休闲旅游养生地"。

6 黄陵现代农业转型升级路径分析

6.1 国内外现代农业发展趋势分析

目前，国际上发达国家农业由传统农业向现代农业发展的过程，一般经历了机械化农业、化学农业、生物农业、有机农业和生态农业等演变阶段。

生态农业最先提出是在 20 世纪 20 年代中后期，随后在瑞士、英国和日本各国得到发展。这种农业发展方式的诞生，不仅是长期农业生产实践的结果，也是经济、环境、科学、技术等特定区域内，农业长远发展途径的一个必然选择。

国外现代农业的发展趋势表明，生态农业的发展不管采取什么模式，都要求抓好生态重点工程建设、积极推进农村能源建设、大力推广循环经济模式。同时，还要制定符合本国国情的农业生态保护补贴政策，充分发挥农业合作组织的作用，调动广大农民的积极性，应用现代科学技术，保护、培植和充分利用自然资源，防止和减少环境污染，形成农、林、牧、副、渔良性循环，保持大农业稳定发展等。

从国外现代农业企业的升级商业模式来看，有单一产业链、多产业链和全产业链等发展模式。

从国外现代农业企业的发展策略来看，发展模式有专业化和多元化等。

　　多元化是国外现代农业企业发展的初期策略；长期应走专业化、全产业链商业模式，在这一模式中，加工技术扮演着重要的角色。

　　国外现代农产品加工业的发展趋势为：

　　（1）食品加工业成为农产品加工业中第一大产业；

　　（2）产品精深加工比例日益提高、加工能力增强；

　　（3）高新技术将更广泛地应用于农产品加工各个环节；

　　（4）"互联网＋农业"推动产业融合化、信息化发展；

　　（5）农产品加工产业化经营水平不断提高；

　　（6）农产品加工综合利用问题受到更高重视；

　　（7）食品绿色、安全问题备受社会关注。

　　为了实现我国未来工业化、信息化、城镇化、农业现代化新"四化"同步发展，我国现代农业的未来发展应注重用现代物质条件装备农业、用现代科学技术改造农业、用现代产业体系提升农业、用现代经营理念引领农业、用新型农民培育发展农业，并不断提高水利化、机械化、信息化水平。

　　在现代农业企业的升级商业模式、现代农业企业的发展策略和现代农产品加工业的发展趋势等方面，我国与国外类似。

6.2　黄陵现代农业发展现状及存在的主要问题

6.2.1　黄陵现代农业生产现状

6.2.1.1　农业生产要素现状

　　生产要素是生产的基础。按照经济学理论，生产要素包括土地（自然资源）、劳动力、资本（投资，含可变资本和不变资本）和管理（政策），同时也与生产力（主要是科学技术发展状况）密切相关。

　　（1）农业资源要素现状

　　在耕地方面，为了保证农业生产的需要，黄陵实行了严格的耕地保护制度。大力推进农村废弃村庄基地、废弃砖场和工矿废弃地的复垦。

在土地流转及其规模种植方面，积极进行土地经营权确权登记颁证工作，鼓励农户承包土地，允许集体建设用地以转让、租赁、作价出资（入股）等形式依法有序流转，鼓励企业以租赁形式有偿使用国有土地。据统计，2015 年全县 19337 户农户承包耕地面积 1951 万亩，流转土地面积 19130 亩，占全县家庭承包经营耕地面积的 9.8%。目前全县已完成勾图指界矢量化作业、信息录入和一轮公示 183 个行政村，占总行政村的 94%，完成二轮公示 76 个行政村，占总村数的 40%，其余 107 个行政村正在二轮公示。

在土壤的面源污染方面，黄陵目前秸秆还田规模 6.1 万亩；在农药、化肥施用方面，大力推广高效、低毒、低残留的农药和生物制剂。

在农业灌溉方面，除部分农业园区循环农业利用有机肥使用一些水利设施外，梁峁、川道地区使用地表水，塬面许多地区则基本"靠天收"。农业用水大部分是采用漫灌的方式，喷灌和滴灌设施严重不足。

在农业环境资源方面，循环农业继续发展。2015 年，发放太阳能灶 500 台，节柴灶 500 台，安装太阳能热水器 400 台，养殖小区沼气池 4 座。

休闲农业、观光农业有了长足进步，省级龙头企业荣华农业示范园区建设了农业生态观光旅游服务平台，带动东部塬面"苹果"采摘等多种形式的农业休闲、观光每年以 10% 以上的速度递增。

（2）农业劳动力要素现状

在农业劳动力数量及其构成上，2015 年年底，黄陵共有农业人口约 8.6 万人，其中 60 岁以上的人口约占总人口的 30%。外出务工人口约 1.2 万人。

在农民收入方面，据统计，2010 年以来，黄陵农村居民人均可支配收入不断增长，2015 年已经达到 12386 元，较上年增长 10.9%。

在农业劳动力受教育程度上，近年来，黄陵始终把教育放在优先发展的战略地位，教育水平和劳动力受教育程度不断提高。

据统计，2015 年，黄陵一方面完成农业专业人员知识更新，培训农业技术人员 390 人；另一方面推进了科技进村入户工程，建立了农业科技示范户 700 户，选聘了 100 名县乡农技人员和土专家组成农技指导员队伍，采取包抓示范户的办法，推广农业实用新技术；同时，全县还选派了 28 名基层农技干部参加了陕西省农业厅组织的脱产培训，在果业、畜牧、能源、农技等单位实施了系列农业科技培训活动，全年共开展农民培训445场次5.1万人次。

在新型职业农民培养上，2015年全县培育认定新型职业农民166人，培训新型职业农民200人。其中，在劳动培训方面，黄陵围绕农民增收、环境整治、技能培训、民生民本等重点，加大了农民培训力度，培养了一大批有文化、懂技术、善经营、会管理的新型职业化农民，在破解"谁来务农"的同时解决"把农务好"问题。

在劳动转移就业上，黄陵坚持输出与输入相结合，树起打响"龙乡人"劳务品牌，切实加强技能培训，积极发展劳务经济。

在新型农业经济组织培育上，截至2015年，全县获批农业产业化省级龙头企业1家，市级龙头企业2家。共有各类农民专业合作社181个，注册商标5个，创建有全国示范农民专业合作社2个，省级示范社3个，省级百壮社2个，市级示范社8个，县级示范社12个。

2015年，组织乡镇申报家庭农场83家，审核57家，认定颁证23家。

在农村党员组织建设上，黄陵积极开展了创先争优活动，紧紧围绕"组织创先进、党员争优秀、群众得实惠"这条主线和农业发展目标，坚持以"科学发展创优，特色产业富民"为主题。同时，积极落实"三会一课"制度，制定了《党代表工作室工作制度》《党代表工作室联络员工作职责》《党代表接待党员群众工作流程》等制度。修订完善了"民主评议党员制度"，试行党员积分制度，提高了系统党员整体素质。

（3）农业投资要素现状

在农业基础设施投资上，黄陵基础设施较好，水、电、路、气、热、通信等基础设施和教育、文化、卫生等公共服务设施建设具有一定的基础。

在新农村建设方面，积极推进美丽乡村建设，按照"138"的模式，重点建设新1个县城——梨园新区，3个重点镇——店头、隆坊和田庄，另外还有8个重点村。目前，已完成了阿党新村、回村农场等6个移民新村年度建设任务。同时，结合扶贫开发项目，完成了店头白石、寺湾2个移民搬迁村建设任务及田庄梁峁、桥山龙首2个整村推进项目。完成了全县乡村编制规划，全县 70% 行政村达到村美户富、基础好、班子强的新农村建设示范村。

在农产品物流园区建设方面，总投资 8000 万元的黄陵物流园区建设项目已于 2016 年年底建成并投入使用。

同时，还促进农资连锁店和超市向农村延伸发展，建立健全了农资超市、批发市场基础设施及信息网络。

在农业项目投资上，2015 年，推广秸秆生物反应堆技术 110 棚，完成土壤改良和测土配方施肥技术 140 棚，发展设施葡萄 120 棚。另外，新建千只羊场圈舍 4 个、千只肉羊育肥场 2 个，发展规模养殖户 10 户，生猪存栏 9 万头、家禽存栏 23 万只。

在农业防灾减灾能力方面，2260 亩苹果园建设了防雹网，保险覆盖率 50%，并在逐年扩大购买面。2015 年，全县共建立了 21 个三七高炮作业点，6 个火箭作业点和 1 个流动火箭作业站，建成了 50 套村级气象预警大喇叭。

在农机具方面，目前全县农机总动力约 27.1 万千瓦，大中型拖拉机数量约 933 台，小型拖拉机约 3161 台，配套农机具 8990 台件，耕种收综合机械化水平约 78%。

在光伏农业方面，黄陵目前在田庄、隆坊建有 40MW 太阳能分布式光伏发电项目。

在智慧农业、精细农业和精准农业方面，黄陵目前没有专门的相应农业设施投资。

在农业园区投资上，按照"政府主导、企业（合作社）主体、社会参与、市场运作"的发展思路，编制完成任务《黄陵现代农业园区规划（2015—2020 年）》。截止 2015 年，黄陵已建设了荣华、店头、隆坊等 7 个市级现代农业示范园，其中荣华现代农业示范园为省级现代农业示范园，田庄、店头、隆坊为市级农业示范园。现代农业园区累计投入资金 3.5 亿元，实施园区项目 56 个，园区覆盖全县 5 镇 1 乡 37 个行政村 18000 亩土地，年均实现产值 2 亿元。

2015 年，荣华省级现代农业示范园建设完成年度投资 813 万元，建成高标准栽植翡翠梨 200 亩，推广翡翠梨种植面积 5000 亩，建设"日本连体果树栽培模式"示范园 100 亩,建设黄陵翡翠梨品种优选培育基地 50 亩。

隆坊镇上官市级现代农业示范园建设完成总投资 1142.6 万元,建成防雹网 1000 亩,购买果园弥雾机等机具 237 台,实施果园袋贮慢渗、黑膜覆盖、果园生草 1000 亩,绿色防控 2100 亩,建成培训办公楼、农资机具库房 680 平方米。

店头市级现代农业示范园建设完成年度投资 260 万元,完成 56 座日光温室大棚内外墙加固,完成广场道路硬化以及地埋水、电路等,同时完成市县两级验收工作。

阿党现代农业示范园通过市级评审。田庄标准农田示范项目已获农业部立项,初步设计已上报省市农业部门,等待省级初设评审。

截止 2015 年,黄陵正在以店头、桥山两个市级现代农业示范园为重点,新建日光温室、钢架大棚 1100 座,力争全县蔬菜面积达到 1.7 万亩,总产 4.1 万吨。剩余 4 个园区的规划编制和立项申报工作,力争再有 2~3 个园区晋升省市级园区。

在农业信息化建设投资上,目前,黄陵农业信息网、12316 农业信息综合服务电话等农情信息服务体系运行正常。同时,巩固提升了 192 个农业实用技术服务信息站,加快了隆坊镇果品交易中心建设,不断提高了农业信息服务和农产品市场营销水平。据统计,2015 年,县农业市场与信息中心及时向农民发送生产、管理技术及气象服务、供求等各类信息 1150 条。

(4) 农业科学技术要素现状

在农业科技体系上,全县建立了以农业科研所、农业科技企业为主体的农业科技创新体系。目前共有农业综合服务站 3 家,区域农技推广站 4 家。各类农业推广机构广泛参与农业发展和技术服务,苹果、蔬菜、西甜瓜、玉米一大批优良新品种、先进实用技术得到推广。

在农业科技创新与推广方面,积极组织开展"一喷三防"、地膜覆盖、绿色防控、农作物增施有机肥等实用技术推广,普及标准化果业生产技术。做好新品种、新技术的引进,使农业科技推广水平不断提高。

在农业科技培训和农业信息化技术方面,重点培训龙头企业负责人、专业合作社理事、农业致富带头人和职业农民;加强农村信息员管理,提升农业信息服务体系管理水平。

同时，在果业及其他特色农业生产方面，推广了机械化技术、生态化生产技术以及苗、虫、灾等农业灾害防治技术。在蔬菜方面，推广了泥炭营养基育苗技术、旧棚改造保温技术、膜下渗灌技术、秸秆生物反应堆技术、"五型棚"建造技术。在畜禽方面，还积极应用了自动控制技术、禽舍环境调控技术、优质高效饲料技术、程序化免疫技术等，提高现代养鸡技术水平。2014年，组织了相关技术人员完成产地检疫生猪8.8万头，牛1685头，羊5618只，禽类16.5万只。屠宰检疫生猪27584头，羊5600余只，禽类6.2万只，检出病害猪27头，病害鸡56只，全部进行了无害化处理。

(5) 农业扶持政策要素现状

在农业扶持政策上，黄陵加强组织领导，各乡镇和县级有关部门把农业和农村经济工作作为"一把手工程"，做到领导责任、资金投入、组织保障和服务指导四到位，共同开创全民参与、合力共建新农村的良好局面。

在县域经济方面，从2011年起，县财政每年拿出300万~500万元，设立县域经济发展专项基金，采取贴息、以奖代补或补助等形式重点投向培育特色经济、壮大龙头企业、支持中小企业、高新技术产业发展项目和园区基础设施建设、新农村建设、城镇建设等方面。对促进县域经济发展成绩突出的部门和乡镇进行奖励。扶持重点龙头企业，对当年上缴地方税总量进入前5名的企业，县委、县政府予以奖励。

同时，县政府还实施了包扶计划，县委班子成员深入张庄等村镇开展了党的群众路线教育实践和宣讲中央一号文件活动，提高群众对政策的知晓率。

在农业环境方面，加强农业循环工作，积极申报支持养殖小区大中型沼气池建设项目，巩固退耕还林农村新能源项目；加强美丽乡村建设，县政府制定了《关于全面改善村庄人居环境持续推进美丽乡村建设的实施意见》，通过"一乡两带"和22个重点村建设，将美丽乡村建设工作向纵深推进，计划每个乡镇再抓2~3个示范点，实现面上延伸，整体推进。

在完善农业服务体系方面，建立了农业产前、产中、产后全程跟踪服务机制，健全完善了农业生产技术、防灾防疫、农业信息、市场营销、农产品质量检测等服务体系，积极推广了新品种、新机具、新技术，建立更多的农产品直销窗口和商务平台，推动农超对接、农企对接、农校对接，畅通"绿色通道"，实现生产环节提质、加工环节增值、流通环节增效。

在农村土地流转方面，县政府制定下发了《关于加快农村承包经营权流转推进现代农业建设意见》（黄政发〔2014〕3号），转发了陕西省《农村土地承包及流转合同示范文本》（黄农发〔2014〕14号），以加强对土地流转服务指导。建立县乡村三级农村土地流转服务体系，指导有条件的村成立土地银行，引导农村土地围绕产业结构优化有序集中，发展规模经营。同时，全面启动了土地确权登记颁证工作，制定下发了《黄陵农村土地承包经营权确权登记颁证工作方案》（黄办字〔2014〕50号），成立了由16名县级领导8名副科级领导任正副组长的县级指导组8个、乡镇领导小组8个、驻村工作组191个，制定乡村两级工作方案199份，选举产生村组确权五人小组374个，抽调工作人员1337人。

在农业经营组织方面，扶持了龙头企业、合作社、家庭农场、产业大户发展，按照中央要求允许财政资金直接投向符合条件的合作社，允许财政补助形成的资产转交合作社持有和管护。开展了经营主体创建活动，对技术先进、积极性高、示范带动作用明显的经营主体开展相关申报工作。

在加强农产品质量安全方面，一是强化农业综合执法力度。2015年，组织了农业执法队深入开展农产品质量"飓风"和"铁拳"行动，共出动执法车辆167台次，执法人员834人次，检查农资市场47个次，农资经营户739个次1500个（种）产品，处罚11户，处罚金额1.5万元。有效打击了农药市场违法行为，规范了市场秩序；二是完善监管体制。加强县乡农产品质量安全监管体系建设，强化对乡镇农产品检验检测区域站的管理，将农产品监管工作纳入乡镇政府绩效考核。2015年，组织了农检站深入三大塬区和8个设施蔬菜生产基地实地开展业务工作。同时，加强了温室蔬菜、苹果、粮油及畜禽的抽检，并将检测结果在市场公示栏和网上公布；三是推进农业技术标准化生产。推广测土配方施肥、地膜覆盖、土壤深耕深松、果园生草、病虫害防治、秸秆还田，使用活化剂等措施改良土壤。引导龙头企业、农民合作社、家庭农场、产业大户开展无公害农产品、绿色食品、有机食品和农产品地理标志等"三品一标"认证工作。

在农业生产补贴上，2015 年，在店头镇、双龙镇、桥山办事处、隆坊镇种植地膜玉米 4 万余亩，落实小麦和玉米良种补贴 105.588 万元。引进推广良种 10 个（小麦 3 个、玉米 6 个，水稻 2 个，大豆 2 个），6.4 万公斤，补贴资金 100.82 万元，其中玉米 4.09 万亩，补贴资金 40.9 万元，水稻 0.48 万亩，补贴资金 7.2 万元，小麦 5.272 万亩，补贴资金 52.72 万元，种植 20790 亩地膜玉米，补贴资金 20.79 万元，以上补贴资金全部以"一卡通"的形式发到补贴农户手中。

在农业防灾减灾方面，2015 年主要围绕防冻害、大风、冰雹、暴雨等自然灾害袭击为重点，加大灾害性天气的预测预报力度，科学合理设置防雹作业点，提高防雹作业能力，全年共开展人影天气作业 6 次，防雹 12 次，发射炮弹 4928 枚，火箭弹 24 枚，有效地降低了灾害损失。

在农业科技方面，7 个乡镇农技推广站条件建设项目通过新建、置换等方式落实了办公、业务用房，县农产品质量检测站项目经过建设，现在已经投入使用。

在农民增收方面，重视扶持与农民生产生活密切相关的服务业发展，转移吸纳更多的农村富余劳动力，不断拓宽农民增收渠道；同时，大力发展劳务经济，实施农村劳动力转移工程，面向各类劳务需求，引导农村劳动力有组织地进行劳务输出，围绕县内建设项目实施和果业生产用工季节，引导农村剩余劳动力进行临时性、季节性农闲打工，增加农民的现金收入。

在农村扶贫方面，按照中央"精准扶贫、不落一人"精神，摸准精准对象、准确发力，通过结对扶贫等措施，不断提高农村扶贫效果。

6.2.1.2 主要农产品生产现状

（1）概述

黄陵农产品若按产业地理特征分类，有果业、川道产业和沼畜产业；若按产品类型来分，主要是果业、粮油、蔬菜、畜禽、食用菌、水产和中蜂等产品，其中食用菌、水产、中蜂和部分特色果业等产品又称为特色农产品。果业中主要是苹果，其他还有山楂、柿子、大枣、樱桃、核桃等，粮油中主要是玉米、小麦，其他还有油菜、小杂粮等，畜禽中主要是生猪和鸡，其他还有牛、羊等。

其中，在塬面地区以绿色苹果生产基地建设为主，以各级各类示范园（区）建设为抓手，全面落实"四大"关键技术措施，走以沼促牧、以牧促果、以果增收、果牧良性发展的农业生态经济之路。

在川道地区围绕三点（延炼、县城、店头矿区）一线（沮河沿线），按照一乡一业、一村一品的要求，积极培育主导产业，大力发展蔬菜、畜禽和其他农产品，走城郊农业发展之路。

近年来，黄陵依托资源优势，坚持"突出重点，凸显特色"的原则，积极推进农业和农村经济结构的战略性调整。在农产品的生产上形成了以苹果产业发展为主导，以稳定粮食生产、保证粮食安全为基础，以畜禽、蔬菜和其他农产品为补充，长短结合，互为促进的农业生产格局。

2015 年，粮食产量在 5 万吨左右；苹果总种植面积 24 万亩，总产量 28.6 万吨左右；蔬菜种植面积 1.7 万亩左右；牛存栏 4560 头左右；生猪存栏 9 万头左右；羊存栏 10230 只左右；家禽存笼 23 万只以上。

总体来说，黄陵农产品的重点是果业。2015 年，在黄陵 13.7 亿农业总产值中，果业收入就有 12.5 亿，而且当年农民人均纯收入 12386 元，果区人均果业收入则达到了 2 万元。因此，本研究将黄陵的农产品总体分为五类或两类，一类是果业（苹果），其他四类依次为粮油、蔬菜、畜禽及特色农产品；或果业（苹果）以外的通称为其他农产品或特色农产品。且所有的分析均以苹果为主，其他农产品均为辅。

为了准确把握黄陵农产品生产现状，有必要对黄陵的主要农产品进行竞争力分析。

产品竞争力的分析方法很多，如成本收益法、关联分析法等，本研究主要介绍、使用产业国内竞争力法。

（2）果业主要产品生产现状

在果业主要产品生产现状中，本报告研究苹果的生产、竞争力现状及适度经营规模。

黄陵苹果产量变化趋势为稳定增长而略有波动，2012 年为产量的最高峰，2013 年略有下降后，2014 年再继续上升，大体增长速度为 8%。

在生产品种方面，主要是红富士、嘎拉、乔纳金和国光等品种。

在收获季节方面，主要是晚熟，有少量中熟，没有早熟品种。

在标准化生产方面，果园推行精细化、园艺化管理，突出抓苹果标准化示范园区和田侯塬公路沿线苹果标准化生产示范带建设。

在生产布局方面，黄陵苹果生产主要集中在东部塬区的阿党和田庄镇。

在农业生产组织方面，目前黄陵建设了完整的龙头企业、农业合作社等新型农业经营组织。其中除荣华等现代农业示范园采用"公司＋示范基地＋合作社＋食品安全保险"等苹果产业运营模式外，大部分农户主要按照"农业合作社＋农民"的产业运营模式经营。

① 苹果生产竞争力分析

苹果业的当前发展趋势。据统计，目前世界上有 80 多个国家生产苹果，总产量近 6000 万吨。苹果的加工产品最主要的是苹果浓缩汁，其次是果酒、果酱和罐头。未来苹果生产的发展趋势是依靠科学技术培育高产、优质和抗逆性强的优良品种；实施无公害生产；开发新型、高效实用的保鲜技术和保鲜材料；实行产业化经营及互联网等先进技术的应用等。

从我国情况看，我国共有 25 个省（市、区）生产苹果，主要集中在渤海湾、西北黄土高原、黄河故道和西南冷凉高地等四大产区。总体看，苹果是我国入世后为数不多的具有明显国际竞争力的农产品之一，其优势主要表现为资源、区位、价格、规模等方面。不过，随着我国劳动力成本和苹果价格的提高，优势也越来越小。同时存在一些主要问题，主要表现为：生产和品种结构有待进一步优化；良种苗木繁育体系不健全；平均单产低，总体质量较差；采后环节薄弱，苹果鲜榨汁、苹果汁饮料、苹果酒、苹果醋等加工品尚未形成较大规模。

从黄陵情况看，在产品地区间竞争力指标上，在生产资源禀赋方面，黄陵位于西北黄土高原苹果集中生产区，也是世界优质苹果最佳产区之一，以果形端正均匀、色泽鲜艳、含糖高、香味浓郁、硬度适中及易装运、耐贮藏等优点，多次在全国果类品评会上获奖，畅销广州、深圳等 28

个省市和地区，并进入中国香港、中国澳门和东南亚市场，成为陕西省优质苹果生产基地县之一；在生产策略方面，苹果是黄陵乃至陕西省的重点生产农产品；在需求状况方面，苹果是人类健康水果之一，素有"每天一个苹果，让你远离疾病"的说法，黄陵苹果目前也可实现当年90%以上的销售率，在相关支持产业方面，陕西省不仅具有苹果种植深厚久远的历史传统，而且拥有苹果种植加工销售"一条龙"的产业基础，黄陵目前也建设有一个苹果醋生产企业；在知识吸收和创新能力方面，黄陵目前技术比较薄弱，创新能力不强，但陕西省拥有国内最强的苹果种植管理科技力量。

在产品间竞争力方面，生产发展方向符合国家、省、市各级规划要求，但发展速度有所起伏，生产潜力没有得到发挥；生产权重和市场占有率不高，生产实力不强；生产成本收益较其他特色农业较高；生产机会成本不大，黄陵农民没有更好的就业渠道。

② 苹果生产适度经营规模分析

从国外的生产经验来看，在能力许可的条件下，生产规模越大越好。但是，根据我国及黄陵的实际情况，本研究使用基于机会成本和直观评价的方法测算黄陵苹果生产的适度经营规模。

根据机会成本估算适度经营规模的计算公式：

$$S = \frac{MN}{18R}$$

可以计算，2014年黄陵按照机会成本估算的适度经营规模约为2亩。其中上一年度农户苹果种植的每亩收益取0.6万元，苹果生产时间段取为6月，上一年度城镇居民的年收入取为31250.9元。

根据直观评价法中地区劳动力转移程度确定适度经营规模的计算公式：

$$S_i = \frac{C}{1-r}$$

可以计算，2014年黄陵按照地区劳动力转移程度估算的适度经营规模约为6亩。其中劳均耕地资源占有量 C 取为3亩；农村劳动力在非农产业的就业率 r 取为0.5。

（3）粮油主要产品生产现状

黄陵粮油作物以玉米和水稻为主，还有少量的油菜、小杂粮等经济作物种植。黄陵粮油产品以自给为主，在农业生产中所占不大，本书简要以玉米、小麦为代表展开分析。2015 年，黄陵播种粮食面积 15.1 万亩，总产 5.0 万吨；油菜种植面积 1.65 万亩，总产 2179 吨。

① 粮油生产概况

黄陵粮食产量除在 2013 年由于受灾减产外，其他时间均比较稳定。油料产量则是除 2013 年外，大体保持持续增长态势，速度大约为 10%。

在生产布局方面，黄陵的粮油作物主要集中在川道地区的隆坊、店头等地种植。

在农业生产组织方面，黄陵粮油主要由农民承包种植，只有 15 个农业专业合作社，10 个家庭农场等新型农业经营组织，缺乏龙头企业的产业化开发。

目前，粮油加工的主要发展趋势是注重营养健康；大力开展粮食加工副产品深加工，实现循环经济；粮食加工业企业生产方式向高效、低碳、节能、减排等方向转变，并向粮食精深加工及废弃物综合利用及油脂品种多元化发展。

② 玉米、小麦生产竞争力分析

玉米是世界主要种植作物之一，玉米的主要加工产品为玉米淀粉、玉米乙醇、淀粉糖、氨基酸和化工醇。未来玉米的发展趋势是需求继续增长；流通的主要模式是供应链管理；机械化推进速度进一步加快；玉米科技的主要方向是提高单产和提高品质；玉米加工消耗高、污染大的企业将逐步被淘汰。

玉米是我国种植面积最大的作物。我国玉米种植区域分为北方春播玉米区、黄淮海夏播玉米区、西南山地玉米区、南方丘陵玉米区、西北灌区玉米区和青藏高原玉米区。黄陵位于我国西北灌区玉米区。

小麦也是世界主要种植作物之一，是世界第二大粮食作物。我国小麦在国际上也具有一定的竞争优势，但优势不明显。

我国小麦种植具有效率比较优势的产区集中在黄淮海地区、西北部分地区及西藏地区；具有规模比较优势的产区集中在黄淮海地区、西北地区、西藏和长江中下游部分地区；具有综合比较优势的产区和具有规模比较优势的产区分布大体相同，集中在黄淮海地区、西北地区、西藏和长江中下游部分地区。

就黄陵而言，由于粮油种植在农业生产中的比重较小，也不是未来的发展方向，本书对其具体竞争力不做研究。

（4）畜禽主要产品生产现状

黄陵畜禽养殖以生猪、牛、槐山羊和鸡为主，产品主要自给。本书简要以生猪和鸡为代表进行分析。

① 畜禽生产概况

黄陵生猪产量一直处于稳步增长的态势，增长速度大约为10%。

黄陵家禽产量总体处于稳定增长的态势，只是在2013年略有波动，增长速度大约为10%。

2016年，黄陵全县生猪饲养规模达到9.5万头，全县蛋鸡饲养存笼达到24万只。

另外，黄陵在羊产量上比较稳定，在牛的养殖上则有萎缩的趋势。

在生产布局方面，围绕店头、双龙矿区城镇周边村庄发展现代养鸡，重点推广世界著名蛋鸡和肉鸡品种。

在农业生产组织方面，目前黄陵畜禽养殖由农民自行组织完成，只有20个农业专业合作社、5个家庭农场等新型农业经营组织，缺乏大型龙头企业。

② 畜禽生产竞争力分析

畜禽当前的发展趋势。由于猪肉在我国长期处于主导地位，未来仍具有较大的发展潜力，但行业的集中度和组织化会不断提升。由于禽流感等影响，我国肉鸡行业甚至禽蛋行业目前则不被看好。从消费角度讲，生猪存在"猪周期"的影响，鸡行业则需要加强科学宣传。

畜禽的加工趋势包括产销一体化趋势愈加明显，优质深加工产品将成为市场热点，可追溯性管理系统在畜禽和水产加工领域作用凸显。

就黄陵而言，由于畜禽养殖在农业生产中的比重较小，也不是未来的发展方向，本书对其具体竞争力不做研究。

（5）蔬菜主要产品生产现状

黄陵蔬菜种植品种较多，韭菜、芹菜、小青菜、豆角、黄瓜、西红柿、辣椒等都有种植。2015年，黄陵蔬菜种植面积为1.7万亩，总产3.9

万吨。

① 蔬菜生产概况

黄陵蔬菜种植产量总体呈稳步增长的态势，速度大约为5%。只是在2013年由于灾害减产，产量没有达到预计的3.7万吨。

在生产布局方面，主要在川道地区种植，约占总产量的80%，塬区也有部分种植，约占总产量的20%。

在农业生产组织方面，黄陵目前蔬菜主要由农户自行种植，只有15个农业专业合作社、10个家庭农场等新型农业经营组织，没有龙头企业。

② 蔬菜生产竞争力分析

蔬菜当前的发展趋势。蔬菜是人们日常生活必需的副食品，又是特殊的鲜活农产品。蔬菜的加工制品主要是脱水蔬菜、保健蔬菜等。

未来我国蔬菜产业的发展趋势从生产上讲要向基地化、设施化、多样化、产业化发展；供应上向均衡化、方便化、无害化、保健化、营养化目标努力；科技上向规范化、高新化、高效化、轻省化追求。黄陵目前没有特种蔬菜种植。

目前果蔬加工的发展趋势主要包括重视提取果蔬中的功能成分，以最少量加工保持果蔬的营养，国际果蔬加工。

就黄陵而言，由于蔬菜种植在农业生产中的比重较小，也不是未来的发展方向，本书对其具体竞争力不做研究。

（6）特色农业主要产品生产现状

黄陵特色农业主要产品包括食用菌、中蜂和水产等产品。

① 特色农业生产概况

黄陵依托林业资源及水资源，特色农业发展较快，其中中蜂养殖突破10000箱，促进了农民增收。

在农业生产组织方面，黄陵特色农业全部由农民自行组织生产，只有5个农业专业合作社、3个家庭农场等新型农业经营组织，没有龙头企业。

在产业开发方面，目前正在重点实施水产养殖"1392"计划（即水产养殖达到1万亩，特色养殖场3个，水产产值达到9000万，人均水产纯收入达到2000元）；特色种养"3118"计划（即发展食用菌300万棒，中蜂养殖10000箱，人均特色产业收入达到1800元）。

② 特色农产品竞争力情况

中蜂当前的发展趋势是分散生产向规模化、组织化经营转变；粗放管理向科学化、标准化生产转变；无序放养向基地化生产、区域化布局转变；单一化开发向产品多样化、功能多元化转变；支撑条件薄弱向技术系统化、装备机械化转变。

食用菌是我国农业中的一个重要产业，在种植业中，仅次于粮、棉、油、果、菜，是第六大类产品。食用菌当前的发展趋势主要体现在连锁经营、品牌培育、技术创新、管理科学化为代表的现代食品企业，逐步替代传统食用菌业的随意性生产、单店作坊式、人为经验生产型，快步向产业化、集团化、连锁化和现代化迈进，现代科学技术、科学的经营管理、现代营养理念在食用菌行业的应用已经越来越广泛。

在西部水资源比较缺乏的情况下，水产养殖具有较强的竞争力。

就黄陵而言，由于特色农业养殖在农业生产中的比重较小，主要用于自给，不符合现代农业大规模、市场化、开放型和专业化的现代农业发展要求，也不是未来的发展方向，本书对其具体竞争力不做研究。

6.2.2 黄陵主要农产品消费及贸易现状

（1）概述

近年来，我国农产品消费市场发生了巨大变化，清洁安全、品质好、有风味成为消费者购买农产品的首选标准，在一些大城市，绿色农产品市场已轮廓初现。在市场需求的拉动下，一些农民开始放弃传统粗放的农业模式，自觉走上生态农业之路。

事实上，对消费者而言，消费的目的是实现效用最大化。本书将依据消费需求理论，在黄陵主要农产品的消费量及其变动趋势、运用相关图表进行分析的基础上，着重分析影响黄陵农产品消费量的因素。

为了更准确地把握收入及价格因素对黄陵农产品消费的影响情况，本书还使用经济学中的弹性（含自弹性和交叉弹性）系数工具进行分析。

在经济学中，弹性是指一个经济量变动的百分比相应于另一个经济量变动的百分比反应之间的敏感程度。弹性用弹性系数来衡量，其具体方法在做具体分析时进行介绍。

弹性系数的计算方法如下：

$$弹性系数 = 因变量的比率/自变量的比率$$

（2）果业主要产品消费现状

① 在苹果的消费量及变动趋势方面，近5年黄陵苹果消费量及消费价格比较平稳。

表6-1 黄陵苹果消费量及消费价格情况

年份（年）	2010	2011	2012	2013	2014
苹果消费总量（万吨）	3.5	3.3	3.2	3.6	3.75
苹果消费价格（平均）（元/公斤）	6.0	6.3	6.8	7.2	7.6

② 苹果的消费结构方面，黄陵红富士：乔纳金：嘎拉苹果消费的比例约为5：3：2。

表6-2 黄陵苹果消费构成

年份（年）	2010	2011	2012	2013	2014
红富士	2.1	2.1	2.1	2.1	2.1
乔纳金	1.0	1.0	1.0	1.0	1.0
嘎拉	1.0	1.0	1.0	1.0	1.0
其他	0.4	0.4	0.4	0.4	0.4

③ 在苹果消费的影响因素方面。根据调研，黄陵苹果消费的主要影响因素包括苹果的价格、品种、习惯等。其中消费习惯的养成与苹果的消费文化有较为密切的关系。

目前，黄陵没有进行专门的苹果文化氛围建设，与相邻的洛川县有一定的差距。

④ 苹果消费弹性方面。运用弹性系数计算公式计算：

$$弹性系数 = 因变量的比率/自变量的比率 = 1.23$$

可见，黄陵苹果消费的弹性还比较大。

（3）粮油主要产品消费现状

① 在玉米的销售量方面，基本为供给本县消费。

在粮油贮藏方面，全部由农民自行贮藏。

② 粮油消费竞争力方面，粮油是人类主要消费的食品之一，黄陵粮油中的玉米、小麦、油菜规模较小，在品种、规模等方面均竞争力不强。

对黄陵而言，由于粮油消费主要为自行生产，对外销售很少，本书不进行弹性系数研究。

（4）蔬菜主要产品消费现状

在蔬菜的销售量方面，基本为供给本县消费。

在蔬菜贮藏方面，全部由农民自行贮藏。

蔬菜是人类主要消费的食品之一，黄陵蔬菜品种主要为大众菜，没有特色，在品种、营养方面竞争力不强。

对黄陵而言，由于蔬菜消费主要为自行生产，对外销售很少，本书不进行弹性系数研究。

（5）畜禽主要产品消费现状

① 在畜禽的销售量方面，目前黄陵畜禽产品基本供给本县消费。

在畜禽贮藏方面，目前黄陵畜禽产品全部由农民自行贮藏。

② 畜禽消费竞争力方面，畜禽是人类主要消费的食品之一，黄陵畜禽主要为散养，也有集中笼养，在品种、蛋品方面竞争力不强。

对黄陵而言，由于畜禽消费主要为自行生产，对外销售很少，本书不进行弹性系数研究。

（6）特色农业主要产品消费现状

① 在特色农产品的销售量方面，目前黄陵特色农产品基本供给本县消费。

在特色农产品贮藏方面，目前黄陵特色农产品全部由农民自行贮藏。

② 特色农产品消费竞争力方面，蜂蜜既是食品，又是滋补品和天然药品。由于蜂蜜中含有大量的葡萄糖和果糖，容易被人体吸收，对老人、儿童、产妇以及病后体弱者特别适宜。蜂蜜作为一种天然的甜味剂被广泛应用于各种食品，凡是用蔗糖作配料的食品，可以部分或全部用蜂蜜代替。用蜂蜜可以制作糕点、各种饮料、酿造蜜酒，在化工工业上也有广泛应用。随着我国国民经济的快速发展，居民的收入水平越来越高，对食品的需求日益提高。人们对绿色食品如低糖、低脂肪、高蛋白的食品消费需求日益旺盛，此类食品的营业额一直保持较强的增长势头。食用菌是营养丰

富、味道鲜美、强身健体的理想食品，也是我们人类的三大食物之一，同时它还具有很高的药用价值，是人们公认的高营养保健食品。食用菌生产既可变废为宝，又可综合开发利用，具有十分显著的经济效益和社会效益。随着人民生活水平的不断提高和商品经济的进一步发展，食用菌产品不仅行销于国内各大市场，而且还畅销于国际。

对黄陵而言，由于特色农业消费主要为自行生产且规模较小，主要不对外销售，本书不进行弹性系数研究。

6.2.3 黄陵农产品加工产业现状

6.2.3.1 农产品加工企业现状

在苹果精深加工及龙头企业方面，黄陵现在店头镇建有一个苹果醋生产厂，生产"圣轩"牌果醋，年产量10吨。

畜禽精深加工制品加工的主要目的是各种风味食品、罐头食品等，当然，也有少量副产品的其他加工。

黄陵目前没有畜禽精深加工龙头企业，畜禽养殖场和散养均由农民承包或自行进行。

在黄陵粮油精深加工企业方面，黄陵目前在轩辕圣地酒业文化产业园建设有一个白酒生产企业，生产"轩辕"牌白酒，一期投入3.5亿元，占地面积300~500亩；另有几家小型粮油加工企业，主要进行碾米和榨油供当地居民食用。

在黄陵蔬菜、中蜂、食用菌及水产等特色农业精深加工企业方面，黄陵目前也没有建设龙头企业。

6.2.3.2 农产品加工业竞争力分析

本书采用农业生产的产业国内竞争力方法评价农产品加工业的竞争力。从产品间竞争力而言，生产机会成本较低，因为目前黄陵农民收入不高；生产成本收益较小，因为农产品加工业规模较小；生产能力较弱，生产权重和市场占有率均较低；生产潜力则较大，因为生产发展速度较快，尤其是生产发展方向为国家、省、市所鼓励。

在产品地区竞争力方面，农产品加工业的竞争力与其原料的竞争力有着密切的关系，在黄陵苹果竞争力较强的情况下，黄陵农产品加工业的竞争力也有一定的优势。

6.2.4 黄陵现代农业发展的主要问题

总体来看，黄陵现代农业主要生产收益较高的苹果，注重土地的占补平衡，注重环境保障和生态建设，注重农业新型经营组织的建设，注重工业反哺农业，注重农业的标准化、规模化生产，但产业结构不尽合理，第一、第三产业比重小，第二产业比重大，发展第一、第三产业成为当务之急。

6.2.4.1 农产品精深加工产业发展严重滞后

（1）农产品精深加工业规模小，没有大型龙头企业

发达国家农产品加工业产值与农产品采收产值的比例大多超过2倍，如美国为3.7：1，日本为2.2：1，陕西省这一比例约为1.56：1，但黄陵目前只在店头镇建设有一个苹果醋生产厂，年产量10吨，产值只有约10万元，比例仅0.0001：1，没有能够对农产品精深加工产业起引领作用的龙头企业。

（2）农产品精深加工产业链条短

美国ADM公司、河南省农产品加工龙头企业均实现全产业链运营。目前黄陵主要农产品苹果的精深加工不仅产品单一，只有果醋，没有苹果软胶囊、果脯、果粉、果汁、果胶、果酒、膳食纤维、果干、果糖、苹果香精等精深加工产品，而且没有实现从生产到加工、销售、物流等全产业链运营。

（3）农产品精深加工缺乏独立的研发团队、核心技术或产品

美国ADM公司、广东温氏集团等知名企业都有独立的研发团队、核心技术或产品。目前黄陵农产品精深加工业缺乏独立的研发团队，科研投资较少，没有培育出自己的核心技术，也没有生产具有自主产权的新产品。

（4）农产品精深加工产业循环化规模不足

农产品精深加工企业目前循环化规模不足。目前黄陵唯一的果醋加工

企业加工后的果渣没有进行进一步的加工，形成循环化利用还有较大的提升空间。

（5）农产品精深加工产业品牌宣传力度不足，影响力弱

在管理学理论中，品牌的形成有助于促成消费者对于品牌的忠诚；有助于稳定产品的价格，减少价格弹性，增强对动态市场的适应性，减少未来的经营风险；有助于细分市场，进而进行市场定位；有助于新品的开发，节约产品投入成本。借助成功或成名的品牌，扩大企业的产品组合或延伸产品线，采用现有的知名品牌，利用其一定知名度或美誉度，推出新品；有助于企业抵御竞争者的攻击，保持竞争优势。目前，黄陵"圣轩"牌果醋品牌尚缺乏宣传力度，市场影响力较弱。

6.2.4.2 农业生产条件有待继续改善

（1）农业科技力量薄弱，农业创业创新氛围尚待建设

目前黄陵农业科研所虽具有一定的农业技术教育和农业技术推广能力，但缺乏高层次的科研带头人，尤其是比较缺乏具有开发拥有自主产权技术能力的研究团队，制约了其种子、种苗等农业种植的开发能力及农产品精深加工等产业的发展。

创新是培育产品核心技术的关键，创业是培育产品营销市场的基础。在"大众创业、万众创新"方面，黄陵目前尚没有出台相应的举措，创业、创新的气氛不浓，妨碍了农业生产、农产品加工、营销、贸易等领域的发展步伐。

（2）农业土壤条件有机质含量较低，农业面源污染依然存在，农业生产管理亟待加强

在土壤有机质方面，国外优质苹果园土壤有机质含量一般为 4～8，但黄陵苹果园的土地有机质含量普遍在 1 左右。秸秆还田只有 6 万亩，只占耕地总面积 35 万亩的 1/6，这些改良土壤措施需要加强；在测土施肥、有机施肥方面，还有近 80% 的畜禽养殖企业没有完全实现畜沼农循环化。

在土壤面源污染方面，黄陵虽然加强了农资市场的管理和产品的抽检力度，大力推广高效、低毒、低残留的农药和生物制剂，使苹果园的农药使用量得到一定的控制，但化肥仍然在农业中普遍使用。尤其是在其他农

作物的生产中依然存在由于农药、化肥、农膜等的使用所引起的残留物超标等面源污染问题。

在我国供给侧改革的背景下，黄陵在实施土地休耕以改善土壤有机质、面源污染进而提高农产品质量等方面的管理措施亟待加强。

（3）农业基础设施滞后，农业投资依然不足

在水利基础设施方面，黄陵的苹果生产分布于东部塬区。塬区地势较高，需要提水灌溉。目前，黄陵的水源建设有了一定的基础，但是，灌溉设施建设比较落后。除少量条件较好的农业合作社拥有灌溉设施，大部分农民没有灌溉设施。在正常年份可利用一些减少水分蒸发的措施保持苹果生产所需要的水分要求，如果遇到严重干旱，则苹果生产的风险较大。

值得一提的是，水肥一体化是农业增收的有效措施。但黄陵这项基础设施建设还有待加强。

在新农村建设方面，"138"新农村建设体系依然有较大的投资缺口，梨园新区配套设施有待加强，美丽乡村建设距离先进还有较大的差距。

在农业生产、生态、项目及设施等投资中，黄陵的投资不足主要在设施及项目上。

在农业项目投资上，最主要的体现是农产品精深加工项目投入不足，农产品精深加工企业规模小、链条短、品牌弱、附加值小，对就业等的带动力小，对旅游等产业的关联度也较小。

在设施农业方面，首先是畜禽、蔬菜等设施特色农业的规模较小，有较大的增长空间，其中农机具普及率还不足80%，也有一定的增长空间。

另外，在农业信息化设施投资方面，网上农业有待加强，尤其是网上农业O2O平台，农产品文化、销售平台的建设比较滞后。

在智慧农业、精准农业及精细农业设施投资方面，黄陵目前物联网、云计算、大数据等新一代信息技术创新应用还处于起步阶段，投资额较少。

在光伏农业方面，光伏发电没有专门服务于农业的生产和动力提供，还存在着占地及有安装技术要求等问题。

（4）农业人力资本建设、农业组织化工作有待加强

农民收入有待继续增长。虽然近年来农民收入增长较快，但与城镇居

民超过 3 万的人均可支配收入相比，只相当于其大约 40%。尤其是果农以外的农民收入更需要大力增长。

新型职业农民培育工作还存在一定的提升空间。黄陵耕地总面积达到了 35 万亩，农业人口 8.6 万人，但目前新型职业农民认定只有 200 人，与农业现代化的发展要求差距较大。

新型农业经营组织建设有待加强。目前黄陵新型农业经营组织的主要问题体现在行业组织的建立较少、龙头企业带动力不强、农业专业合作社影响力不大、家庭农场的规模不足等方面。

在农村党员的组织及农村扶贫方面，目前黄陵农村党员的积极性发挥不足，组织及带动作用还需要加强，农村扶贫可进一步精准化。

(5) 农业服务体系需要加强

农业政策研究有待加强。目前黄陵在政策措施中体现的中央、省、市规划及相关政策还不够，使黄陵农业政策出台的依据略显不足。

农业推广力度有待加强，目前黄陵部分农业科学技术还依靠外来农业种植人员的推广和应用，在此方面需要加强自身的农业科技推广力量。

土地流转市场、防灾防疫预警、农产品市场营销信息、农产品质量检测、农产品可追溯系统等服务体系有待加强。目前黄陵没有建设土地流转等服务市场，在互联网＋现代农业、智慧农业、金融支持农业工作等方面也没有建立相应的服务措施。

农业补贴力度及各类惠农政策有待改善。农业是一种经济效益低、风险性大的弱质产业，发达国家对农业的补贴较高，如欧盟每年的财政支出大约为 1000 亿欧元，其中有 40% 为农业补贴支出，而黄陵 2015 年农业补贴总额约 800 万元，这一比例不足 1%。

6.2.4.3 主要农产品生产环境有待继续改善

(1) 农产品生产生态环境有待继续改善

瑞士等生态农业建设较好的国家十分注意农产品生产生态环境的建设，河南省农产品加工业也非常注重农产品加工业原料基地的建设。生态环境的改善对于旅游业的发展也有较大的促进作用。

目前，黄陵的城区大气污染治理、沮河污染、污水处理、垃圾填埋和生活垃圾问题较为突出。

农业循环仍有发展空间，在沼畜果方面，普及率仍然只有40%，而且部分沼池、管道等设施需要更新；在其他循环利用方面，畜禽、蔬菜、粮油生产的循环、有机及机械化生产还有一定的距离。秸秆还田的规模为6万亩，仅占35万亩耕地的1/6。大型畜禽养殖场循环利用较好，但小型养殖场循环利用较差。

在土地休耕、退耕还林、封山禁牧方面，目前的实施及管理还没有完全到位，有待加强。

休闲农业、观光农业发展依然不足。目前黄陵休闲农业、观光农业人数每年2万人左右，规模依然较小，对农业的带动力不强。

实施8700亩千里绿色长廊建设和重点区域绿化造林工程，尚没有通过全国绿化模范县验收。

除此之外，黄陵的矿山植被没有完全恢复，水资源利用上由于缺乏滴灌、喷灌等设施，利用率方面还有一定的改进空间。

（2）农产品生产集中度偏高

黄陵农产品生产集中度偏高。在其2015年的农业总产值中，果业收入就有12.5亿，占农业总收入13.7亿的比重超过91.2%，其中主要是苹果，形成了苹果业的"一业独大""苹果主农业沉浮"。

"一业独大"伴生高风险。以煤炭经济为例，当煤炭经济发展态势较好时，该地区经济可能较好，但一旦煤炭经济出现问题，该地经济就容易出现问题。

（3）农产品生产增长速度较慢，农业生产机械化、规模化、标准化有待提升

在黄陵一主三辅的主要农产品生产中，2012—2015年，主要农产品苹果的产量平均增长速度约8%，不及延安市及陕西省的增长速度的约10%；畜禽、蔬菜、粮油生产的增长速度分别约为10%、5%、0%，与延安市及陕西省的增长速度大体接近，农产品生产增长速度较慢。

机械化水平尤其是小麦及玉米的作业机械化虽然有一定的进步，但总的农机化率仍不足80%，特别是农机定位耕种等精准化现代农业技术手段尚未开展。

农业生产和农产品加工产业的规模有待加大。目前，全县流转土地的规模约19130亩，不到总耕地面积35万亩的6%，距离农业规模化经营、提高农业效率和高效农业差距较大。

标准化建设取得了一定的进步，但仍需加强。畜禽、蔬菜、果业生产"三品一证"认证取得了一些进展，但仍没有完全建立标准化生产体系，各农业企业各自独立经营现象仍较严重，影响了农产品生产的质量和声誉。

（4）农产品产出效率有待加强

黄陵目前农产品生产投入产出比在苹果上约为1:10，在其他特色农业上约为1:6，这一比例依然较低。

黄陵农产品生产上每亩的农药、化肥、套袋、农膜、农机等方面的资源消耗依然较大，资源节约工作依然任重道远。

黄陵农产品生产在苹果上的人力、农资、农机等生产成本为每亩约350元，在其他特色农业上的生产成本为每亩约500元，依然较高。

（5）农业经营模式有待改进，农产品质量保障体系有待建立

黄陵农业经营模式有待改进。传统"农业合作社＋农民"的经营模式比重较大，华圣果业"公司＋基地＋会员果农"、海升集团"龙头企业＋专业合作社＋职业农民"、"公司＋示范基地＋合作社＋食品安全保险"等新型苹果产业运营模式比重较小，直接影响着原料基础的建设和产品质量的保障。

（6）高质量农产品产量不足

黄陵高质量农产品生产有待加强。以有机苹果生产为例，目前黄陵有机苹果的生产规模约为7000亩，只占其总种植面积22万亩的约3%。

（7）农业农产品生产抗灾害能力需要加强

黄陵的主要农产品是苹果，苹果面临的主要灾害是病虫害、大风、冰雹和春季冻害以及可能的旱灾等。目前，黄陵具有防雹网的果园约2260亩，仅占总果园24万亩的1%。

黄陵苹果没有完整的水利灌溉系统，果树都是依靠雨水生长，也做了一些防止水分蒸发的措施。但是一旦遇到大旱之年，果树得不到浇灌，会受到伤害甚至死掉，造成减产，甚至会影响来年的质量及价格。

6.2.4.4 主要农产品消费环境有待继续改善

（1）苹果消费文化有待建立

黄陵苹果文化建设较弱。没有像洛川县那样，成立苹果文化研究协会，发挥其在产业提升、市场开拓、消费引导等方面的作用，营造社会认同、群众积极参与的社会氛围。

同时，黄陵还缺乏建立农产品营销尤其是苹果营销与旅游文化的有机联系。

（2）苹果消费弹性还较大

经过研究，黄陵苹果消费的弹性系数为 1.23，这个数字还比较大，一旦出现价格波动，可能对消费能力影响较大。

（3）农产品生产行业组织有待建设

行业组织可以提高产品在销售方面的发言权，目前黄陵尚没有建立自己专门的行业协会组织。

6.2.4.5 主要农产品贸易环境有待继续改善

（1）农产品贸易平台有待继续建设

目前黄陵水平交易平台供销网络规模小，带动力不强，亟须建立现代营销体系。日本青森县年产苹果 90% 以上在批发市场拍卖销售，美国一半以上的鲜活农产品通过批发市场进入零售领域，荷兰出口花卉大多通过阿司米尔拍卖市场销售出去。黄陵需要加大建设电子商务、物流配送等现代化手段的力度。

目前，黄陵信息化、物流等建设比较薄弱，不仅没有统一的大规模电子商务平台、物流体系，也没有构建完整的农业物联网测控体系、农业信息监测体系，农副产品质量安全追溯体系也在建立中。

（2）农产品贸易外向化建设亟须加强

外向化建设也较弱。产品主要销往内地，缺乏产品的出口基地。

（3）农产品贸易的文化有待建设

在现代农业升级第二产业发展中，包括生产产品、产品文化、生产规模、生产组织及产品营销等。

其中产品升级是核心，文化升级是灵魂，规模升级是基础，组织升级是保障，营销升级是统领。对"每个升级"，从必要性、升级内容、升级路径、升级策略等进行深入研究，具有一定的理论价值及较强的现实指导意义。

(4) 农产品贸易品牌影响力不足

在农产品品牌化建设方面，目前黄陵农产品及农产品加工业产品品牌较多，如酒业的"轩辕"牌，苹果的"山地"牌或使用"洛川苹果"品牌，果醋的"圣轩"牌等，各自为战，品牌影响力较弱。

(5) 农产品国际贸易竞争力有待提升

受有机苹果的产量、质量及生产的规模、成本等因素的影响，黄陵主要农产品苹果的国际贸易竞争力在不断减弱。据计算，目前黄陵苹果的国内资源成本系数为 0.69，国际贸易比较优势仅为 0.31，表明其国际贸易竞争力在不断减弱。

(6) 农产品贸易贮藏能力有待加强

发达国家果品冷藏能力达到总产量的 80%，陕西省的这一比例大约为 30%；欧美国家农产品冷运率高达 90%，腐损率不超过 5%，我国分别约为 10% 和 35%，黄陵也存在这个问题。

目前黄陵苹果的高标准气调库约 2 万吨，比例约为 7%；生产能力超过 30 万吨，而其贮藏能力只有 7.5 万吨，比例约为 1/4，考虑到未来的发展及其他农产品的贮藏问题，可以考虑进一步加强贮藏能力。

(7) 在国家发展战略方面的研究不够深入

"一带一路"的应对策略不够深入。为了应对经济"新常态"，我国提出了"一带一路"发展战略，其中"一带"的起点就是陕西省，但黄陵在各类政策文件中对此机遇的研究也不够深入。

总之，从黄陵现代农业的现状可以看出，无论体现为生产要素，还是体现为农产品的生产、消费和贸易，黄陵现代农业的重点是果业，而且主要是苹果，粮油业、蔬菜业、畜禽业及中蜂、食用菌等其他特色农业为辅业；与此同时，黄陵现代农业的问题（弱点）也是果业（主要是苹果）。不仅体现为其果业生产的"一业独大"，也体现为其生产和精深加工技术力量的薄弱，当然，更体现为国际贸易竞争力的薄弱。

同时，根据黄陵现代农业现状，黄陵现代农业在经济、社会及生态等方面的主要问题，我们还可以初步判断，黄陵现代农业的发展阶段在果业方面大体处于有机农业阶段初期；在其他特色农业方面大体处于现代农业的机械化农业到化学农业阶段；在农产品加工业方面则处于开始发展阶段，目前其升级商业模式、现代农业企业的发展策略等问题还没有提上议事日程。黄陵现代农业的发展模式大体为农业科技园的运行模式及山地园艺型农业模式。

6.3　黄陵现代农业转型升级的定位、思路、目标与重点内容

6.3.1　黄陵现代农业转型升级的定位

第一，从转型升级的趋势看，黄陵现代农业转型升级应该定位为生态农业。

现代农业的发展过程包括机械化农业、化学农业、生物农业、有机农业和生态农业。现代农业的升级方向应该是生态农业。

从现代农业升级的方向上看，我国在由传统农业向现代农业发展过程中，不能继续沿着机械化农业、化学农业、生物农业、有机农业和生态农业等演变的全过程一路走下去，而应进行选择和调整，其中应特别强调农业生态环境的建设和保护。可以学习瑞士，走生态农业的发展之路。

不过，从黄陵的地理环境及现状来看，黄陵所有的农业都升级为生态农业不太现实，尤其是粮油生产。从近期升级目标看，粮油首先应该走机械化的发展道路，蔬菜应该以有机化为发展目标，畜禽应该走循环发展的道路。当然，农业不是孤立发展的，应该做好农业的区划及不同农业之间的协调发展。

第二，从转型升级的运作模式看，黄陵现代农业转型升级应该定位为龙头企业带动型的现代农业开发模式。

对于黄陵而言，从现代农业的运作模式来看，借鉴国外经验，应学习荷兰，充分利用当地资源，大力发展畜牧业、奶业和附加值高的园艺作物。同时，无论是蔬菜还是花卉，一般应采取专业化生产、多品种经营，

降低生产成本，提高产品质量并形成规模效益。

国内经验借鉴，应学习广东温氏集团，走大型龙头企业带动型的现代农业开发模式。因为对于外向型创汇农业模式，黄陵的创汇能力有限；对于农业科技园的运行模式，黄陵的农业科技园区没有优势；对于山地园艺型农业模式，黄陵的地理不占优势；选择龙头企业带动型的现代农业开发模式，可以充分利用黄陵、延安、陕西乃至整个我国西北部的果业优势资源，具有良好的外部性。

第三，从国内外现代农产品加工业的发展趋势看，黄陵现代农业转型升级的龙头企业应为苹果精深加工企业。

第四，黄陵现代农业龙头企业的建设对象在近期内无疑是黄陵、延安乃至陕西的优势农产品苹果，然后可以延伸至其他农产品。苹果是黄陵的优势农产品，苹果产值占黄陵农业总产值的80%以上，虽然这一产量在延安市并不占优势，但黄陵可以在深加工上占据优势。可以说，苹果是黄陵的农业生产重点，但同时也是黄陵的弱点。产品单一容易被该产品的兴衰所左右，但做好了苹果产业化，可以将其变为亮点。

同时，在黄陵的农业生产结构中，苹果不仅产值占80%以上，而且是世界优质生产区，其他农产品则要么产量较小，要么优势度较小。

第五，黄陵苹果龙头企业必须是苹果精深加工企业。这不仅符合现代农产品加工业的发展趋势，而且苹果精深加工在黄陵、延安乃至陕西都有一定的基础，也具有很大的潜力。同时，只有提高苹果精深加工程度，提高其附加值，才能实现带动乃至引领黄陵现代农业转型升级的目的。

第六，从现代农业企业升级的发展策略及商业模式来看，黄陵应该定位为专业化、全产业链发展模式。

借鉴国内外现代农业企业发展趋势和河南省农产品加工业的经验，黄陵现代农业企业升级的发展策略及商业模式应选择专业化、全产业链发展。

首先，多元化只能在现代农业企业初期发展运用，若从长远的角度考虑，应走专业化的发展策略。

其次，黄陵现代农业升级按产业链应该是链条升级。黄陵现代农业的工艺升级、产品升级、功能升级方式行不通。在延安市的苹果生产中，黄陵无论从省、市苹果生产规划、销售规划、物流规划、科研规划上都不占优势，只有在产业链中寻求机会。

最后，黄陵应该寻求全产业链升级。在现代农业企业的升级商业模式中，黄陵应学习美国 ADM 公司，走全产业链模式，这样才能做强做大。而如果部分升级，则在物流、贸易上必然要借助洛川甚至西安的渠道，这样做短期是可行的，但从长远看，无助于黄陵龙头企业的做大做强以及对现代农业全产业链的引领。

第七，从现代农业转型升级的内容看，应注重用现代产业体系升级农业及现代物质条件、现代科学技术、现代经营理念、新型农民培育的运用和水利化、机械化、信息化水平的提高。

根据黄陵的实际情况及国内现代农业转型升级的经验，黄陵现代农业转型升级应注重用现代产业体系升级农业。因为首先是黄陵第二产业具有一定的产业和人才基础，其次是黄陵有良好的旅游业发展平台，第三产业融入农业比较容易实现。

具体而言，苹果第二产业升级方式应为苹果精深加工业，即用发展工业的思路发展黄陵苹果业，应该发展苹果精深加工；苹果第三产业升级方式应为苹果观光、休闲业，因为休闲农业是贯穿农村第一、第二、第三产业，融合生产、生活和生态功能，紧密联结农业、农产品加工业、农村服务业的新型农村产业形态和新型消费业态。因此，用发展第三产业的思路发展黄陵苹果业，应该发展苹果观光业，不仅包括苹果生产基地的观光、休闲业，而且包括苹果加工企业的观光、休闲业。

6.3.2 黄陵现代农业转型升级的思路

根据黄陵现代农业转型升级的定位，黄陵现代农业转型升级的思路为：通过黄陵的农业生态升级、产业体系升级、文化升级、效益升级、组织升级和营销升级来带动黄陵现代农业转型升级。其中，生态升级是基础，产业体系升级是核心，文化升级、营销升级是手段，组织升级是保障，效益升级是目的。

6.3.3 黄陵现代农业转型升级的目标

通过黄陵现代农业的转型升级，我们认为应实现如下主要目标：

（1）通过生态升级，能让黄陵达到或超过国家、省、市建设"生态文明"的相应建设目标，让黄陵人民有一个健康生产的空间，能实现农业的可持续发展。

（2）通过产业体系升级，使黄陵形成一个新的经济增长点，能带动第一、第二、第三产业的健康发展，并在全国、省、市率先实现农业现代化及"四化"同步发展。

（3）通过文化、效益、组织和营销等升级促进黄陵的社会建设，增强人民的幸福感和提高文化素养，为黄陵的未来发展打下坚实的软硬件基础。

6.3.4 黄陵现代农业转型升级的重点内容

6.3.4.1 生态升级

根据黄陵的实际情况，我们认为，黄陵实现生态升级应着重注意如下内容。

农产品生产质量是农业及农产品加工业的基础。农产品质量与生态环境及农业生产环境密切相关，应加强农业环境升级。高度重视农业生产环境污染，积极发展休闲农业等新业态，促进农业资源节约，保护生态环境，促进农产品质量安全，走可持续发展之路。

在果业方面，继续推进苹果生产的生态化种植，推进梨、枣、核桃等其他果业的生态化种植。

在粮油、畜禽、蔬菜等其他特色农业方面，促进玉米、小麦、油菜等主要粮油作物的生态化种植，促进生态猪的养殖，促进生态鸡的养殖，探索生态牛及奶牛的养殖，畜禽循环化，促进蔬菜的生态化种植，促进中蜂养殖的生态化，促进食用菌生产的生态化，促进水产养殖的生态化。

探索其他林地产业。发展林下产业如绿化苗木和速生丰产林，林＋果、林＋禽、林＋菌、林＋企、林＋游"五大模式"。

继续按照"五位一体"总布局的要求，高度重视生态建设，大力倡导绿色、循环、低碳的发展方式，促进县域生态化。加强生态建设。加强节能减排。推广清洁文明生产，建立健全环境长效监测机制，加大环保执法力度，落实工程节能和技术节能措施，推进工业、建筑、交通和公共机构的节能，加强重点企业节能监管，关停不达标洗煤厂、砖厂等高耗能、高污染企业，确保完成节能减排目标任务。加强污染治理。继续推进城区大气污染治理，加大沮河污染防治力度，逐步改善水体质量，加快店头污水处理厂、垃圾填埋场建设，提高污水收集率和生活垃圾无害化处理率。

继续深入开展国家森林城市、省级生态县、省级环保模范县创建工作，加强绿色长廊建设和重点区域绿化造林工程，巩固退耕还林、封山禁牧成果，力争早日通过全国绿化模范县验收，力争50%的乡镇通过省级生态乡镇命名。

逐步降低资源消耗和农药、化肥等面源污染源，降低大气和土壤污染，实施绿色生产。

加强大气状况监测，实施秸秆还田制度，禁止秸秆焚烧；继续加强沮河污染治理水平，污水处理、垃圾填埋和生活垃圾治理。

继续加强休闲农业建设，壮大农业生态观光旅游服务平台，按照"大景区、大旅游、大产业"的思路，依托黄陵独特的人文优势和森林资源优势，不断发展以休闲度假游为主的西线生态游、深度游，筑牢开发与利用的"绿色生命线"，守住青山绿水，留住蓝天白云，实现人与自然的和谐发展，全力打造生态黄陵。同时，拉动消费需求，促进第三产业快速发展。

继续加强循环农业，继续推进沼—畜—果工作，发展养殖小区中型沼气池建设，推广生态政府、生态校园沼气池建设，积极试点推广太阳能热水器、路灯、节能灶和沼气锅炉、风力发电等新型能源。加强沼气后续服务管理，提高使用率和安全水平，逐步实现沼畜产业配套化，并使工程的普及面和惠及面继续提高。

继续巩固有机农业建设成果，在大力发展有机苹果的基础上，使蔬菜的有机种植面积及产量继续增长。

走可持续发展的道路。可持续发展是既满足当代人的需求，又不对后代人满足其需求的能力构成危害的发展。它们是一个密不可分的系统，既要达到发展经济的目的，又要保护好人类赖以生存的大气、淡水、海洋、土地和森林等自然资源和环境，使子孙后代能够永续发展和安居乐业。

坚持把项目建设作为县域经济发展的助推器，按照"谋划、推进、争取并重"的要求，充分结合黄陵实际，将梨园新区建设、黄帝文化园区建设以及工业园区建设、重点镇建设、城乡统筹等关乎民生、人居环境改善、基础设施建设等项目作为投资重点，紧跟国家和省市投资方向，提前谋划和争取一批科技含量高、带动能力强的大项目进入省市发展盘子，充实完善项目储备库，确保项目接替有序，为黄陵项目建设有序发展奠定基础。

（1）农业生产环境污染治理升级

坚持抓好生态建设。实施主体功能区规划，重点生态功能区以修复生态、保护环境、提供生态产品为首要任务，划定生态红线，严格控制开发强度，突出抓好天然林保护、三北防护林、千里绿色长廊、加强退耕还林、封山禁牧等林业重点工程，管好护好县域内省级以上森林公园和自然保护区，加强道路沿线、河流两岸、村镇周边、旅游风景区的区域绿化，增强生态系统的稳定性。

强化环境综合治理。大力推进清洁生产，逐步减少各类工业企业的生产排放，强化能源消费总量控制、单位产品能耗标准、污染排放标准等约束。

加强城区大气污染治理，采取积极措施进行沮河污染，污水处理，处理好垃圾填埋、生活垃圾和矿山植被恢复及水资源利用问题，不断提高城市空气质量达标率。

黄陵在养殖污染治理、矿山植被恢复及水资源利用等方面还有一定的改进空间。

加强循环农业发展。推进气化延安和节水型社会建设，促进资源高效循环利用。加大资金投入和农民意识教育，不断促进畜禽养殖——有机肥种植——有机饲料生产的循环农业发展。同时，不断扩大秸秆还田规模。

（2）农业产出高效工作升级

黄陵投入产出比依然较低。加强黄陵的农业资源节约和资源消耗、节能工作，使黄陵农产品及农产品加工业产品生产成本不断降低。

加强农业生产控制，降低投入产出比。制定出具体的时间表及实施方案，确保农业生产的相应指标。

继续规范农业生产资料市场，大力推广农业产出高效新技术，不断降低农业生产成本。

促进农业规模经营。逐步建立起土地等农业生产要素市场，积极促进土地流转及新农村、美丽乡村建设，使农业经营逐步达到适度经营规模。

6.3.4.2　产业体系升级

（1）第一产业方面

① 农业土壤条件升级

加强秸秆还田政策的制定和落实，不断减少直至停止农产品生产的农药、化肥施用，改用有机施肥，实现畜禽养殖企业的全部循环化利用。不断改善、提高土壤的有机质含量。

在控制农药、化肥的施用的同时，控制农用薄膜、果用套袋等污染物在土壤中的残留，使农业面源污染得到有效的控制。

② 农业基础设施升级

继续加强水利、新农村的水、电、路、气、热、通信等基础设施以及教育、文化、卫生等公共服务设施建设，为农业循环打下坚实的基础。

加强水利基础设施建设，落实双龙柳芽川水库、西沟水库、慈午河水库和百子桥水库建设及南沟门调水等工程，增强水资源保障能力。同时，加强水肥一体化基础设施建设，既保障苹果等主要农作物的灌溉要求，又保障其营养及品质要求。

把解决好"三农"问题作为工作的重中之重，实行工业反哺农业、城市支持农村和"多予少取放活"的方针，重点在"多予"上下工夫，增加投入，完善支农政策，切实把建设社会主义新农村的各项任务落到实处。建立适应农村经济社会协调发展的投资增长保障体系，不断提高公共财政对农村的覆盖面。逐年增加对农业和农村经济建设的投资，加大农业防灾减灾服务设施建设投入，进一步完善对农民的各项补贴政策，建立农业支持保护制度。加大政府农业资金投入的整合力度，提高资金使用效率。制定鼓励政策，发挥各方面积极性，引导社会资金向农业和农村投资，促进投资主体多元化。尽快建立以工促农、以城带乡的长效机制。

同时，结合陕西省"美丽乡村建设"等建设要求以及梨园新区建设的契机，加强黄陵"美丽乡村"项目建设，不断改善人居环境，逐步实现"生态文明"建设目标。

③ 农业投资升级

加强设施农业投资，以农业园区为抓手，加强农业投资，推进农业机械化及设施农业发展。

同时，升级畜禽饲养设施和果业灌溉、稳产、抗击自然灾害能力等农业设施，确保水肥一体化、畜禽养殖的循环化和果业的产量、质量。

加强智慧农业、精准农业及精细农业上投资，培养相关技术人员，逐步普及，促进黄陵农业现代化的进程。

加强农业信息化投资，促进水果交易平台等网上农业发展，为黄陵农产品及农产品加工业产品的营销打下坚实的基础。

④ 农业科技升级

继续加强农业科技人员的引进及培养工作。积极配合上级部门精神，选拔一批农业科研杰出人才，给予科研专项经费支持；通过各种渠道促进农业科技创业能力，保障现代农业升级。

加强技术推广队伍建设，支持有突出贡献的农业技术推广人才，开展技术交流、学习研修、观摩展示等活动，重点加强其农业高新技术推广力度，促进农产品、农产品加工产品的质量保障。

⑤ 农业人力资本建设升级

通过农产品及农产品加工产业增效工程，不断提高农民的收入，加强人力资本建设，吸引更多"龙乡人"在家乡创新创业。

加强各种形式的农民技能培训，提高其农业生产尤其是运用新型农业技术的能力。

加强新型职业农民培育，提升其农业技术及管理能力，力争使他们通过农业生产能够达到甚至超过城镇职工的平均收入水平，优化农民年龄、知识结构及性别结构，解决将来"谁来务农"问题。

⑥ 农业创业创新氛围建设升级

加强黄陵"大众创业、万众创新"建设，通过设立引导基金等各类措施，营造良好的就业、创业气氛，积极鼓励具有较高知识文化的青年一代"就业黄陵、创业黄陵、奉献黄陵"。

⑦ 农业生产结构升级

破解黄陵农产品生产集中度偏高，"一业独大"，需要打造产业集群。即通过该产业及其产业链带动并形成一个产业集群，充分发展苹果产业第二、第三产业。

⑧ 农业生产机械化、规模化、标准化建设升级

巩固机械化取得的成果，以小麦及玉米的作业机械化为引领，加强水稻、油菜在耕、整、播、收、灌等各生产环节的机械化普及。

同时，加强农业机械化建设，加大畜禽、蔬菜、果业方面的机械化生产步伐。使农机总动力数、拖拉机数及其配套农机具数稳步增加，主要农作物生产过程基本实现机械化。

加强农业规模化经营，促进农业产出高效。继续通过加强土地流转，促进农业规模生产；通过开拓市场，促进农产品加工业生产规模，加强农产品加工业竞争力。

同时，促进粮油、果业、蔬菜规模化生产力度，畜禽的规模化经营也要适当集中。

继续巩固标准化生产取得的成果，逐步建立标准化生产体系，促进农业企业自觉按照生产标准统一采购、经营、生产和销售。

⑨ 农产品生产数量、质量升级

黄陵苹果产量增长速度较慢，应结合苹果稳量提质增效建设项目，建设示范园，利用集约化、规模化，走提高单产、节约耕地、优质高效的内涵式发展路子。在适当的情况下，在川道地区也可发展苹果及其他果业生产。

同时，结合农业经营模式升级，加强苹果科技攻关，不断提升苹果的质量，建立苹果质量保障体系。

黄陵有机苹果产量比例不高，应继续强化农业生产标准化及产品"三品一标"认证工作，使有机苹果的产量比例迅速上升。

⑩ 农业经营模式升级

黄陵农业经营模式有待改进。传统"农业合作社＋农民"的经营模式比重较大，华圣果业"公司＋基地＋会员果农"、海升集团"龙头企业＋专业合作社＋职业农民"、"公司＋示范基地＋合作社＋食品安全保险"等新型苹果产业运营模式比重较小，直接影响着原料基础的建设和产品质量的保障。

（2）第二产业方面

① 农产品精深加工业生产规模升级

增强危机意识，抓紧时间在店头镇苹果醋生产企业的基础上，结合苹果精深加工建设项目，逐步建设果汁、果酱、膳食纤维等精深加工项目，利用苹果精深加工产业全产业链不断扩大生产规模。

② 农产品精深加工产业链条升级

结合黄陵现代农业升级战略步骤，从苹果的精深加工产品开始，逐步建设果醋、果汁、膳食纤维、果胶等精深加工产品，带动农产品生产、物流、营销等全产业链发展，不断延长产业链条。

③ 农产品精深加工产业技术升级

加强农业科技尤其是农产品加工技术攻关力度，加大农业科技带头人的引进及培养力度，建立相应科研团队，力争早日拥有独立的核心技术。

④ 农产品精深加工产业循环化升级

从高标准建设农产品精深加工产业项目，注重农产品加工企业的循环及清洁生产，促进黄陵农产品精深加工后的果渣等农产品残留物的进一步精深加工和循环，促进企业的低排降耗，不断提升循环化利用水平。

（3）第三产业方面

① 农产品品牌化、信息化、外向化、文化建设升级

加强黄陵农产品及农产品加工产业品牌建设，苹果目前沿用"洛川"苹果品牌，果醋沿用"圣轩"品牌，酒业沿用"轩辕"品牌的同时，重点培育、整合自有的农产品尤其是苹果精深加工产品品牌，最终结合陕西省的规划，形成对外统一的品牌形象，通过全省统一的媒体在做强、做大上做文章。

加强黄陵信息化建设，通过"互联网＋现代农业"推广水果交易平台等现代营销平台，逐步构建起农业物联网测控体系，农业信息监测体系，

农副产品质量安全追溯体系，并充分利用这些平台促进农业生产及农产品加工、经营。

另外，可通过在主要市场建立电子显示屏等多种渠道促进农产品、农产品加工业产品的信息发布，配合农业信息网站、微信、微博等信息手段，促进农产品及农产品加工业产品营销。

加强农产品文化建设。通过公益宣传等手段挖掘苹果文化，通过生产环节，在苹果上形成包含"生日类""健康类""节庆类"等传统文化意义的苹果，这样的苹果可以结合相关活动进行营销。

加强农产品外向化建设，结合国家"一带一路"等经济发展战略，学习洛川苹果营销经验，通过各地联谊会等手段，立足延安、陕西，开拓"一带一路"市场，逐步在全国乃至世界建立自己的营销和出口基地。

② 产品物流园区建设升级

在现有规划的黄陵物流园区的基础上，加强农产品贮藏、保鲜及加工物流建设，可设立专区并根据情况不断进行调整。

完善黄陵物流体系，重点发展冷链运输，增强农产品贮藏、保鲜及加工物流建设，使黄陵物流园区更加合理，充分发挥其优越交通条件。

③ 农产品精深加工产业国际贸易竞争力升级

加强农产品及农产品加工业产品外向化建设步伐，结合全省统一规划，巩固内地销售市场，拓展出口尤其是"一带一路"国家市场，不断加强农产品特别是农产品加工业产品出口基地建设。

要不断增加有机苹果的生产规模；通过合适的农业经营模式和管理手段保障、提高黄陵苹果的质量；通过加强科技创新、开发，同时利用集约化、规模化、专业化等措施降低黄陵苹果生产及苹果精深加工产品的生产、管理成本，不断提升其国际竞争力。

④ 农产品贸易贮藏能力建设升级

加强黄陵果品冷藏能力，对比国际化的标准，逐步提升农产品冷运率，降低腐损率。

加强黄陵苹果的高标准气调库的建设力度，不断提升库存比例。以创建大型龙头企业的未来发展蓝图规划、加强黄陵农业生产及精深加工产品贮藏能力，尤其是使其冷藏能力不断提升。

⑤ 农业生产防灾减灾能力升级

黄陵的主要农产品是苹果，苹果面临的主要灾害是病虫害、大风、冰雹和春季冻害以及可能的旱灾等。

加强黄陵苹果及其他农作物生产投资及农机、水利灌溉系统等设施化程度，不断提升其防灾减灾能力。

⑥ 农业领域国家发展战略研究建设升级

加强国家"一带一路"发展战略研究，寻找黄陵融入陕西"一带一路"战略的切入点，充分利用相关政策鼓励措施并从中寻求商机。

⑦ 农业及企业服务体系升级

加强政策研究，抢抓中央、省、市规划及相关农业政策机遇，促进相关政策在黄陵及时出台并尽快落实。

加强农业生产高新技术，虫、灾、疫防治服务体系建设，不断提升农业及农产品生产。

加强农业生态观光旅游服务平台、农业生产资料及农产品质量检测、农产品市场营销及物流等信息服务体系建设，不断提升互联网＋现代农业、智慧农业、金融支持农业等服务体系水平。

加强农业补贴措施、惠农政策的进一步研究，不断加大工业反哺农业的力度。

加强农业推广力度，改变目前部分农业科学技术还依靠外来农业种植人员的推广和应用的情况。

加强土地流转市场、农产品批发市场、拍卖市场建设，继续加强农业生产技术、防灾防疫、农业信息、市场营销、农产品质量检测等服务体系，促进互联网＋现代农业、智慧农业、金融支持农业工作的开展。

6.3.4.3 组织升级

（1）农业经营组织升级

加强新型农业经营组织建设。着力建设行业协会组织、龙头企业、农业专业合作社，促进其影响力的提升；在《黄陵家庭农场认定办法》的基础上，加强家庭农场的认定和管理，促进其农业规模化、标准化作用的发挥。

加强党的组织建设，健全各类企业中党的组织建设，充分发挥农村党员的组织、模范带头作用。

积极促进产业发展集群，积极推广"公司＋示范基地＋合作社＋食品安全保险"、华圣果业、海升集团等苹果产业运营模式。

（2）行业组织建设升级

在现有各类新型农业经营组织的基础上，建立自己的各农产品行业协会或成立相应行业协会的分会，充分利用本地农产品文化，提高本地农产品在销售方面的发言权。

（3）组织管理建设升级

加强组织建设，大力落实中央及上级组织精神，改革不必要的行政环节，加强扶贫尤其是精准扶贫力度，通过改革不断释放政策红利。

6.3.4.4　营销升级

（1）营销平台升级

根据国务院办公厅《关于加快电子商务发展的若干意见》，加强与陕西省、延安市电子商务行业协会联系。结合"大众创业、万众创新"活动，实施电子商务公共平台建设工程、电子商务应用工程、网络零售拓展工程、电子商务创新工程、电子商务示范工程等，不断推进农业信息化基础建设，重点推进农业尤其是农产品加工骨干企业电子商务应用，构建现代营销体系。

巩固黄陵目前水果交易平台供销网络，实施市场开拓计划，考虑在东部沿海重点城市设立黄陵苹果专卖店。

加强农业物联网测控体系、农业信息监测体系，农副产品质量安全追溯体系建设，加强农产品批发、拍卖市场建设，通过互联网＋现代农业升级农产品及农产品加工业产品营销平台。

（2）营销手段升级

完善营销体制，根据实际情况结合"水果交易平台＋示范基地＋合作社＋农户"供销网络模式，推广华圣果业"公司＋基地＋会员果农"和海升集团"龙头企业＋专业合作社＋职业农民"等农业经营模式完善营销手段。

通过农产品及农产品加工业产品的品牌化、文化、外向化、信息化及行业组织联系等现代营销体系，进行市场营销。

通过营销手段，可以不断减小农产品营销的消费弹性。

在现有营销支撑的基础上，开拓"一带一路"市场，开启现代农业"新丝绸之路"，实现农业"走出去"与"引进来"带来新机遇。

6.3.4.5 文化升级

（1）苹果消费文化建设升级

经过研究，黄陵苹果消费的弹性系数还比较大，一旦出现价格波动，可能对消费能力影响较大，建立相应的消费文化可以减小这一弹性。如"一天一只苹果，就会远离疾病"，建立生日苹果、拜年苹果、节庆苹果、寿宴苹果、结婚苹果、定做苹果等消费文化，营造文化氛围，要让人觉得有档次、有品位、很时尚。如此就会形成刚性的需求，还可以提高产品的价格。

（2）苹果与旅游文化有机结合升级

黄陵有着优越的黄帝文化，但是，一直存在旅游附属产品缺乏的问题，若将农产品加工业产品与旅游文化进行有机结合，既解决了旅游附属产品问题，也赋予了农产品加工业产品文化深层次含义，可谓一举两得。

6.3.4.6 效益升级

（1）苹果生产效益升级

效益为收益与成本之差，苹果生产效益有利于价格的提升、产量的增加和成本的下降。在产量较为稳定的情况下，所有提升价格和降低成本的措施都可以增加苹果生产效益。

（2）苹果精深加工产品效益升级

苹果精深加工产品消费弹性比较稳定，收益空间较大，加工成本与苹果原料成本及生产工艺关系密切，这些都有较高的技术要求，加强技术创新和设备维护，增加效率和减少能耗等是提高其效益的主要手段。

（3）其他效益升级

实践证明，反季节水果的种植，可以获得较好的收益。目前，黄陵苹果种植大多是晚熟品种，可加大早熟、中熟等收益较好的种植品种。

另外，在黄陵果业生产中，翡翠梨等其他果业形成了一个新的闪光点，可加强跟踪，以期形成新的效益增长点。

总之，从黄陵现代农业升级的定位、思路、目标与重点内容可以看出，黄陵现代农业的亮点也是果业（主要是苹果）。如果能够利用苹果精深加工全产业链现代产业体系提升黄陵现代农业，则黄陵无论是生态建设还是经济建设、社会建设都会上升到一个新的水平。

6.4 黄陵现代农业转型升级的主要支撑项目

6.4.1 美丽乡村建设项目

根据陕西省人民政府《关于全面改善村庄人居环境持续推进美丽乡村建设的意见》（陕政发 ［2014］ 14 号）（2014 - 03 - 25），美丽乡村建设项目内容主要有以下几个方面。

① 生态建设工程。黄陵可通过退耕还林、封山禁牧、小流域治理等农业环境升级工程以及动员群众在房前屋后、道路两旁、村庄周围、田头地埂开展造林绿化等进行生态建设。

② 环境整治工程。黄陵可通过农业生产环境治理及农业产出高效升级措施，减少农业面源污染并全面提高沼气综合利用水平。

③ 城镇化建设。新型城镇化是农业现代化建设的重要内容之一，也是美丽乡村建设的要求。

④ 现代农业园区和农产品加工型产业园区建设及农民群众创业就业。城镇化建设和规模化生产都要求解决农民群众创业就业问题。结合居民搬迁，建设现代农业园区和农产品加工型产业园区是一个有效的解决方案。

⑤ 休闲农业和乡村旅游工程。建设生态环境，依托优美的自然环境发展休闲农业和乡村旅游，既是保护生态环境的措施，又可拓宽增收渠道。

6.4.2 苹果稳量提质增效建设项目

根据陕西省人民政府《关于印发全省现代农业发展规划（2011—2017年）的通知》，黄陵苹果稳量提质增效建设项目内容主要有以下几点。

① 乔化老果园苹果树更新换代工程。黄陵可结合苹果树矮化密植改造逐步淘汰近 20 年树龄的苹果树，改种产量、效益更好的矮砧苹果树。在改造时，要注意给规模种植的机械化、水利化、信息化、循环化等预留空间。

② 翡翠梨市场的开拓。目前，黄陵翡翠梨具有良好的发展前景，是果业种植增效的可能突破口，可通过市场开拓继续提高产量，增加果农收入。

③ 苹果科技攻关工程。在美国 ADM 公司的成功案例中，科技是项目成功的重要保证，为了确保黄陵农产品尤其是农产品加工业产品的质量，加强农产品检测及苹果科技攻关工程也是重要的建设内容。

④ 苹果生产配套项目。如增加苹果产量的设施农业建设项目，保障苹果产量的防御自然灾害项目以及果袋项目、苹果农业机械生产服务项目等辅助项目。

6.4.3 苹果精深加工项目

由于黄陵需要建设苹果精深加工全产业链项目，所以苹果精深加工项目包含了生产、收储、运输、加工、转化、配送和市场销售的全部建设内容。

① 苹果精深加工企业。当前苹果精深加工的主要产品包括浓缩苹果汁、苹果干、苹果酒、苹果脯、苹果粉、苹果酱、苹果软胶囊、苹果膳食纤维、苹果果糖、苹果香精等，其他还有苹果脆片、苹果醋、苹果酒、苹果面、苹果宴、苹果冲剂。

从国外的情况来看，国外 90% 的饮料生产厂商将浓缩苹果汁作为饮料生产的基础配料，欧美日市场的饮用纯果汁、果菜混合汁、蔬菜汁、水果啤酒等，前景广阔。

因此，在近期，黄陵可以生产浓缩苹果汁、苹果醋等产品。在远期，黄陵可以生产全部产品甚至不断开发新产品。

另外，在条件成熟的情况下，还可以开发苹果之外的农产品精深加工。

② 苹果精深加工收储企业。苹果精深加工需要苹果原料，收储企业建

设不仅可以缓解黄陵苹果销售问题，还可以解决储藏问题。

③ 苹果精深加工物流企业。苹果原料及苹果精深加工产品的物流是实现产业升级的重要保障，企业建设可以缓解物流问题。

④ 苹果精深加工营销企业。营销是实现产品生产最终价值的手段，建设相关企业以达到该目的。

⑤ 苹果精深加工配套企业。与苹果精深加工的配套企业较多，如包装、印刷、循环利用等企业。

6.4.4　农业信息化建设项目

① 农产品信息网站。建立并完善黄陵农业信息网，可开辟世界各地农产品及农产品加工业产品相关信息，还可建立专门介绍本县相关产品的专门窗口。

② 农产品可追溯系统。建立黄陵农产品及农产品加工业产品的可追溯系统，增加消费者的信誉度，对有问题的产品进行及时处理。

③ 农产品信息微博平台。建立专门服务于黄陵的农产品及农产品加工业产品文化及服务等方面的微博平台。

④ 农产品信息微信平台。建立专门服务于黄陵的农产品及农产品加工业产品文化及服务等方面的微信平台。

⑤ 农业电子商务结合创业创新活动，利用淘宝网、O2O等工具建立农产品信息平台（乡村信息赶集：建立信息屏，培训专业人员进行农产品买卖）。

⑥ 智慧农业、物联网。结合黄陵物联网建设，建立逐步完善的智慧农业系统，保障黄陵农产品生产的标准化和生产质量。

6.4.5　农业人才支撑建设项目

① 新型职业农民培养机构。建设较为系统、专业的农业农村科技培训机构，通过外引、外聘、内部培养等多种方式壮大机构，解决未来"谁来种田"之忧。

② 农村新型经营主体培育。龙头企业、行业协会、农村合作社等农村新型经营主体在现代农业中扮演着非常重要的角色，培养素质全面的管理

者也是一项十分重要的工作。

③ 科学研究机构。通过机构不断引进、培养农业、农产品加工专业技术人才和相关政策研究人才。

6.5 黄陵现代农业转型升级的路径选择

6.5.1 现代农业升级方式

现代农业升级的一般方式按升级的方向可以分为机械化农业、化学农业、生物农业、有机农业和生态农业；按升级的路径可以分为内生型升级和外生型升级；按照产业链可以分为工艺升级、产品升级、功能升级和链条升级。

所谓外生型升级，是指通过对价值链分工体系的嵌入而完成自身产业升级的方式。主要分为购买者和生产者驱动价值链治理下的产业升级。

所谓内生型升级，是指以构建价值链分工构建体系为主体，通过产业内部的资金与技术的积累，以加强研究开发能力为主要手段的产业升级路径。内生型升级主要可以分为以下三种类型：

① 价值链分工体系中分工环节的提升。

② 产品结构的升级。

③ 积极承接产业转移。

6.5.2 黄陵现代农业转型升级的路径选择

不同国家、地区由于产业的基础、条件不同，其升级方式可能并不完全一样。

对于黄陵而言，根据其现代农业升级的定位、思路，升级路径选择为以下几个方面。

第一，黄陵现代农业产业链升级路径选择。我们认为，黄陵应选择链条升级，而且是全产业链升级。即通过苹果精深加工业及相应的收储、物流、贸易的全产业链项目建设，形成"生产→科研→收储→运输→加工→转化→配送→市场销售"的全产业链，首先将苹果精深加工龙头企业做强做大，然后再引领整个黄陵现代农业全产业链发展。

第二，黄陵现代农业的内生型、外生型升级路径选择。外生型升级路径主要是以比较优势理论为依据，发挥一国或地区的比较优势，通过地区间贸易实现产业结构的调整和升级；内生型升级路径则是以产业能力为基础，通过自主创新提高产业核心竞争力，提升产业素质，实现产业升级。

我们认为，黄陵走外生型的升级路径相对简单，通过招商引资吸引国内外农产品加工企业到黄陵投资可以完成，时间较短，对资金、技术的要求也较低。但是，外生型的升级路径当地的自主能力较弱，所形成的产业链易于片断化，形成持续产业竞争力的可行性也较小。

同时，要想形成龙头企业引领现代农业发展，形成自己的品牌和全产业链运营，必须走内生型产业升级之路。

第三，现代农业产业结构和产业技术与素养的升级路径选择。结合产业升级的结构（企业管理结构、产品生产与品种结构、生产链）和产业技术与素养（技术人员自身业务水平、生产建设器材更新、服务质量）的升级内容，我们认为，黄陵可以走结构型升级思路，即不是从农业生产方向升级而是从农产品加工方向升级，而且，在农产品加工中应该走产业链升级而不是从企业管理结构、产品生产与品种结构升级。因为黄陵从长远的利益来看，农业生产升级的潜力较小，农产品加工业的规模又太小，仅从管理、生产与品种结构升级短期内可行但难以让农产品加工业做大做强，成为名副其实的龙头企业从而担负引领黄陵整个现代农业升级的重任。

总之，黄陵县现代农业的升级路径为：实现黄陵县农业的农业生产、农产品精深加工和农业生态经济"三轮驱动"，即从以农业生产为主导逐步转向以农产品精深加工和农业生态经济为主导。其中农业生产的重点为苹果标准化、品牌化，发展安全、优质、营养的绿色有机苹果；农产品精深加工的重点为建设生态、内生型苹果精深加工产业，并以其龙头企业全产业链运作引领的农产品精深加工产业；农业生态经济的重点为农业生态游。同时，应注意配合相关支撑项目建设，进行生态升级，产业体系升级，文化升级、营销升级，组织升级和效益升级，确保这一路径的成功运行。

6.5.3　黄陵现代农业转型升级的战略步骤

现代农业升级不可能一蹴而就，需要分步实施。

第一步，依托现有农业、生态及农产品加工资源，稳步推进美丽乡村、苹果稳量提质增效等项目建设，积极提升苹果加工产品的质量和规模。

第二步，加强宣传，逐步建设农业信息化项目和农村人才支撑项目，为现代农业升级打下坚实的基础。

第三步，充分利用现有农产品加工设备，稳步推进苹果精深加工建设项目，从竞争较弱到竞争较强，从少量产品到多个产品，从粗加工到精深加工，积极推进苹果加工业的规模和深度。

第四步，充分依据科技创新逐步形成苹果精深加工的品牌。

第五步，稳步建设苹果精深加工业的全产业链。

第六步，以苹果精深加工全产业链不断扩大生产规模，扩大品牌知名度。

第七步，以品牌的影响不断扩大原料的采购范围和产业的生产品种范围。最终形成一个大的农产品加工产业集团并积极促成其上市融资、交易，促进企业集团向现代化、国际化迈进。

6.5.4　黄陵现代农业转型升级的可能障碍

6.5.4.1　苹果深加工全产业链生产的可能障碍

（1）农业生产要素的可能障碍

① 自然资源障碍

苹果精深加工全产业链生产在土地利用上，首先可能存在征地问题；其次是土地的有机质含量问题；最后是在生态农业建设的背景下，可能面临着生态上的障碍，即苹果生产的循环化、绿色化障碍，或者说是农业面源污染的有害物质残留及土壤种植的可持续性问题。

② 农村劳动力障碍

苹果深加工全产业链对农村劳动力提出了新的知识和技能要求，为了保障全产业链的运行，必须加强农民科技文化素质，培育新型职业农民，并重视农业新型经营组织的作用。

同时，农业技术人员引进及培养，贮藏、物流、营销、信息建设等全产业链环节上人才的培养、培训问题都可能形成障碍。

③ 农业投资障碍

苹果全产业链的建设必然涉及投资问题，投资如何得到，投资是在原有基础上改造，还是直接兴建，还涉及投资收益分配问题，可能会形成障碍。

④ 农业科技创新障碍

创新是产业发展的灵魂，技术是产业发展的保障。苹果精深加工的苹果原料生产技术、良种苗木繁育体系（含良种开发，良种脱毒、母本园和采穗圃建设，良种苗木繁育、苗圃建设等），苹果精深加工的新产品成本开发等农业科技创新问题，可能会形成障碍。

同时，苹果精深加工全产业链还会涉及加工、物流、营销等方面的技术问题，也有可能形成障碍。

⑤ 农村支持政策障碍

在苹果全产业链的建设过程中，领导者的思想观念、认识，现有农业生产的调整，财政补贴、投资等支持政策都可能形成苹果深加工全产业链生产的障碍。

（2）农产品生产、质量和竞争力障碍

苹果精深加工除了必须利用有机苹果等这样的原料质量问题，还存在原料的数量供给保障及外来农产品的竞争等问题。

① 同业竞争者的障碍

目前国产苹果汁的生产规模较大（而且主要是出口），国外苹果汁的产量较小，国内苹果汁生产企业面临着较强的竞争。

② 原料数量的障碍

黄陵自身的苹果产量还无法满足苹果精深加工产业对原料数量的需求，必须借助于延安市、陕西省乃至西北高原产区的苹果原料。

6.5.4.2　苹果精深加工全产业链其他环节的可能障碍

（1）加工产品物流环节的可能障碍

① 苹果原料的收储、销售物流

建立稳定的苹果原料生产基地是世界一流农产品加工企业的成功经

验，应保障苹果原料的收储、加工、销售，使之生态化、组织化，并尽量降低收储、加工和销售成本。

② 苹果精深加工产品的物流运输及信息平台

降低苹果精深加工产品的物流成本是产业发展的重要环节，应通过物流信息化平台建设，使物流运输便捷、快速。

（2）精深加工产品营销环节的可能障碍

苹果消费文化的建立，精深加工产品的品牌建设销售人才的培养，销售渠道、销售平台的建立等都可能形成障碍。

① 营销渠道的建立

充分利用国家相关政策及信息化平台建设，扩大国内及外向化营销渠道。力争建立稳定的内地销售网络，建立产品的出口基地。

② 营销文化的营造

黄陵苹果在农产品文化方面，没有形成稳定的消费文化，可能会形成营销上的障碍。

③ 产品品牌的建立

黄陵标准化、品牌化建设方面，生产的标准化和质量体系依然欠缺，没有培育出自己的品牌，可能会形成障碍。

④ 营销市场的培育

黄陵没有建立自己的农产品行业协会组织，农产品销售方面的发言权较弱，可能形成障碍。

⑤ 电子商务平台的建立

黄陵信息化建设也较弱。没有构建起农业物联网测控体系，农业信息监测体系薄弱和农副产品质量安全追溯体系，可能形成障碍。

⑥ 农产品贸易贮藏的建设

黄陵2015年的苹果生产能力为30万吨，考虑到其他农产品的贮藏及未来的发展潜力，其27万吨的贮藏能力可能会形成障碍。

⑦ 营销战略的分析

黄陵政策研究的能力较弱，建立相应研究机构，政策的使用和研判能力可能会形成障碍。

（3）苹果精深加工、科研环节的可能障碍

黄陵目前农产品加工能力弱，科研力量薄弱，没有相应的技术、人才及管理储备，苹果精深加工中的工艺、技术水平及生产消耗、成本核算等都可能阻碍龙头企业的竞争力及对整个产业链的带动能力。

7 黄陵工业升级路径分析

7.1 黄陵煤炭产业升级路径分析

7.1.1 国内外煤炭产业发展现状与趋势分析

7.1.1.1 发展现状

（1）煤炭供需状况

最新数据显示，2014 年全国现有煤炭产量 38.7 亿吨，"两证"齐全的煤矿共计约 6636 处，产能合计 32.4 亿吨（拟投产煤矿约 3.5 亿吨，产能共计约 35.9 亿吨）。各省总计共超产 6.3 亿吨，超产幅度达到 19.4%，而即使考虑拟投产煤矿，超产幅度也达到 4.5 亿吨，高达 13.3%（新增产能当年按一半产量计算）。

全国新增产能：根据煤炭工业协会的统计，2013 年年末全国在建和拟建产能分别为 9.0 亿吨和 4.5 亿吨。

我国煤炭消费主要集中在电力、钢铁、水泥和化肥等四个行业，电力行业是煤炭消费的主力，2011 年其煤炭消费量约占全国总消费量的 54.21%。2011 年其他主要煤炭消耗行业的煤炭消费量占我国煤炭消费总量的比例分别为钢铁 16.23%、建材 15.08%、化工 4.87%。

随着我国未来工业化进程的继续推进，煤炭消费将继续保持较快的增长。可以预见，国内煤炭市场在今后很长时间内仍存在着较大的需求空间。煤炭产业投资在 2010—2012 年达到高峰，煤炭固投增速分别为 24%、26% 和 8%，而 2013 年后由于行业景气回落，2013—2014 年增速分别下滑至 -2%、-9.5%，而 2015 年 1~4 月为 -19.2%。根据以往的数据，产能投放高峰一般在固投增速高峰之后约三年，不过由于政府与企业审批和投入节奏放缓，实际产能将延续至 2017 年之前释放。

中国煤炭占一次能源消费比重下行趋势仍将持续，但到产销量绝对值高点尚需时日，其主体能源的地位未来几年将继续存在。中国的煤炭行业，目前的发展状态是，从 2012 年下半年起，经历了煤价的快速下跌以及企业经营状况的持续下滑，其主要原因，则是需求放缓和供给过剩。需求方面，除了钢铁、电力、化工及建材等主要耗煤行业用煤增幅的同时趋低外，新能源的快速发展带来的能源结构调整同样为煤炭需求量下滑雪上加霜；供给方面，前些年煤炭市场被持续看好，导致行业固定资产投资热度不减，快速开发建设煤矿导致迅速积聚巨大煤炭产能，促使煤炭供给问题凸显。中国煤炭行业自 2009 年供需基本平衡后，快速走向供给宽松至产能过剩。中国的煤炭行业从 2002 年起经历了辉煌的 10 年，在这 10 年中，煤炭产量、消费量、铁路运量及行业的固定资产投资均经历了快速增长。而全国的煤炭供应格局则从供应紧张到供需基本平衡、供应紧平衡、快速出现供应宽松的变化，最终进入产能过剩。

（2）煤化工产业发展状况

传统煤化工行业产品结构性过剩。传统煤化工包括焦化、合成氨、电石和甲醇等是我国国民经济的重要支柱产业，其产品广泛用于农业、钢铁、轻工和建材等相关产业，对拉动国民经济增长和保障人民生活具有举足轻重的作用。2015 年，我国传统煤化工产品生产规模均居世界第一，合成氨、甲醇、电石和焦炭产量分别占全球产量的 32%、28%、93% 和 58%。传统煤化工产品处于阶段性供大于求状态，产能均有一定的过剩，主要是结构性过剩。

现代煤化工行业快速发展。现代煤化工包括煤制烯烃、煤制油、煤制天然气和煤制乙二醇等则处于示范发展阶段，一批示范项目正陆续建成投产。目前，我国新型煤化工技术处于世界前列，一批拥有自主知识产权的现代煤化工技术正在产业化示范之中。现代煤化工产品主要是替代石油产品，潜在市场容量大，同时作为国家战略性能源储备的重要发展方向，具有良好的发展前景，但受制于成本因素，产品市场尚处于成长阶段。目前我国现代煤化工产业发展呈现出产业规模快速增长、示范工程取得积极进展、产业集中度明显提升、关键技术和装备研发实现新突破四个特点。2013 年，全国甲醇产量达到 2900 万吨，2015 年，甲醇总产能达到 5000 万吨，二甲醚产量 500 万吨，煤制油投产项目产量约 170 万吨，煤制烯烃产量 180 万吨，煤制乙二醇产能 90 万吨，已投煤制天然气示范项目产能达到 27 亿立方米，产业规模居世界首位。预计到 2020 年，煤制油和煤制气规模将分别达到 3000 万吨和 500 亿立方米。

区域煤化工产业集聚初步形成。近几年，全国各地煤化工产业项目纷纷启动建设，在国家产业规划引导和地方规划布局下，已经基本形成了蒙东、黑东、苏鲁豫皖、中原、云贵和新疆等比较突出的产业集聚区域，产业集聚有利于区域煤炭资源的有效利用和上下游配套的完善，能够加快形成规模化、多联产和一体化的煤化工产业集群。

低碳排放的煤化工生产受重视。低碳经济的观念深入人心。我国是一个富煤而油、气相对较少的国家，在低碳发展、绿色经济的大背景下，煤炭清洁利用对我国转变经济发展方式具有重要意义，而如何通过捕集封存或再利用的方式减少煤化工产中的二氧化碳排放，正在得到我国煤化工行业的重视。当前，我国煤炭仍然占有 70% 的能源供应份额。未来煤炭资源的利用方式发展的主要产品是实现对传统石油化工的补充或替代。随着低碳经济发展要求，基于低碳排放的现代煤炭高效清洁转化和二氧化碳减排也日益受到重视。2009 年，中国政府公布碳减排目标，到 2020 年单位 GDP 的二氧化碳排放将比 2005 年降低 40% ~ 45%。因此，构建基于煤气化的现代煤基能源化工体系，实现以低能耗、低污染、低排放为基础的高碳能源低碳化利用，应当成为我国能源领域的战略选择。

低阶煤开发利用技术受到关注。我国低阶煤储量丰富，低阶煤蕴藏量占煤炭储量的 50% 左右，产量占目前总量的 30%，除了储量丰富外，低阶煤还具有分布广、价格低等优势。低阶煤的技术开发和利用逐渐受到研发机构和企业关注。关于低阶煤的技术研发工作已经开展。2011 年年初，国家科技部启动 973 项目"褐煤洁净高效转化的催化与化学工程基础",该项目围绕褐煤的清洁高效转化,通过若干技术的集成优化,有望突破褐煤大规模高效利用的技术瓶颈,丰富褐煤高效利用的化学基础理论,弥补我国一次能源的不足,延伸甲醇产业链,为消化我国业已形成的大量甲醇产能提供技术基础。同时,低阶煤清洁高效梯级利用关键技术与示范也被列入中科院战略性先导科技专项,正在继续完善煤炭清洁高效利用产业链。

(3) 煤炭行业发展状况

中国煤炭行业的特点是市场集中度较低,小型煤炭生产企业众多,而具有一定规模的煤炭生产企业数量比较少。根据中国煤炭工业协会统计数据,2012 年,全国煤炭总产量为 36.5 亿吨,而我国前十大煤炭生产企业的煤炭产量总和仅占全国煤炭总产量的约 40.19%。由于我国煤炭储量较为分散,我国的西北主要煤炭产区受到运输等条件尤其是铁路运输的限制,因此煤炭行业主要显现了区域性的竞争特点。

煤炭行业市场化程度逐渐提高。煤炭价格的形成机制逐步实现了由计划向市场过渡的过程。1993 年以前,原煤炭工业部和国家物价局对煤炭价格实行政府定价。从 1993 年起,政府逐步放开了煤炭市场价格,实行价格双轨制。2006 年 12 月,国家发改委宣布取消对动力煤价格的临时干预活动,彻底放开了包括主要用户合约价格在内的动力煤价格的控制。

煤炭行业整合力度不断加大。近年来,国家加大了煤炭行业整合力度,推进实施了大型煤炭基地建设战略。2007 年,国家发改委推出了《煤炭产业政策》,其中规划了陕西省、山西省和其他地区的十三个大型煤炭生产基地,计划在 3 年到 5 年内创建若干个最低产能达 1 亿吨的大型煤炭企业。根据 2012 年国家能源局发布的《煤炭工业发展"十二五"规划》:"到 2015 年,煤炭调整布局和规范开发秩序取得明显成效,生产进一步向大基地、大集团集中。形成 10 个亿吨级、10 个 5000 万吨级大型煤炭企业,煤炭产量占全国的 60% 以上。"国家将继续对煤炭生产基地进行资源整合以实现煤炭集中生产并推动煤炭行业的结构调整,发展大型生产基地和培育大型企业集团。通过这些改革和整合,煤炭行业将实现资源的优化分配,逐步形成较为集中的市场态势。根据中国煤炭工业协会的统计资料,2012 年,我国最大的十家煤炭生产企业的产量合计约 14.67 亿吨,约占当年全国原煤总产量的40.19%。

7.1.1.2 发展趋势

（1）煤炭在中国能源结构中的主体地位短期内不会改变

在未来的20~30年内，中国的能源消费结构并不会有较大的变化，煤炭消费占比仍将占50%左右。从目前的油气探明储量看，近期内油气产量并不会有较大幅度的增加。中国水资源丰富，但是大多集中在西南地区，约占68%，东部及中西北部地区水资源缺乏。因此，水电在一次能源消费中的比重并不会有较大的变化。中国的核电站也是刚刚起步，未来的二三十年里，核能对能源消费的供应也是非常有限的。太阳能、风能、地热能等新能源，大规模的开发和利用仍需要长期的努力。通过以上情况分析，在未来可预见的20~30年内，煤炭在中国的能源结构中占比会有所降低，但是主体地位仍然不变，煤炭资源仍将是中国主要的消费能源，仍将在能源结构中占据主体地位。

（2）中国煤化工产业继续保持较高的增长势头

据国际煤气化技术委员会统计，以煤气化为核心的现代煤化工产能年增长率达5%，高于全球化工产能年均增长率3.6%的水平。近20年全球煤化工的重心正在从北美、欧洲向亚洲、非洲转移。其中，亚太地区的增速高于世界平均水平，中国的增速高于亚太地区平均水平。我国是世界上最大的煤化工生产国，增长速度位居世界第一。基于我国一次能源禀赋"缺油、少气、富煤"的国情，综合考虑能源发展战略与安全、煤炭资源有效利用和市场刚性需求等因素，稳步推进煤化工产业健康发展成为一个必然选择。我国煤化工产品市场还处于成长过程，未来仍将有较大发展空间。

（3）中国煤焦化工艺技术装备保持世界领先水平

中国焦炭产量、消费量多年居世界第一位。2013年全国焦炭产量达到4.76亿吨，表观消费量4.71亿吨，产量和消费量均占到世界焦炭产量和消费量的65%以上。炼焦工艺技术装备及生产管理达到了国际先进水平，已形成比较完整并独具中国特色的焦化工业体系。中国干熄焦技术应用达到世界领先水平，已经成为世界上系列最为齐全、处理焦炭能力最多、高中压蒸汽均可生产的干熄焦生产技术应用大国，拥有世界上最大的260吨/

小时干熄焦装置。同时，大力发展优化配煤、捣固炼焦技术，推广应用余热回收利用、煤调湿等节能减排工艺技术，促进资源能源高效节约利用。

（4）现代煤化工成为产业调整升级的主攻方向

产业结构调整与升级从长远看，钢铁行业受出口疲软、房地产下行影响，库存增加，利润和开工率下降，焦炭和兰炭行业的需求和利润空间受到影响，合成氨/尿素、甲醇等产业产能过剩，因此，传统煤化工行业面临落后产能淘汰、技术升级换代。受下游产业产能过剩、增速放缓影响，我国合成氨、尿素、焦炭等传统煤化工产业需求和利润空间大幅压缩，淘汰落后产能、进行技术升级换代势在必行。现代煤化工产业通过发展以煤为核心的多联产和分级利用技术，生产可替代石油的洁净能源和化工产品（柴油、汽油、甲醇、二甲醚、乙烯、LNG 等），大规模提升技术水平和产品附加值，形成煤炭—电力—化工一体化的新兴产业集群，将在我国能源可持续利用中扮演重要角色，成为发展的重要方向。

（5）绿色高效清洁成为煤化工产业发展的必由之路

环境保护要求煤化工走清洁生产道路，执行更加严格的排放标准，落后技术将被淘汰，如常压固定床气化技术等。水资源消耗的减量化，空冷技术、中水回用。粉尘治理、有机废水处理和脱硫脱硝技术的应用。能源效率提高，煤炭分级利用，焦油——固体燃料——化工产品。煤炭多联产，电力、热力、化工产品。工程设计的进一步优化，节能技术的应用。煤化工对石油化工替代性增强，煤气化的平台技术继续多样化与成熟化，煤化工产品技术多样化如芳烃、乙醇等，煤焦油的分离、加氢；乙二醇技术成熟；煤制烯烃、煤制油、煤制天然气等产业快速发展。目前我国煤制油、烯烃、芳烃、天然气、乙二醇、二甲醚，以及焦炉煤气制 CNG、LNG 等工艺技术突破和示范工程均获重大进展，但技术可靠性和项目经济性还有待进一步验证。今后环境保护和资源节约压力将持续加大，要求煤化工必须发展清洁高效生产技术，实行更加严格的排放标准，实现水资源消耗的减量化，加强粉尘治理、有机废水处理和脱硫脱硝技术的应用，提高产业资源利用和环境保护水平。

（6）煤化工产业发展更加注重科学合理布局

我国对煤化工产业的发展采取较为审慎的态度，环境保护和水资源问题已成为煤化工发展的关键影响因素。煤化工产业布局必须结合国家主体功能区规划、能源"十三五"规划、14个大型煤炭基地布局，要综合考虑各地区的煤资源、水资源、环境容量、市场需求及交通运输等条件，以建设资源节约和环境友好型产业为目标，产业规划和布局将向大型化、基地化方向发展。

（7）煤化工产业的市场竞争将更加激烈

根据中国石化联合会公布数据，2015年合成氨、甲醇产能分别达到8350万吨和5800万吨。工业和信息化部有关数据表明，当前我国处于运行、试车、建设和前期工作阶段的煤制油项目有26个、煤制烯烃项目有64个、煤制气项目有67个。如果在建和规划项目全部于2020年前投产，届时中国煤制油产能将达4000万吨，煤制烯烃产能达4100万吨，煤制气产能逾2800亿立方米。截至2014年4月底，国内共建成7套煤制乙二醇装置，如果在建和规划项目全部建成投产，到2020年产能将超过1000万吨。在国内煤化工产能大幅度增加的同时，来自海外低成本产品的竞争压力也不容忽视。近年来中东地区油气资源国大力向下游延伸石化产业链，投资建设多套大型石化生产装置，美国页岩气发展对我国煤化工也将带来新的冲击。我国将成为跨国公司争夺的重要目标市场，预计今后市场竞争会日趋激烈。

7.1.2 黄陵煤炭产业转型升级的必要性研究

7.1.2.1 煤炭资源型地区发展的特点及困境分析

（1）对煤炭及煤炭产业的高度依赖性

煤炭资源型地区的特性决定了煤炭资源是煤炭资源型地区发展最重要的物质基础和条件，以此为基础，这些地区的发展大都过度依赖煤炭资源，煤炭产业也成为地区经济和产业结构的支柱，其经济发展主要是靠煤炭产业的贡献，并且形成了以煤炭产业为中心的煤炭产业链，各经济主体通过这条产业链紧密联系在一起。总之，煤炭资源型城市过度依赖煤炭资源的开采。但是，鉴于煤炭资源本身不可再生的特点，尤其是煤炭资源的逐渐耗竭，这就决定了煤炭资源型地区和城市在发展中所面临的最大问题是煤炭资源不可逆转的枯竭。

（2）产业结构单一

煤炭资源型城市和地区大都是凭借煤炭资源的大规模开采和加工而兴起。在新中国成立后，受计划经济体制的影响，这些地区的产业发展结构往往呈现出单一性特征，尤其随着煤炭价格的不断走高，煤炭产区大都走上了追求煤炭开采数量的扩张、忽视煤炭资源的保护和集约化开发的道路，这就导致主导产业单一，而有利于提高煤炭资源利用效益、有利于区域经济可持续发展的相关产业，如高科技产业、文化旅游业等长期受到抑制，得不到有效开发，从而导致这类地区和城市难以形成持久发展的潜力。

（3）区域经济的衰落

煤炭资源型地区和城市的发展过度依赖于煤炭资源和煤炭产业，因此，一旦煤炭资源萎缩枯竭，就很难摆脱衰落的命运。不可否认，自新中国成立以来，煤炭资源型地区和城市创造出无数的经济奇迹，尤其是改革开放初期，随着煤炭价格的攀升，众多地区都经历了辉煌发展的历程。但是近年来，随着煤炭资源走向枯竭和煤炭价格的下滑，我国部分煤炭资源型城市便经历了由盛转衰的阵痛。例如，阜新市在经济发展过程中，随着煤炭产业的逐渐萎缩，城市 GDP 在"七五""八五""九五"三个五年计划期间年均增长率仅仅有 2.0%，这一数据大大低于当时全省年均 8% ~ 9% 的增长水平，在其城市经济结构转型前，人均 GDP 更是只有全省人均水平的 1/3，人均收入只有全省人均水平的 60% ~70%。与阜新同处辽宁省的北票市更是在"九五"期间出现了 4.8% 的经济负增长。

（4）城市环境的恶化

工业生产都不可避免地对生态环境造成污染和破坏，尤其是以煤炭为中心的开采业对自然环境的破坏十分严重。众多地区的煤炭资源开发都会造成诸如水源受损严重、一些城镇建筑物遭到不同程度的损坏、城镇郊区农田出现大面积塌陷、城市空气质量受到煤矿石和粉煤灰的污染等。调查显示，每采万吨煤炭就会引起地面下沉 0.2 公顷，我国每年因煤炭开采而形成的土地塌陷面积可达 1.5 万 ~2 万公顷，固体废矿渣积存量高达 60 亿 ~70 亿吨，其中煤废渣就有 30 多亿吨，煤矿排放的废水每年达 26 亿吨，废气达 1700 亿立方米。另外，随着我国煤化工产业规模的不断扩大，由此带来的大气污染、废水和废渣污染日益严峻。

（5）基础设施不完善

我国煤炭资源型地区和城市长期以来就是按照"一矿一城"的模式发展起来的，城市往往建在煤炭开采的地方。因此，很多地区的条件很难满足一个正常城市对地形、交通、供水、绿化等方面的要求，如鹤岗、双鸭山、七台河这 3 座城市，城市选址就是按照煤炭开采的地方决定的，它们没有选在广阔的东北平原上建城而是建在丘陵上；安徽省淮南市由于当地矿区的建设，出现了随着煤矿建设、布局分散的城市面貌，导致城市基础建设得不到保证，同时大大增加了城市基础设施建设的成本。总之，很多煤炭资源型城市发展初期由于不注重科学规划和选址，在后续发展中，城市的基础设施不完善、不合理的问题日益凸显，对经济和社会发展带来诸多困难。

除此之外，我国煤炭资源型地区发展大多还面临煤炭企业负担过重、下岗失业人员剧增、人才缺失严重等诸多问题，严重制约其快速良好发展。由此，为何走、怎样走转型升级之路是每一个煤炭资源型地区和城市发展必须面对的现实问题。

7.1.2.2 煤炭资源型地区的基础性作用不容忽视

从局部看，丰富的自然资源对区域经济发展的基础推动作用明显。一是自然资源丰富的地区短期能够实现跨越式发展。相比资源贫瘠的地区，富饶的自然资源宝藏，在促进区域经济快速发展方面作用明显，资源丰富地区经济发展基础好，财富积累相对较快。二是主导产业比较容易形成和培育。由于资源优势明显，域内资金和外部资金投资领域相对集中，特色优势产业很容易被确定，主导产业对地方经济的带动辐射作用突出。三是资源的运输、交易成本低，发展相关后续工业的成本优势明显。如果能够控制甚至垄断一种或多种资源以及相关产品的市场价格，对其他地区发展的影响将更加突出。四是容易形成相对固定的发展氛围。与资源开采和初加工相关的熟练技术工人多，同时长期、相对固定的工作、生活环境，容易形成具有一定特色的文化氛围，这对凝聚人心，推动地方发展非常有利。

从全局看，资源型地区对国民经济的总体拉动作用突出。一是资源型地区以"剪刀差"的形式向国家提供大量廉价资源型产品，确保了在低物价、低通货膨胀情况下，国民经济的快速发展，有力支持了国民经济建设。二是推动了我国现代工业体系的建立。经过50多年的发展，我国已经初步建立起现代化工业体系框架，我国工业现代化进程离不开资源型城市及地区的大力支持，并且相当一部分工业城市本身就是资源相对集中的城市或者以资源型城市为依托建立发展起来的。三是确立大国地位的基础和前提。新中国成立后，资源型城市的崛起和发展，不但大大节省了我国进口原材料的大量外汇支出，增强了我国的经济实力，而且在改革开放之前，为我国摆脱西方国家的封锁控制做出突出贡献，资源储备相对齐全，特别是拥有相当数量的稀缺资源，对我国今后经济的快速发展，减少对国外资源的过度依赖，也具有十分重要的意义。

7.1.2.3　新形势下黄陵煤炭产业持续发展面临的严峻挑战

（1）资源总量有限，长期发展前景堪忧

资源型地区天赋资源群聚集并以输出能源和原材料为特征，其发展主要依赖自然资源储量的多寡。但自然资源具有不可再生性，储量再丰富也有枯竭的时候。如果自然资源利用不合理，资源被大量浪费，资源枯竭及经济衰退进程会大大加快，地区经济发展将因此而停滞。如东北老工业基地为我国经济建设做过突出贡献，在我国工业化进程中发挥了重大作用，不但提供了满足国民经济发展所需的基础原材料，而且通过利税上缴为国家积累了巨额的资金。但自20世纪80年代末90年代初以来，明显进入衰退期，有些开采多年、资源接近枯竭的煤矿、铁矿，可采资源日益减少，开采难度越来越大，开采成本逐年增加，资源危机进一步引发了经济危困和生态危机。由此可见，黄陵作为典型的煤炭资源型地区，如果对发展前景缺乏正确估价，缺乏制订科学、合理的长远开发资源计划的自觉性，缺乏寻求新的经济增长点、积极培育替代产业、成功实现经济转型的主动性，将很难跨越或避免因资源短缺和枯竭而导致的经济衰退期。

（2）缺乏科学规划，经济增长方式粗放的问题依然存在

由于煤炭资源相对宽裕，相关企业的危机感不足，技术进步和更新改造意识欠缺，不求降低消耗、不计成本高低，粗放式生产经营现象仍然存在，煤炭资源的利用率难以实现最大化。同时，由于缺乏自主创新能力，煤炭产业结构初级化、产品层次趋同化问题仍然严峻，缺乏充分话语权，资源的合理保护和充分利用不足，经济的长远发展存在诸多不利问题。

（3）比较利益偏低，竞争能力相对低下

黄陵的主导产业一般是围绕煤炭资源开发而建立起来的采掘业和初级加工业，其产品一般为原煤产品或煤炭初加工产品，生产的大多为"傻大笨粗"的初级和低附加值产品，精细煤化工尚处于初级发展阶段，"精小灵细"的高附加值煤化工产品缺乏，产品的比较利益低，提价空间有限，抗风险能力弱，对汇率、价格等方面市场环境变化和政策调整敏感，总体竞争能力弱。

（4）产业过于集中，抵御市场风险能力较差

受历史和发展习惯等因素影响，同众多资源型地区一样，黄陵经济发展模式过于单一，由于产品以能源、原材料等上游产业产品为主，企业和主导产业受经济周期、投资波动的依赖性较强。经济扩张时，原材料、能源紧张，资源过度开采、过度利用；经济萎缩时，投资需求减少，能源、资源等基础性需求大幅回落，资源型企业和相关产业的经营处于困境。经营形势的大起大落极不利于资源型地区的长期和稳定发展。同时由于主导产业间关联度强，市场风险比较集中，很容易出现一损俱损、一荣俱荣的现象，造成地区经济发展的忽冷忽热。

（5）产业布局分散，规模经济性难以有效发挥

资源型地区产业布局一般存在"点多、线长、面广"等诸多方面的缺陷，产业聚集效应较差。当前，黄陵尚未形成具有较高综合功能和综合效益的核心产业和领域，尤其是生活服务中心以及作为生产、科研、商贸服务生长点和辐射源的中心尚未形成，缺乏核心竞争力，综合经济的起步和发展缓慢，进一步更新和优化组合的任务繁重。纵使煤炭资源丰富，但由于缺乏发展综合经济的高素质人才，产业聚集效益和规模经济性难以充分发挥，黄陵整体发展格局尚不足以支撑资源型城市战略转型的迫切需要。

（6）资源耗竭过快，生态环境问题依然严峻

尽管经过近年来的整合和综合整治，煤炭开采情况得到明显改善，但黄陵仍然面临严峻的可持续发展问题。由于前期对煤炭资源掠夺式、粗放式的开采和利用，综合治理和保护力度不足，大部分选矿企业设备落后，生产技术水平低，造成了资源的极大浪费，加上无证开采者在边角余地开采，矿点遍地开花，滥采乱挖，在采矿过程中严重毁坏了原来的地表地貌和山林草场植被，大量矿石矿渣随意堆积，使资源受到严重破坏，这不仅导致煤炭资源的极大浪费，而且加剧后备资源供给不足的危机，对经济发展的负作用明显。

（7）产业链条过短，对劳动力吸纳能力有限

黄陵煤炭产业仍以资源开采和初加工为主，由于产业链条短，深加工程度不够，劳动力就业环节少，对人员的吸纳能力相对偏低。同时以煤炭资源为依托的工业，多为资金、资源密集型产业，行业发展主要依靠资源采掘和资本聚集，这些产业虽然对地方财政支撑作用明显，但对扩大就业、缓解就业压力方面其发挥的作用不突出，产业成长潜力欠缺，缺乏核心竞争力，应着力延伸煤化工产业链，推动产业耦合，推进载能产业和精细煤化工发展，大力发展循环经济。

7.1.3 黄陵煤炭产业转型升级的路径探究

资源型城市转型模式从转型主体、转型动力、产业转型、城市功能提升、生态环境优化等五个方面可划分为以政府职能转变引导产业延伸的创新驱动转型模式，以城市建设推动产业转型的功能提升转型模式，以产业转型、城市功能提升与生态建设相结合的综合转型模式，立足生态转型构建多元产业的绿色转型模式，文化旅游拉动传统工业转型的优势驱动转型模式。

7.1.3.1 黄陵煤炭产业转型升级的基本思路

黄陵是典型的资源型地区，其经济发展面临着资源枯竭城市过去发展面临的共同问题，同时也具备资源型产业转型所独有的阶段优势和时代优势。所谓阶段优势，是资源枯竭城市在自身能源、资源采空或资源型产业

优势即将消失之时才着手实施产业转型战略，而此时黄陵煤炭产业正处于资源开采的初期阶段。所谓时代优势，进入 21 世纪，经济一体化进程加快，较过去更加重视社会公平和生态环境建设，并提出建设"生态文明"的目标，黄陵正是在这个时期启动煤炭产业转型，具有极大的时代优势。因此，在新的形势和发展背景下，黄陵必须充分借鉴国内外的成功经验，优化产业布局，全面推行"发展中转型，转型中发展"的多元化、专业化、系统化和创新型的煤炭产业转型策略，实现黄陵经济社会的可持续发展和煤炭产业的成功转型。

（1）国内外煤炭资源型城市煤炭产业转型模式解析

由于城市内部产业在不断发展，外部要素也面临着不断变化，因此，煤炭产业转型是一个动态的概念。为使黄陵经济转型得以平稳、有效地实施，需要选择一种切合自身实际的产业转型模式。通过分析国内外煤炭资源型城市煤炭产业转型的经验，总结出比较典型而且成功的转型模式主要有以下三种：产业延伸模式、产业更新模式和复合模式。

① 产业延伸模式

产业延伸模式是指在原有资源开发的基础上，发展下游加工业，建立起资源深度加工和利用的产业群。煤炭采掘业属于中间投入型产业，具有前向关联效应大、后向关联效应小的特点，适合前向拓展产业链，发展下游产业。在转型初期，可充分借助本地资源优势，整合上、下游产业的生产、技术和管理资源，产业链延伸转型的难度较小。随着下游产业的培育、壮大，其竞争力和内生能力进一步增强，即使出现本地资源枯竭的状况，仍可从外部输入资源继续生产，维持该产业的持久繁荣和发展。随着产业链的延伸，下游产业和配套服务业的规模不断扩大，大量与煤炭经营相关联的企业在一定空间内聚集，产业的规模化、园区化带来了生产的专业化、运输的低成本、交易的低费用、信息传播快等规模经济效益。从竞争角度来看，产业延伸依托廉价资源，通过加工企业提高产品附加值，加上集聚经济带来的规模效应，使转型后的产业链更具竞争优势，抵御风险的能力得到加强。产业延伸模式是一种不彻底的转型模式。它虽然可以培育、形成新的支柱产业，但其毕竟建立在本地资源优势的基础之上，一个城市依靠加工不可再生的矿产资源是不能持续发展的，其最终还要面临进一步的转型。因此，选择产业延伸模式实现转型时，在继续发展原有采掘业的同时，要利用资源开发的自我积累优势，适时向产业的纵深方向发展，积极培育其他非资源型产业，最终实现城市资源型产业的成功转型。

②产业更新模式

产业更新模式是指利用资源开发所积累的资金、技术和人才，或借助外部力量，建立起基本不依赖原有资源的全新产业群，同时把原来从事资源开发的人员转移到新兴产业上来。产业更新模式是一种最彻底的转型模式。它摆脱了对原有资源的刚性依赖，并可实现产业结构的优化和升级，但该模式的成功转型需要政府的绝对支持和大量的资金投入。该模式主要适用于在资源开采过程中尚未成功建立下游产业，而资源开发已进入衰退期的城市。如何在以采掘业为主导的产业环境下，选择和培育有竞争力的替代产业，是该模式面临的最大困难。这是因为在产业发展的过程中会形成"路径依赖"，当新型替代产业所要求的经营模式与企业原有惯性模式发生冲突、替代产业的经济效益又不能显现时，容易使决策层失去产业转型耐心，导致经营活动的失误。大量转型资金是建立有竞争力的替代产业的有效途径，仅靠政府的财政投入是远远不够的，需要外部资本强力介入。外部资本主要包括国内资本和国外资本；其中，外资的进入不仅带来资金，还伴随着先进技术、管理和价值观念。资源型城市要利用自身廉价的资源、充足的动力供应、大量的土地和劳动力优势，加强软环境建设，如廉洁高效的政府、良好的商业氛围、文明的社会环境等，积极引入外资和先进的技术、管理经验。在吸引外资的同时应大力发展中、小企业和多种经济成分企业。由于历史的原因，我国资源型城市的主体企业大多延续了计划经济体制下国有企业属性，其他经济成分企业和中、小企业发展明显滞后。随着国有企业改革不断深化，国有企业职工下岗人数持续增多，造成社会不稳定因素增多，增加了产业转型的难度。因此，大力发展中、小企业和多种经济成分企业已成为城市资源型产业转型的当务之急。在产业替代的转型过程中，应推动中、小企业与国有大型企业形成协调合作的企业网络，增强产业集群的区域竞争力，实现企业组合具有单个企业所无法获得的竞争优势。

③ 复合模式

产业转型的复合模式是产业延伸模式和产业更新模式的复合，通常是：在转型的初期表现为产业延伸模式，城市主导产业逐步由采掘业转变为加工业；随着加工业的发展，城市功能逐步完善，新兴产业不断发展，城市逐步发展为综合性城市。复合模式从时序上整合了产业延伸模式和更新模式的优点，避免了延伸模式长期不可持续和更新模式初始阶段投入大的缺点。在复合模式初期，城市主导产业逐步由采掘业向资源深加工业转变。随着产业层次的不断深化和加工企业的大量集聚，形成规模效应和集聚效应，增强企业之间的技术外溢并促进技术进步和新兴产业的发展。采掘型企业具有技术专用性强、从业人员流动性少、生产作业封闭的特点，导致其社会化程度低，与其他企业的协作交流少。而资源加工业则要求不同企业相互配套和协作，企业间关联度高，技术通用性强，从业人员流动性大，更容易使新技术在上游、下游企业及同行业中交换。随着资源加工产业集群的成熟和发展，企业间的技术外溢和乘数效应日益加强，为新兴产业的形成和发展提供了条件。城市资源型产业转型要利用这一契机，推动不依赖本地资源的新型产业发展；充分利用国内外重大技术创新所带来的发展机遇，进行产业结构调整和优化、升级，逐渐降低企业对资源的依赖程度，实现资源型城市的产业转型。

（2）黄陵煤炭产业转型升级的模式塑造

改革开放以来，随着煤炭资源开采，黄陵经济实力实现持续、快速增长，第二产业主导经济发展，资源型产业效益凸显，以煤化工产业为主导的工业体系初步形成，城市的区域竞争力明显增强。同时，在发展的过程中也伴随着一些问题，如经济产业结构单一、产业初级化特征明显、新兴产业发展缓慢等，这都构成了黄陵资源型产业发展的主要特征。根据国内外资源型城市转型的成功经验，以及黄陵煤炭资源型城市发展阶段的判断，黄陵煤炭产业转型升级适宜选择"两步走"的复合发展模式。在转型初期，即煤炭资源型产业快速发展的阶段，依托丰富的煤炭资源储备，加快产业链向下游延伸，发展资源型下游产业，重点培育建设主导产业，实现产业结构的调整和升级。在转型中、后期，大力扶持新兴产业，培育非资源型的优势产业和主导产业，最终实现黄陵资源型产业结构的全面转型。

① 转型初期。丰富的煤炭资源储备是黄陵资源型产业形成与发展的重要保障，也是黄陵经济转型战略得以实施的重要支撑。依托煤矿资源，黄陵已初步形成以煤炭采掘业为主导，关联煤化工、火力发电等于一体的资源型产业集群。现在的主导产业主要围绕煤炭资源而形成，转型初期，黄陵的资源型产业发展应进一步发挥煤炭资源的优势，延伸产业链，积极发展下游产业，同时控制上游产业的发展。基于煤炭资源的开采，加强选煤、洗煤和型煤等初级产业的发展，在此基础上，重点发展煤化工业和电力业。"煤炭资源开采→选、洗、型煤→煤化工、电力业"，其中，煤化工业重点发展精细化工，电力业重点发展煤炭火电和煤矸石发电。充分利用现有的资源优势，把资源产业做大做强，做精做好，通过精深加工、扩大贸易，提高产品附加值和资源转化能力，为资源型城市产业转型和发展多元化替代产业提供相对充裕的时间和资金。

② 转型中、后期。强化产业耦合，推动跨产业融合发展。依托丰富的自然旅游资源、历史文化资源重点开发文化旅游产业，积极培育文化产业、新型建材、现代物流业、高新技术产业等成为转型成功的重要支撑点。因地制宜，大力寻求新的经济增长点，培育替代产业。根据资源状况、区位条件、生产要素配置、市场拓展度等情况以及自身的发展战略来选择确定支柱产业。在此基础上，逐步引进替代产业，以科技资源的开发和整合为支撑，以高新技术产业化为手段，培育新的经济增长点和产业整体竞争力，发展技术含量较高的替代产业，从而最终实现可持续发展。

7.1.3.2　黄陵煤炭产业转型升级的发展路径

（1）调整优化产业产品结构，提升产业发展质量效益

① 延伸产业链深度。发挥煤炭资源优势和煤化工发展优势，促进现有初级产品向下游产品、精细化工产品、新型化工材料方向延伸，与石油化工、生物化工有机结合，培育形成化肥、精细化工、合成材料、清洁能源、焦化产品深加工五大产业链。精细化工产业链，以甲醇、醋酸、合成氨为基础，重点发展甲醇深加工产品、醋酸、尿素、聚丙烯、醋酸乙烯、醋酐、草酸、二甲醚、乙烯－乙酸乙烯共聚物（EVA）、低密度聚乙烯

（LDPE）、二甲基酰胺（DMF）等产品。清洁能源产业链，以甲醇为原料，生产醋酸、二甲醚、烯烃、变性甲醇燃料产品，形成大型清洁能源基地。焦化产业链，重点打造新三大产业集群。资源综合利用及循环经济集群，在不增加原料、能源消耗总量的基础上，重点发展干熄焦、煤调湿、余能余热综合利用；清洁型燃气能源集群，重点发展城市及工业燃气项目，利用富余焦炉煤气发展深加工工艺，生产甲醇、液化天然气，提供优质氢气、燃气清洁能源；煤焦化工产品深加工集群，重点发展煤焦油深加工、苯类深加工、二甲醚、炭黑、蒽系列、酚系列、针状焦、石墨碳素等产品。同时，大力推进节能减排新工艺技术应用，努力实现废水零排放，废气综合利用，废渣配煤回用，真正把煤炭"吃干榨净"，走煤焦化产业融合、高效经营、循环发展的转型之路。

② 优化产品结构调整。大力引进精细煤化工企业和项目，支持企业发展高技术含量、高附加值的煤化工产品，优先扶持资源消耗少、市场前景好、增长潜力大、辐射拉动作用强的产品品种。支持开发高精密铸造焦。组织实施焦炭煤焦油深加工项目，开发高附加值蒽油深加工及精萘、山梨酸钾等产品。开发甲苯、二甲苯等高附加值产品。科学实施甲醇、合成氨等项目，扩展焦炉煤气利用领域。鼓励合成氨生产企业在不增加原料能源消耗总量的基础上，发展烯烃、芳烃等高附加值产品。发展新型肥料，积极开发各类新型缓控释肥、抑制剂型稳定性肥料、增效剂型缓控释肥、氨基酸螯合肥料、生物肥料等。

③ 实施技术升级改造。改进落后技术，实行技术创新，引进先进的生产技术和设备、改进现有的低效生产方式，依托煤炭局的行业管理优势，投入专门资金，引进国内外先进生产技术，开展适合当地资源条件的采煤技术研究和技术创新。加大煤液化、催化剂的研发力度。实施水煤浆气化、干煤粉气化技术改造。应用气体净化、硫回收配套气化技术进行升级改造。进行焦炉的大型化改造，采用新技术对焦化副产品进行升级利用，推广应用高温煤焦油加氢技术、焦炉气甲烷化制 CNG、LNG 工艺。采用新技术生产电石。突破小颗粒油页岩油电联产技术关，做优、做精省内油页岩产业。适度发展高硫煤清洁利用项目，消化高硫煤。

④ 创新生产经营模式。完善物流配送体系，建立煤化工企业与上下游

企业战略合作机制，促进焦化生产商向服务商转变，实现煤焦化企业与上下游行业互利共赢。实行总代表制的国内、国际炼焦煤集体采购，增强国际煤炭采购话语权，建立煤炭—焦化化工—钢铁紧密结合的新型供应链体系。

（2）推动关键技术革新

① 煤的清洁高效利用。在国家能源局列出的低碳能源技术中，化石能源清洁高效利用技术排在第一位，当然主要是指煤炭的清洁高效利用。煤炭的清洁高效利用应该包括煤的安全、高效、绿色开采，煤利用前的预处理，煤利用中的污染控制与净化，新型清洁煤燃烧，先进燃煤发电，先进输电，煤洁净高效转化，煤基多联产和煤利用过程中的节能减排。清洁煤技术或洁净煤技术是指在煤炭从开发到利用全过程中，旨在减少污染排放与提高利用效率的加工、燃烧、转化和污染控制等新技术的总称。清洁煤技术主要包括两个方面：一是直接烧煤洁净技术。这是在直接烧煤的情况下，需要采用相应的技术措施：燃烧前的净化加工技术，主要是洗选、型煤加工和水煤浆技术；燃烧中的净化燃烧技术，主要是流化床燃烧技术和先进燃烧器技术；燃烧后的净化处理技术，主要是消烟除尘和脱硫脱氮技术。二是煤转化为洁净燃料技术。主要是煤的气化以及液化技术、煤气化联合循环发电技术和燃煤磁流体发电技术。清洁煤技术是当前国际上解决环境问题的主导技术之一，也是高技术国际竞争的重要领域之一。我国的清洁煤技术主要在 4 个领域：煤炭加工、煤炭高效洁净燃烧、煤炭转化、污染排放控制与废弃物处理方面，个别方面已领先于国际水平。

② 低碳技术。低碳技术是指涉及电力、交通、建筑、冶金、化工、石化等部门以及在可再生能源及新能源、煤的清洁高效利用、油气资源和煤层气的勘探开发、二氧化碳捕获与埋存等领域开发的有效控制温室气体排放的新技术。低碳技术可分为 3 个类型：第一类是减碳技术，是指高能耗、高排放领域的节能减排技术，煤的清洁高效利用、油气资源和煤层气的勘探开发技术等。第二类是无碳技术，比如核能、太阳能、风能、生物质能等可再生能源技术。在过去 10 年里，世界太阳能电池产量年均增长 38%，超过 IT 产业。全球风电装机容量 2008 年在金融危机中逆势增长 28.8%。第三类就是去碳技术，典型的是二氧化碳捕获与埋存（CCS）。低碳经济的

内涵：第一，发展低碳经济的关键在于降低单位能源消费量的碳排放量（即碳强度），通过碳捕捉、碳封存、碳蓄积降低能源消费的碳强度，控制 CO_2 排放量的增长速度。第二，发展低碳经济的关键在于促进经济增长与由能源消费引发的碳排放脱钩，实现经济与碳排放错位增长，通过能源替代、发展低碳能源和无碳能源控制经济体的碳排放弹性，并最终实现经济增长的碳脱钩。第三，发展低碳经济的关键在于改变人们的高碳消费倾向和碳偏好，减少化石能源的消费量，减缓碳足迹，实现低碳生存。

③ 煤基多联产技术。整体煤气化联合循环（IGCC）加上多联产，被视为目前最具发展前景的清洁煤技术，有利于高效清洁利用煤炭资源，同时生产甲醇、尿素等化工产品等；而煤作为一种多元素能源，结合发电与化工，发展以气化为基础的 IGCC 多联产，对煤加以综合利用。煤基多联产所生产的液体燃料，尤其是甲醇和二甲醚是绝好的煤基车用替代燃料，可以有效地缓解我国石油的短缺状况。同时，甲醇还可以用来生产烯烃和丙烯，用煤化工去"替代"一部分传统的石油化工，以减少石油消耗。倪维斗院士指出，我国二氧化碳减排应从煤化工做起，考虑到未来清洁煤发电，"IGCC + 多联产"应尽快示范，逐步走向大规模发展。同时，依据二氧化碳减排需要，逐步过渡至"IGCC + 多联产 + CCUS（碳捕集与封存）"模式。

④ 现代煤化工技术。现代煤化工是指以煤气化为龙头，以一碳化学为基础，合成各种替代液体燃料及化工产品。煤化工是煤的清洁高效利用技术的重要支撑，其发展趋势是单元技术的新型化、生产技术的绿色化和工艺过程的集约化。从化肥向甲醇、烯烃及其下游产品延伸，由生产大宗原料向生产精细化工转变。工作重点转向发展以醇醚燃料为主的碳一化工，形成煤肥电和醇醚烃及精细化工并举的产业链条，形成以煤制油、煤制烯烃、煤制天然气、煤制乙二醇等为主的新型煤化工产业集群。碳一化工是指从含有一个碳原子的化合物（如一氧化碳、甲醇、甲烷和二氧化碳等）出发，经一系列化学变化，合成化工产品的化学过程。当前碳一化学的进展主要集中在合成气化学和甲醇化学方面。采用碳一化学技术进行生产的化工产品主要有用一氧化碳和甲醇为原料生产乙酸、乙酐、高辛烷值汽油、甲酸、草酸、羰基合成醇。其中以甲醇、一氧化碳为原料，在铑—碘

催化剂存在下，合成乙酸技术是碳一化学技术成功应用的范例。煤气化技术是现代煤化工的基础。煤炭气化是指煤在特定的设备内，在一定温度及压力下使煤中有机质与汽化剂（如蒸汽，空气或氧气等）发生一系列化学反应，将固体煤转化为含有 CO、H_2、CH_4 等可燃气体和 CO_2、N_2 等非可燃气体的过程。按气化炉内煤料与汽化剂的接触方式区分，主要有固定床气化、流化床气化、气流床气化、熔浴床气化，还有地下汽化工艺。

（3）支持发展骨干企业和重点项目，严控传统煤化工生产规模，合理调控煤炭产能。控制直接大量耗煤的煤化工项目和初级产品规模。严控新建扩建焦炭产能，加大焦化新产品生产研发力度。建立大型煤化工，实现产业链之间的耦合。以煤为原料，以焦化为龙头，发展大型焦化工业。同时，实现焦炉煤气综合利用，粗苯精制，焦油回收集中分离、深加工，延长产业链。以电石为原料，发展乙炔化工。以煤气化为龙头，利用所产生的合成气生产化肥，并发展精细煤化工产品，建设甲醇、二甲醚、醋酸及其下游产品的新型煤化工产业链。在基本产业链的基础上，通过产品的横向共生耦合、产业链的纵向延伸发展及废弃资源的循环利用，提高产品的市场竞争能力。强化引进重大项目建设，提升综合实力。

（4）推进企业结构调整重组，优化资源配置。整合煤矿企业，实现规模经济。政府应引导大型国有企业兼并部分中、小煤矿，以大企业代替小煤矿，以规模化生产替代作坊式经营，进一步整合资源、资金和技术，提高产业发展的关联度和集中度。推进煤化工企业深度重组。支持煤化工企业与上下游企业建立战略合作机制，实现互利共赢。鼓励独立煤化工企业与煤炭、建材、化工企业紧密型联合重组，整合现有优势产能，最大限度地促进生产要素和资源的优化配置，实现产业链纵向整合，走企业大型化、产业集群化、市场集约化和可持续发展的道路。支持煤化工企业进行外部开发。鼓励支持煤化工企业转型升级，增强企业发展后劲。探索混合所有制改革。有序推进骨干企业特别是国有企业混合所有制改革，完善企业法人治理结构，推进职业经理人制度，增强企业发展活力。

（5）加快产业基地和园区建设，提高项目建设集中度。高科技创新产业园区是推动煤炭产业转型的重要力量，要充分发挥区位、产业优势，加快煤化工循环产业园区建设，建设煤、化、电一体化的企业，提供政策优惠，鼓励技术转移企业进驻园区，完善科技创新机制，推动煤炭、石油等相关产业联动发展，重点培育一批中、小型企业，设立专职部门和专项资金，协助其制定发展规划，形成循环经济产业链，发挥集群优势，提高产业竞争力。

7.1.4 保障措施

7.1.4.1 强化行业引导，促进健康发展

成立煤化工行业协会，充分发挥行业协会和中介组织在政府与企业间的桥梁和纽带作用，建设行业信息平台，为企业提供国内外行业的新技术、新产品和市场动态等信息服务，引导行业健康发展。充分发挥行业管理部门作用，及时协调解决行业发展中遇到的困难和问题。提高行业技术、环保、节能等准入标准，促进行业转型升级。

7.1.4.2 加强技术创新，增强自主创新能力

建立健全技术创新体系，着力提高企业核心技术、关键技术和重大新产品研发能力。鼓励和支持符合条件的重点企业建设省级以上企业技术中心。加大煤化工专业人才的培养和引进力度，支持企业加大科技投入，集中力量培育一批具有自主知识产权的煤化工核心技术。建设煤化工技术研发和产业化示范中心，支持行业和企业与技术研发单位合作，开发和推广节能、环保、高效、多联产、符合资源综合利用和清洁生产的新技术、新工艺、新流程、新材料。

7.1.4.3 加强财税支持，引导资金投向

认真落实财税优惠政策。加大政策宣传、贯彻落实力度，积极引导企业充分用足用好财税优惠政策，强化对政策落实情况监督检查，切实把优惠政策落到实处。整合财政专项资金，引导企业自主创新、节能减排、结构调整和技术改造，着力推动企业产品结构优化升级。切实落实国家增值税转型税收政策。减轻税负，加大增值税、资源税和资源补偿费的返还比例，增加基础设施建设和生态环境保护项目财税支持，加大税收方面的优惠政策，如对于办理项目投资相关手续时，各种证照除收取工本费和行政事业性费用以外，免收其他费用；对于新办的循环型工业企业，自投产之

日起，5 年内除城市矿产资源补偿费、排污费及噪声超标费、污水处理费、地下水资源费以及与行政事业相关的费用之外，免收其他费用等。加大转型的补偿性政策，对于家庭在资源开发中造成的损失，要进行补偿，如对采煤沉陷居民的住房搬迁实行补偿政策，对部分困难资源型企业实行补偿政策。建立资源型企业转产补偿机制，对资源枯竭或衰退型产业转产而发展起来的接续产业，给予减免税收、低息或贴息信贷、加快折旧等政策支持。在生态环境方面，建立生态环境补偿机制，按照"污染者付费、利用者补偿、开发者保护、破坏者恢复"的原则，探索建立多类型的生态补偿机制。

7.1.4.4　拓宽融资渠道，做好资金保障

各级、各部门应在技术创新、技术改造方面对煤化工企业给予重点支持。各金融机构应进一步扩大信贷规模，创新金融服务产品，积极为符合条件的企业在生产经营和项目建设方面提供贷款。煤化工企业应以盘活存量资产为主要方式，加大招商引资，扩大社会融资，大力吸引各类资本投资煤化工产业项目，大力推进投资主体多元化。综合运用财政、税收、土地、投资、价格等各种政策手段，鼓励煤化工企业与拥有资金、技术实力的国内外企业实施合作。完善绿色资本市场体系，推行"绿色贷款"，对符合条件、采用节能减排环境友好工艺的新建、改建、扩建的企业，鼓励金融机构优先贷款、低息贷款。引导公共资源向符合准入条件的企业倾斜。对科技、环保等可持续发展产业实行低利率政策，对于转型经济过程中资金短缺的问题，可以通过无息贷款、低息贷款、延长信贷周期、优先贷款等方式对其进行弥补。另外，激发商业银行的积极性，积极发展金融信贷，尝试发行绿色金融债券和企业债券，吸收相对稳定的中长期资金，同时将这些资金以贷款方式投入到那些急需大量资金，而且社会效益较好的环保项目和生态工程项目中。对于经济效益比较好的环保企业，允许它们发行企业债券，以解决这些企业的资金短缺问题。

7.1.4.5　加强企业管理，增强市场竞争能力

积极引导企业夯实质量管理技术基础，将质量管理、计量管理、标准化管理和品牌管理纳入企业的研发、生产、经营、节能增效和售后服务各个环节。大力实施名牌带动战略，确立品牌发展目标，制订品牌培育创建

激励政策和措施，努力发挥当地龙头企业品牌辐射带动作用，促进形成产业集群品牌。大力实施标准化战略，完善我省煤焦化产业地方或行业标准，引导并规范企业建立完善企业标准体系；支持将自主知识产权科技成果及时转化为行业标准；制订我省油页岩开发利用管理办法，明确行业准入条件，规范油页岩行业管理。加大开拓市场力度，强化企业市场营销体系建设，及时调整营销战略、产品结构和市场结构，在巩固国内市场的基础上，努力开拓国际新兴市场，拓展行业发展新空间。

7.1.4.6 引导社会加快观念转变

产业转型是一项系统工程，它不仅指经济的转型，也指思想观念和社会文化心理的转型。从某种意义上说，产业转型最根本的就是思想的转型、观念的转型。落后的意识和观念不彻底铲除，适合产业转型的新思想观念不牢牢地确立起来，转型升级是不可能实现的。这种建立在煤炭资源基础上的经济依赖思维方式的继续刚性化和相对封闭保守行为习惯的坚固化，将成为转型中的最大制约因素。因此，实现煤炭产业转型，必须树立一种全新的经济发展思想，真正在非煤领域找生机、探新路，摒弃煤炭情结和对资源的依赖心理，本着既不要煤炭又要做好煤炭产业、为最终摆脱煤炭、实现非煤产业经济大发展的理念，在20~30年之内把非煤产业做足做大。强化创新思维，创造性地开展工作，在创新中发展，在开拓中前进，不断探索煤炭产业转型升级的新路子。

7.2 黄陵载能产业发展战略研究

7.2.1 载能产业的基本属性

高载能产业是指能源成本在产品产值中所占比重较高的产业，或称为能源消耗密集型产业。

高载能产品是指在产品价值构成中能源价值所占比重较高的工业产品。从价值构成来看，在产品价值构成中能源价值达到30%以上的产品，就可视为高载能产品。从加工工艺上看，高载能产品的生产过程就是对加工对象（如矿石）施加能的作用，如烧结、熔融、电解、合成，以改变其物质形态，通过分离、提取或合成，而形成（高载能）产品。在加工过程中，能源（包括电能、煤炭、焦炭等）的物质形态已经转化成热能而消耗，能源的价值形态进入高载能产品。

2007 年，国家发改委确立了 6 大高载能行业，即电力与热力的生产和供应业，化学原料及化学制品制造业，黑色金属冶炼及压延加工业，非金属矿物制品业，石油加工炼焦及核燃料加工业和有色金属冶炼及压延加工业。

高载能产业同时也是高耗能产业，即能源成本在产值中所占比重较高的产业，或者称为能源消耗密集型产业。高耗能产业是指以自然资源利用，对初级原材料进行加工，并消耗大量能源、产生一定污染和工业废弃物的能源、原材料加工工业。我国工业经过 20 世纪 50 年代的"一五""二五"大规模建设和 60 年代的东部沿海企业内迁及大小"三线"建设，形成了以石油化工、有色冶金等为主的支柱产业，特别是改革开放以来的蓬勃发展，形成了以重工业为主的重化型工业结构和以能源原材料为主的产品结构。从对工业发展的支撑作用看，经过改革开放以来的大发展，高载能产业中石油加工炼焦及核燃料加工业、热力电力的生产和供应业和有色金属冶炼及压延加工业已经成为工业行业集中度最高的行业。

7.2.2　载能产业国内外发展现状及产业转移态势

7.2.2.1　载能行业发展现状

（1）钢铁行业

钢铁产业是重要的工业部门，是工业经济发展的基础，也是国民经济发展的基础。自国家工业化以来，钢铁产业发挥了举足轻重的作用，可以说，如果没有强大的钢铁工业作为支撑，国家无可发展，经济无从谈起，不论是工业发达国家还是发展中国家，对国家工业化的支柱——钢铁产业是非常注重的。因此，钢铁工业的发展程度，已成为经济发展的衡量指标，反映了经济的走向和动态，是衡量一国工业化水平高低的重要标准，也是一个国家综合实力的体现。

① 国际钢铁行业现状

同其他产业一样，钢铁产业也有其特有的周期性，并且在特定的历史条件下，部分或全部的进行钢铁产业转移，由原生产地转移到其他地区。但是由于钢铁产业的战略性地位，钢铁产业除了受到经济的影响，也会受到国际政治动荡的牵连，甚至战争对其的影响也要远远大于对其他产业的影响，石油危机、苏联解体和东欧剧变、东南亚金融危机等几次国际局势大动荡足以证明这一点。自 2008 年年底爆发的次贷危机以来，世界钢铁产业经历了较大的波动，需求出现明显下滑，尽管近年来随着国际经济的缓慢回暖，行业发展形势有所好转，但供大于求的局面仍未改善，发展形势依然严峻。改革开放以来，国内钢铁产业在旺盛的市场需求推动下，经历了快速发展期之后，各种发展矛盾日益凸显，存在严重的产能过剩问题。2015 年，钢铁行业发展开始进入寒冬。我国经济已经进入新常态，传统经济发展方式难以为继，经济下行压力进一步加大，钢铁行业大洗牌或将面临更加严峻的形势。

② 国内钢铁行业现状

2014 年中国粗钢产量 8.227 亿吨，同比增长 1.2%，增速同比下降 7.73%。累计出口钢材 9378 万吨，同比大幅增长 50.5%。进口钢材 1443 万吨，同比仅增长 2.5%，折合粗钢净出口 8441.5 万吨（同比增长 64.5%）。2014 年全年平均进口铁矿价格 100.42 美元/吨，同比下降 28.67 美元/吨，降幅 22.2%。2015 年 1~5 月我国累计出口钢材 4352 万吨，同比增长 28.2%，累计净出口 3803 万吨，同比增长 36.7%。

目前中国的钢铁大国地位不仅由国内的钢铁产量决定，也是由国际市场对中国钢铁产品的需求所决定。2014 年，消费耐用品、基础设施、建筑业等对中国的钢铁需求仍然有增无减，中国的钢铁产品在世界上仍将存在巨大的市场需求。这将进一步强化中国的钢铁大国地位，也是中国作为国际钢铁产业转移的承接国的必要条件。

（2）有色金属产业

① 国际有色金属行业现状

受 2008 年金融危机冲击，近年来全球有色金属消费大幅萎缩，尽管我国需求率先恢复，但难补全全球主要经济体消费的下降。2014 年全球精炼铜市场供应过剩 329000 吨，2013 年全球铜市缺口为 119000 吨。2014 年全球原铝市场供应大量过剩 100.7 万吨，远高于 2013 年的过剩 178000 吨。2014 年全球铅市过剩接近 3000 吨，2013 年为短缺 203000 吨。2014 年全球锌市场供应过剩 185000 吨。与 2013 年相比较，基本金属都出现了比较明显的过剩，其中以铝的过剩最为严重，这说明金融危机对金属需求的影响十分明显。2014 年，在整体金融危机和经济衰退的环境下，在原料和冶炼能力充裕、供大于求浮出水面的冲击下，有色金属市场行情价格下跌的幅度和回归成本的速率均超过预计。

全球有色金属库存开始向中国转移，2015 年美国等发达国家经济衰退导致实体经济需求疲软，供应过剩，库存开始向中国转移，该年国内主要有色金属库存均创历史纪录。

② 国内有色金属行业现状

进入 21 世纪，我国一跃成为世界最大的有色金属生产和消费国。2013 年，我国 10 种常用有色金属产量达到 4029 万吨，同比增长 9.7%，不仅能够生产常用的有色金属，而且能够生产多种新型有色金属产品，2002 年我国有色金属产业经济贡献率为 2.28%，到 2013 年经济贡献率则为 9%。2013 年有色金属产业实现利润 2882.45 亿元，同比增长 31.46%。

（3）建材产业

① 国际建材行业现状

从国际市场来看，建材产业存在较大的市场需求。目前，房地产的投资，占整个社会固定投资的 22.4%，一般的发展中国家人均居民面积是 35 平方米，进一步扩大建材出口潜力巨大。20 世纪 90 年代初，国际建材市场的贸易总量在 550 亿美元左右。进入 21 世纪，世界建筑材料的总量和递增速度有了大幅度提高。原因在于：第一，发达国家调整产业结构，包括建材在内的劳动密集型产品将向外转移，一般档次的建材产品出口量减少，进口量增加。第二，我们周边国家和地区由于经济的发展，在克服金融危机以后，成为建材市场的需求中心。

② 国内建材行业现状

由于受 2008 年全球金融危机及经济增长减速的影响，我国建材产业遭受了需求和产量减少、销售利润和出口贸易额明显下降等挑战。在政府

"保增长、扩内需、调结构、惠民生"的政策支持下，我国建材业克服了种种不利影响，实现了利润由负转正、价格止跌回稳的转变，建材产业整体形势有所好转。我国建材行业门类齐全、规模庞大、体系完整、产品配套能力较强、具有很强的国际竞争力，并且在国际市场占据举足轻重的地位。我国的水泥产量约占全球 1/2，在涂料、地板、装饰板、瓷砖、洁具、五金等主要建材领域，我国产量占据全球总产量的 60% 以上。近年来，随着我国经济进入新常态，我国建材行业受房地产投资增速下滑的影响，呈现出"低增长、低价格、低投资、低效益"的状态，尤其是传统建材产品，行业产能过剩、市场疲软、供需矛盾加剧的问题日益严峻。但同时，建筑低耗能及加工制品业投资保持较快增长，表明建材行业投资结构进一步优化。

（4）电力产业

电力是现代社会最重要的能源之一。对于一个快速增长的经济体来说，充分理解电力产业与经济可持续发展的关系是十分重要的，它将直接影响政府的电力投资政策。电力对中国经济可持续发展的影响主要表现在资源、环境与社会三个层面。中国的能源资源特性决定了电源结构在今后相当长时间内将继续维持以火电为主的基本格局。

近年来中国电力尽管发展速度很快，但与发达国家相比，由于目前所处的城市化和工业化阶段，电力发展的量和速度都还具有巨大的上升空间。电力发展将伴随中国的经济发展，并要求与资源、环境和社会相协调。2013 年，我国发电装机容量首次跃居世界第一，达 12.47 亿千瓦时，比 2012 年增长 9.3%，全年发电总量 53474 亿千瓦时，比上年增长 7.6%。其中水电装机占比 22.45%，火电占比 68.96%，核电占比 1.2%，并网风电占比 6.1%，新能源和可再生能源发电装机占比 31%，火电仍是我国电力结构的"主力军"，保障作用强势。

7.2.2.2 载能产业发展趋势及发展态势

载能产业是当今世界经济社会发展的重要驱动力，是国民经济的战略性、基础性和先导性支柱产业，对于促进社会就业、拉动经济增长乃至维护国家安全都具有十分重要的作用，已经成为许多国家尤其是发达国家的支柱性产业之一。受2008年金融危机影响，世界载能产业发展一度减缓，甚至出现了负增长。而随着世界宏观环境的不断向好，全球载能产业开始走出低谷。由于科技的新突破，催生出现代高载能产业，即新型载能产业，形成新的经济增长点，推动了全球范围内的新一轮产业革命。

新型高载能产业是技术先进、能源利用率高的高耗能、环保型的加工业，或者说是一种环保型的高载电体工业（指电力成本在产品产值中所占比重较高）。现代高载能产业中大部分是传统的高载能工业和基础工业，从规模和技术来讲，符合《国家重点鼓励发展的产业、产品和技术目录》的产业和规模；从能源利用效率来讲，产品单位能耗水平居国际水平或国内先进水平；从产业延伸程度来讲，其下游产业链应延伸多层以上，部分成为许多高新技术产业的基础材料或原材料。

对于加快发展现代高载能产业，我们要按照新型工业化道路和国家产业政策的要求，有选择地承接发达国家和地区的高载能产业转移，促进高载能产业升级和产品换代，转变经济增长方式，加快发展现代高载能产业迫在眉睫。

（1）新型高载能产业与可持续发展相结合，资源利用率更高

发展现代高载能产业并不是要重复走以前的老路，而是要通过走新型工业化道路，来解决高载能产业发展历史中沉积的矛盾，彻底摒弃高载能即是高耗能、高污染、高破坏产业的认识误区，深刻理解高载能的内涵。发展高载能产业与科学发展观和可持续发展战略并不矛盾。要充分认识到加快发展现代高载能产业是实施资源战略转移、调整优化产业结构和产品升级换代的主要途径，是实现跨越式发展、缩小东西部差距的重大举措。由于现代工业的新技术、新工艺、新成果不断进步和转化，新的环保技术、节能技术、清洁能源技术得到广泛应用，现代高载能产业能源利用效率不断提高，污染不断得到控制，环境保护越来越符合现代社会发展的要求。如金川公司新选矿工艺使贫矿选矿回收率达到了96%，居世界先进水平。新型高载能行业要求在资源开发与节约中，把节约放在优先位置，以最少的资源消耗支撑经济社会持续发展；要求在环境保护与发展中，把保护放在优先位置，在发展中保护、在保护中发展。绝不能以污染环境和资源的过度开采为代价换取经济的快速增长，经济社会发展必须建立在资源

的高效循环利用、生态环境严格保护的基础上。严格控制能源消耗，特别是电的消耗，有效降低生产成本。继续推广国内外节能降耗先进技术，提升高载能企业的装备水平，使节能降耗工作取得明显进步，这是企业生存的需要，也是构建节约型社会的需要。

（2）新型高载能产业依靠技术进步，加大下游产品的延伸开发

新型高载能产业按照新型工业化道路和国家产业政策的要求，充分发挥技术、能源和矿产资源的优势，加大投入力度，促进高载能产业的优化和升级。其特点是有选择地承接发达国家和地区高载能产业的转移，解决高载能企业存在的资金短缺、技术落后等困难和问题，通过技术改造等方式加快淘汰高耗能、高污染、效率低的劣势企业和落后生产能力和工艺技术，实现经济增长方式的根本性转变。把潜在的优势转化为竞争优势，进行原材料产品的二次开发正是现代高载能产业发展的新的增长点所在。因此，要提高资源利用效率，提高产业层次和产品附加值，进一步拉长产品和产业链条，提高优势资源的精深加工度和产品的附加值，提高中高端产品和高附加值产品的比重，逐步打造完整的产业链，特别是向下游产业。高载能产品的精深加工和深度开发应是现代高载能产业的重中之重。通过技术进步，走资源节约和精深加工道路，尽可能延长产业链，变高耗能为高载能，以更少的能源资源消耗获取更多的收益。不求卖最终产品，而是要在现有原材料产品基础上进一步加工升值，由卖"粗"原料向卖"精"原料过渡。

（3）新型高载能行业注重企业间联合重组，要求企业走集团化道路

由于高载能企业初期准入门槛很低，行业技术要求不高，企业规模普遍偏小。企业规模小，单位产品成本高，每一个企业抵御市场风险能力就弱。因而，新型高载能行业注重全行业改革、改组、改造，并大胆进行体制创新，增强招商引资力度，提高大企业财团投资。整合规模小的高载能企业，扩大企业规模，提高产业层次，保证企业走集团化、集约化、专业化生产道路。目前高载能企业，高层次专业技术人员非常缺乏，大部分企业管理人员、技术人员都是从事本行业多年的熟练工人。新型高载能做大做强必须要有技术精、能力强、素质高、善管理的专业队伍，只有拥有高素质人才，才能提高高载能产品的质量，才能最大限度降低生产成本，提

高企业效益，从而促进行业健康发展。为此要积极发挥行业协会作用，经常组织业内人士进行技术交流，为企业举办不同类型的培训班，让企业在交流经验、解决问题的同时，了解国内外业界最新动态以及行业目前的发展状况。要充分利用各类教育资源，依托大学人才科研优势深入研究高载能工业，提高产业层次和产品科技含量，提高产品附加值。

（4）新型高载能行业产业渗透愈加紧密，"互联网＋"战略实施进一步加剧融合

2015 年 3 月 5 日上午，国务院总理李克强在政府工作报告中提出，政府将制定"互联网＋"行动。"互联网＋"第一次纳入国家经济的顶层设计，对于整个互联网行业乃至中国经济社会的创新发展意义重大。同时，在第十二届全国人民代表大会第三次会议开幕会上，李克强总理在政府工作报告的"新兴产业和新兴业态是竞争高地"的部分提到："制定'互联网＋'行动计划，推动移动互联网、云计算、大数据、物联网等与现代制造业结合，促进电子商务、工业互联网和互联网金融健康发展，引导互联网企业拓展国际市场。国家已设立 400 亿元新兴产业创业投资引导基金，要整合筹措更多资金，为产业创新加油助力。"

"互联网＋"行动计划和能源生产消费革命将催生"能源互联网"概念，进而激发多个新技术热点出现，促进产业融合发展。日前，国家能源局正在积极制订能源互联网行动计划，国内首个能源互联网创新研究院已落户清华大学。未来，通过运用先进的电力电子技术、信息技术和智能管理技术，新型电力网络、石油网络、天然气网将实现能量双向流动的能量对等交换与共享网络。智能发电、智能电网、智能储能、智能用电、智能能源交易、智能管理和服务六大板块将成为"能源互联网"的重要组成部分。分布式能源技术、智能电网技术、储能技术、新能源规模化开发利用技术将成为技术发展新热点，包括新能源微电网技术、独立应用及并网技术、大容量储能技术、智能调度技术、储能电池技术、新能源与传统能源融合技术、智能化装备和系统集成技术，新能源规模开发技术、大规模新能源安全技术等。

7.2.3 黄陵发展载能产业的必要性和可行性

7.2.3.1 黄陵发展载能产业的必要性

（1）煤炭在能源中的基础地位产生新变化

富煤、贫油、少气的能源资源特点决定了煤炭在我国能源供应中的重要地位。全球范围已探明煤炭资源储量占化石能源的55%，而我国煤炭占化石能源的比重高达94%。这是我国能源产业的基本国情，国情决定了我国能源安全必须依靠煤炭。2014年，国务院办公厅发布的能源战略行动计划确定了节约优先、立足国内、绿色低碳、创新驱动的能源战略方针。能源资源条件和立足国内的战略方针决定了未来较长一段时间内煤炭仍将是我国重要的基础能源。另外，也必须面对煤炭在一次能源结构中的比重持续下降这一事实。根据有关部门预测，到2030年煤炭占一次能源的比重将由目前的65%下降到50%。煤炭在一次能源结构中的比重下降，虽然不能动摇煤炭的基础能源地位，但必然对煤炭增量空间和利用方式产生重大影响。新常态下，需要我们对煤炭的基础能源地位重新进行研判。

（2）产能过剩成为煤炭产业新常态的基本特征

经过30年的高速发展，我国经济结构进入结构性深入调整期，经济增长速度下降，能源消费弹性系数降低，煤炭消费增长速度也将随之降低。根据相关部门预测结果，我国煤炭需求峰值水平为43亿~45亿吨。2014年，我国生产和在建煤矿生产能力已经突破10亿吨，其中大中型煤矿4.2亿吨，短期看煤炭产能过剩局面已经形成，中长期看煤炭规划新建煤矿的空间有限。新常态下，煤矿产业发展模式将由产量扩张型向质量提升型转变。

（3）煤价低位运行成为煤炭产业新常态

由于煤炭属于基础产业，计划经济时期和改革开放的前20年，煤炭价格成为政府调节国民收入分配和再分配的工具，长期处于政府调控之下，价格严重背离实际价值。1993年煤炭行业开始走向市场化进程，煤炭价格基本放开，煤炭价格一度大幅上涨，但仍然实行电煤政府指导价。2002年国家宣布取消电煤政府指导价，彻底放开煤价，在煤炭供应时段性、区域性紧张的背景下，煤炭价格开始恢复性上涨。2008年原中央财政煤炭企业商品煤平均每吨464元，是2002年的2.8倍。2012年以来煤炭价格大幅下跌，目前秦皇岛港5500卡路里煤炭价格仅为每吨510元，较2008年时最高千元已跌去近一半。过去10年，煤炭价格高位运行，使得多数煤炭企业获得超额利润。超额利润在竞争行业中只能短期存在，煤炭价格高位运行不可持续。在新常态下，煤炭长期供大于求，买方市场形成，煤炭价格低位运行将常态化，整个行业只能获得社会平均利润。

(4) 环境问题对煤炭产业提出了新要求

绿色发展是煤炭产业新常态的根本出路。气候变化已成为涉及各国利益的全球性问题，围绕排放权和发展权的博弈日趋激烈，低碳、无碳化发展逐步成为未来能源技术发展的主流。目前，我国80%以上的碳排放是由燃煤贡献的。因此，控制燃煤消费总量、推进燃煤清洁利用成为煤炭产业发展的新常态。我国90%以上煤炭资源分布在生态环境脆弱的西部，高强度集中开发给这些地区生态环境保护带来巨大压力。中共中央、国务院《关于加快推进生态文明建设的意见》明确要求在资源开发与节约中，把节约放在优先位置，以最少的资源消耗支撑经济社会持续发展；要求在环境保护与发展中，把保护放在优先位置，在发展中保护、在保护中发展。这对黄陵煤油工业的发展提出了更高的要求，绝不能以污染环境和资源的过度开采为代价换取经济的快速增长，黄陵经济社会发展必须建立在资源的高效循环利用、生态环境严格保护的基础上。

(5) 加快发展先进高载能产业是实现工业跨越发展的重大举措

目前，黄陵在经济总量及经济增速方面，虽仍处于陕西省县域经济的中上游水平。但在产业结构方面却存在诸多问题，如非能源工业、第三产业和非公有制经济占GDP比重远低于全国、全省平均水平，主导产业多处在产业链的前端和价值链的低端，传统产业进入深度调整期，农业抗灾能力较弱等。因此，加快发展新型建材、电解铝、多晶硅等一批技术水平先进的高载能产业，扩大其产业规模，提升产业经济总量，促进产业升级，是推动黄陵工业实现跨越发展、构建现代产业体系的重大举措。

(6) 适度发展高载能产业是解决富余电力的有效途径

据国家发改委相关文件，对于西部地区的富余电力，要实行"全国联网、西电东送、南北互供"的发展战略。为此，国家需要大力推进跨大区电网之间以及大区电网与独立省网之间的互联。宁夏、甘肃、陕西、新疆等省区作为富煤地区，火力发电具有天然优势。2010 年、2011 年、2012年宁夏的电力装机容量分别为 1400 万千瓦、1700 万千瓦、2400 万千瓦。2010 年在满足区内用电和宁东至山东直流外送的情况下，仍有富余 400 万千瓦，随着后续煤电项目的开发建设，2012 年后宁夏富余电力达到了 700万千瓦。从长远来看，缩小东西部差距的一个重要手段就是让西部的煤电优势就地转化为经济优势。加快推进黄陵先进高载能产业发展，能很大程度上就地消纳该县富余电力资源，变能源输出为产品输出，将能源优势转化为经济优势。此外，在西北地区等煤电富集区，很多地方还存在"窝电"现象，电价也比东南沿海地区便宜得多。相反，浙江、福建等东南沿海省区经常因为缺煤不得不拉闸限电，很大程度是因为"西煤东运""西电东送"不顺畅，这使得高载能产业就地利用具有巨大优势。从经济性看，从西部和北部煤电基地输电至中东部负荷中心地区，到网电价较受端地区煤电上网电价低约 0.03 ~0.10 元/千瓦时。

7.2.3.2 黄陵发展载能产业的可能性

(1) 自然资源配置条件有利于发展高载能产业

黄陵矿产资源具有矿种多、分布广、品质优、潜在价值高、开发条件优越等诸多特点，现以探明的矿产资源主要包括有煤、锗、镓、铀、水晶石、石灰石、砂岩、泥岩、红沙等、石油、天然气、地下水、矿泉水、砖瓦用黏土、建筑石料等。已开发利用的主要以煤炭、砖瓦用黏土、建筑石料资源为主。煤炭资源累计探明储量 27 亿吨，保有储量 21.3 亿吨，煤田总面积 1149.07 平方公里，占全县面积的 45.7%，跨越店头、双龙、隆坊3 个乡镇。石油资源已探明储量约 1.06 亿吨，预测储量约 2 亿~4 亿吨，主要分布在双龙、店头、隆坊等乡镇。砖瓦用黏土、建筑用砂岩资源较丰富，分布面广，除双龙镇以外各乡镇基本均设立有开采企业，其年产能达10900 万块/年。大力发展以能源矿产资源开发和精深加工为主的有色、冶金、电石、建材等先进高载能产业，努力将资源优势转化为经济优势，是黄陵工业跨越发展的现实选择。

（2）交通地理位置有利于发展高载能产业

黄陵地处陕西能源化工基地与关中高新技术产业带的连接上，交通发达。公路、铁路运输畅通。西（安）延（安）铁路穿县境而过，全县铁路总里程67公里，其中西延铁路黄陵段30公里，秦七线34公里，延炼装运站3公里，分别为客运、煤炭、石油专线。秦家川火车站为三级站，年运输能力950万吨。黄陵境内以210国道（西包公路）、包茂高速公路为主的9条主干公路已连接成网，西安至铜川、黄陵、延安、榆林的高速公路已建成通车，公路交通运输方便，形成了便捷的公路交通网络。截至2014年年底，黄陵公路总里程达到1082公里，其中，一级公路22公里，国道干线公路33公里，农村公路1026.931公里，其中县道6条206.226公里、乡道21条171.931公里、村道648.774公里。

（3）产业转移政策有利于发展高载能产业

国务院《关于中西部地区承接产业转移的指导意见》（国发〔2010〕28号）指出，"中西部地区发挥资源丰富、要素成本低、市场潜力大的优势，积极承接国内外产业转移，不仅有利于加速中西部地区新型工业化和城镇化进程，促进区域协调发展，而且有利于推动东部沿海地区经济转型升级，在全国范围内优化产业分工格局"，并允许"在有条件的地区适当承接发展技术水平先进的高载能产业"。因此，主动承接技术水平先进的先进高载能产业转移，积极布局先进高载能项目，既是贯彻落实国家产业转移政策的具体行动，又是推进黄陵经济内生性增长、促进产业优化升级的客观要求。

从我国电力能源与高载能产业发展过程及其与经济总量增长之间的关系来看，可以发现这样一个现象，我国整体电力能源与高载能产业交互上升，类似"水多加面，面多加水"式的翻滚膨胀，虽然二者之间没有实现均衡发展，但我国经济总量则是以这样一种增长方式在不断增大。中国西北五省，具有能源、矿产资源丰富和劳动力成本低的优势，可以把高载能产业发展作为实现跨越式发展、缩小东西部差距的战略之一。与此同时，东部发达地区由于电力等能源相对短缺、劳动力成本日渐提升、环境压力不断增大等问题，也纷纷放弃高载能产业，而把这一产业转向西部地区，为西部地区高载能产业发展提供了巨大机遇。

（4）产品市场前景有利于发展高载能产业

高载能产业及其下游产品是社会发展、人民生产生活所不可或缺的物质资料。随着世界经济的复苏，市场对高载能产品的需求呈现激增趋势，在国际市场产能压缩和需求激增的双重刺激下，中国的高载能产业发展面临着巨大的发展机遇。例如，随着以硅片为基础材料的集成电路、计算机芯片和太阳能电池的应用越来越广泛，市场对金属硅的需求将越来越大。又如，磷化工，世界精细磷化工产品近 200 种，加上不同规格，品种达上千种，而我国只能生产 60 多个品种，100 多个规格，大量精细磷化工产品还需要高价从国外进口。这都在一定程度上反映出我国的高载能产业不是发展过剩，而是发展不足。故高载能产业市场前景极为广阔。

（5）人力、科研优势有利于发展高载能产业

陕西省科研能力、潜力巨大，拥有 137 所各类高等院校，其中"211"院校 6 所，在校大学生 80 余万名，工学重点学科无论是质量上还是数量上在全国都是领先的。除此之外，还有各类科研及创新机构约 4080 个，高级技术人员 40 多万名，西安每年产生的科技成果有 3000 多项，其中属于重大科技成果的达到 1000 多项。西北大学、西安交通大学和西安石油大学等几所在能源化工领域科研实力强劲的高校，每年为国家培养了一大批优秀毕业生。科研优势是技术创新的基础，如果能有效利用这些学校的科研条件和科研实力，发掘其技术创新的潜力，发挥强大的科研优势，一定会为陕北新型载能产业的集群化发展注入强劲动力。

7.2.4　黄陵载能产业的发展目标

立足黄陵资源及区位优势，牢牢把握国家新能源发展战略及高载能产业向西部转移建设的契机，大力开发煤炭资源，发展火电产业，打造一个集新型建材、电解铝、铅、硅、电石产业深加工、物流等于一体的综合产业化集群基地，就地消纳本地区富余电力。在形成产业链的基础上，应进一步做长增粗产业链，选择关联性强、技术含量高的产品企业作为合作伙伴，形成产业集群，增强整体竞争力。与相关院所合作引入先进技术和装备能力，突破控制系统及其他关键方面的技术障碍，加强关键技术的基础研究和关键技术的培育示范，提升黄陵高载能产业核心竞争力。

7.2.5 黄陵载能产业近期主要支撑项目

7.2.5.1 水泥

黄陵年产 100 万吨水泥粉磨生产线项目位于黄陵科技产业园区,由陕西生态水泥有限公司与陕煤化黄陵矿业集团公司共同投资建设。占地 137 亩,总投资 2.5 亿元。生产工艺为利用煤矸石电厂灰渣和外运熟料掺和拌制普通硅酸盐水泥。预计建成后可实现年销售收入 3 亿元,利润 2000 万元。该项目充分发挥了陕西生态水泥股份有限公司在水泥产业技术和销售管理方面的优势,采用先进的粉磨工艺和设备、可靠的 DCS 集散式计算机控制系统,实现黄陵矿业集团公司煤矸石电厂粉煤灰的循环综合利用,达到了固体废弃物资源化的目标,是循环经济的工程实践,社会效益、经济效益和环境效益显著。目前,该项目已全面建成,正在进行车间联动带料调试。

7.2.5.2 粉煤灰制砖

鑫桥公司粉煤灰砖生产线,由福建省材料工业设计院设计。2008 年 10 月 8 日由陕西龙源建筑安装有限公司开工建设。2009 年 6 月 30 日一期建成达到年产 5000 万块标砖的生产能力。2009 年 9 月,二期建成达到年产一亿块标砖的生产能力。粉煤灰蒸压砖以煤矸石灰渣为主要原料,通过原料制备、混合料消解、砖坯压制成型、蒸压养护等过程形成产品。生产的产品种类:标准砖(240×115×53);小盲孔砖(240×115×90),空洞率 25%;大盲孔砖(240×180×90),空洞率 30%。生产的粉煤灰蒸压砖强度达到 MU15 以上,色泽青润,棱角分明,抗压强度大于红砖,并且有较好的隔热保温效果。年产 1 亿块标砖的生产线,每年消耗煤矸石电厂的粉煤灰、炉渣约 27 万吨。

7.2.5.3 玻化微珠

延安西物瑞星光电材料有限公司成立于 2009 年 9 月,注册资金 3000 万元,是陕西省首家引进的以现代高科技产业化生产"高折射率玻璃微珠"的企业。公司是一个集开发、生产及销售为一体的现代化生产企业,主要经营高折射率玻璃微珠、特种粉体材料等。该产品是制造各类回归反光材料的核心元件，可广泛应用于国防、航空、交通、建材、化工、电子、石油、采矿、建筑、安全生产领域及特种服装等行业的标志。产品的主要技术指标达到了国内外先进水平，部分技术达到国际标准，同时也填补了国内西北地区的空白。目前，该公司年产水淬料的产量排在全国同行业的第二位，生产高折射玻璃微珠的产量占全国市场份额的20%。公司计划在2017年扩大生产规模，与环球集团有限公司合作投资2000万元建设年生产达到水淬料5000吨，玻璃微珠3000吨的生产规模，新建设5000平方米的玻璃微珠生产厂房。同时天然气的用量逐渐增加，计划"十三五"规划期间用气1600万方。其中2015年用气130万方，2016年用气270万方，2017年计划用气300万方，2018年计划用气300万方，2019年计划用气300万方，2020年计划用气300万方。

7.2.6　黄陵载能产业中远期主要发展方向

7.2.6.1　新型建材产业

（1）行业发展热点

① 新型水泥

新型水泥是在建材行业积极响应国家政策，大力发展循环经济的政策背景下发展起来的。相对于传统产品，新型水泥在原材料选择上使用煤矸石、粉煤灰替代黏土，在节约土地资源的同时，降低了煤炭资源消耗；使用镍渣、钢渣替代铁矿石，减少了不可再生资源的消耗；在水泥生产中，用脱硫石膏替代天然石膏，实现了工业废弃物的资源化利用。从大体上来分，新型水泥主要包括硫铝酸盐水泥、油井水泥、快凝快硬水泥、低热微膨胀水工水泥、抗硫酸盐性水泥、生态水泥等。

② 特种玻璃

特种玻璃是相对普通玻璃而言，用于特殊用途的玻璃。产品涉及耐高压玻璃、耐高温玻璃、壁炉玻璃、波峰焊玻璃、钢化玻璃、中空镀膜玻璃、LOW－E玻璃、光学玻璃、蓝色钴玻璃、铝硅酸盐玻璃、高硼硅玻璃、防火玻璃、钢化玻璃、夹丝玻璃、超薄电子玻璃、防弹玻璃、防爆玻璃、透红外线玻璃等。相悖于普通玻璃价格下滑、盈利水平持续下降的行业趋势，特种玻璃由于技术先进、应用面广泛，行业景气指数持续上升。

以超薄玻璃为例，由于其超薄性（厚度1.5mm以下）、透光率高、光电性能好等特点，广泛应用于仪器仪表、钟表、液晶显示器等产品上。近年来，平板显示器技术飞速发展，对超薄玻璃需求量与日俱增，据有关资料分析，目前国内对0.7~1.1 mm超薄玻璃年需求量约为5000万平方米，并以每年15%的速度递增。

③ 特种陶瓷

特种陶瓷，又称精细陶瓷，按其应用功能分类，大体可分为高强度、耐高温和复合结构陶瓷及电工电子功能陶瓷两大类。在陶瓷坯料中加入特别配方的无机材料，经过1360摄氏度左右高温烧结成型，从而获得稳定可靠的防静电性能，成为一种新型特种陶瓷，通常具有一种或多种功能，如电、磁、光、热、声、化学、生物等功能，以及耦合功能，如压电、热电、电光、声光、磁光等功能。特种陶瓷不同的化学组成和组织结构决定了它不同的特殊性质和功能，如高强度、高硬度、高韧性、耐腐蚀、导电、绝缘、磁性、透光、半导体以及压电、光电、电光、声光、磁光等。由于性能特殊，这类陶瓷可作为工程结构材料和功能材料应用于机械、电子、化工、冶炼、能源、医学、激光、核反应、宇航等方面。一些经济发达国家，特别是日本、美国和西欧国家，为了加速新技术革命，为新型产业的发展奠定物质基础，投入大量人力、物力和财力研究开发特种陶瓷，因此特种陶瓷的发展十分迅速，在技术上也有很大突破。特种陶瓷在现代工业技术，特别是在高技术、新技术领域中的地位日趋重要。特种陶瓷是我国高技术产业的重点领域之一。我国电子信息、汽车、化工、建材、轻工及国防建设都对特种陶瓷产生巨大需求，市场前景十分广阔。2010年我国特种陶瓷产业实现产值300亿元。

④ 新型墙体材料

新型墙体材料是区别于传统的砖瓦、灰砂石等传统墙材的墙材新品种，包括多个品种和门类。从功能上分，有墙体材料、装饰材料、门窗材料、保温材料、防水材料、隔音材料、黏结和密封材料，以及与其配套的各种五金件、塑料件及各种辅助材料等。从材质上分，不但有天然材料，还有化学材料、金属材料、非金属材料等。

新型墙体材料具有轻质、高强度、保温、节能、节土、装饰等优良特性。我国新型墙体材料在国家有关政策的鼓励和推动下获得了较快发展。截至 2014 年年底，我国新型墙体材料产量占墙体材料总量的比例达到 60% 以上，建筑应用比例达到 73% 以上，新型墙体材料产品生产能耗下降了 20%，技术装备整体水平获得了显著提高。引进并建成了一批具有国际先进水平的新型墙体材料生产线，如纸面石膏板、烧结空心砖、混凝土空心砌块、加气混凝土、石膏刨花板、水泥刨花板及其他新型板材生产线。生产规模向大型化发展，如年产 3000 万平方米纸面石膏板，年产 10 万立方米混凝土砌块生产线，年产 3000 万块烧结空心砖生产线。

⑤ 新型防水密封材料

防水密封材料是建筑业及其他有关行业所需要的重要功能材料，是建筑材料工业的一个重要组成部分。随着我国国民经济的快速发展，不仅工业建筑与民用建筑对防水密封材料提出了多品种高质量的要求，在桥梁、隧道、国防军工、农业水利和交通运输等行业和领域中也都需要高质量的防水密封材料。目前，我国新型防水密封材料主要包括沥青油毡、合成高分子防水卷材、建筑防水涂层、密封材料、堵漏和刚性防水材料等五大类产品。高聚物改性沥青防水卷材主要包括 APP、SBS 改性高聚物防水卷材，如今，其年生产能力已达 4.8 亿平方米以上，年产销量约为 1.92 亿平方米；合成高分子防水卷材主要包括三元乙丙、聚氯乙烯、橡胶共混、土工膜防渗卷材、聚乙烯丙纶等防水卷材，预计到 2020 年，其年均生产能力将突破 2.65 亿平方米；建筑防水涂层 2014 年总销售量约为 30 万吨，其中聚氨酯防水涂料、JS 复合防水涂料等高档防水涂层占 25%，氯丁胶乳改性沥青涂料等中档防水涂层占 50%，再生胶防水涂料、水性 PVC 防水涂料等低档防水涂层占 25%；密封材料包括沥青油膏及聚硫、聚氨酯、氯磺化聚乙烯等弹性密封材料，2014 年密封材料的销量约为 28 万吨；刚性防水材料包括外加剂防水混凝土和防水砂浆两类，主要产品有 UEA 型混凝土膨胀剂、有机硅防水剂、无机铝盐防水剂。其中，UEA 型膨胀剂近年来推广速度最快，年销售量已达到 25 万吨以上。

当前我国的新型防水材料市场，已经基本形成种类繁多、产品规格齐全、档次配套充分、工艺装备良好的工业体系，各种新型防水材料在城镇中的市场占有率已在50%以上。

⑥ 新型保温隔热材料

保温隔热材料是指对热流具有显著阻抗性的材料或材料复合体。近年来，我国新型保温隔热材料获得较快发展，其产品结构主要包括玻璃棉、岩棉、矿棉、硅酸铝材料、膨胀珍珠岩、膨胀蛭石、泡沫玻璃、泡沫塑料等几十个品种。目前，全国从事保温隔热材料的单位约有1500家，每年新型保温隔热材料销售量约170～180吨。其中岩矿物约45万吨；玻璃棉约为18吨；硅酸铝纤维约为12吨；硅酸钙、膨胀珍珠岩、泡沫玻璃等硬质绝热材料约为50万吨；聚氨酯、聚苯乙烯、酚醛等有机类绝热材料约为50万吨；复合硅酸盐涂料及制品约2万吨；轻质复合板约1.15亿平方米。值得一提的是，聚苯乙烯泡沫塑料近年来发展速度正在不断加快，其在建筑外墙内保温、外墙外保温、屋顶倒置保温、夹心墙体保温、地面辐射采暖隔热层等场合中，所显示出来的优良保温隔热性能，已逐渐被人们所接受，可以预见其未来发展必将拥有广阔的市场前景。

⑦ 新型建筑装饰装修材料

新型建筑装饰装修材料具备绿色、环保、节能、保温防火性能优越等多种特性，其主要产品包括有塑料门窗、塑料管材、建筑涂料等。随着我国装饰装修行业的发展，新型装饰装修材料正逐渐从单一功能向多功能方向过渡，如内墙装饰材料兼具绝热功能，地面装饰材料兼具隔声效果，顶棚装饰材料兼具吸声效果，复合墙体材料兼具抗风化、保温隔热、隔声、防结露等性能。同时，随着国民经济的发展和人民生活水平的提高，装饰装修材料也在向着中高档方向发展。目前，在我国消费领域中，建筑装饰装修材料已成为一大消费热点。往往在一项建筑装饰工程中，仅装饰装修材料费用就可占到总成本的50%～70%。许多高档饭店、宾馆、商住及写字楼所采用的装饰装修材料，日益崇尚高档和华贵，并且大量性能优异的中高档装饰装修材料也在逐步进入普通家庭。因而可以预见，随着城镇化和新农村建设步伐的加快，在接下来的5～10年当中，新型建筑装饰装修材料还将会迎来又一波消费热潮。

（2）中远期主要发展方向：壮大两大传统领域——新型水泥和建筑板材

① 新型水泥

a. 行业发展态势

《中国水泥技术行业发展研究报告 2015 版》显示，我国新型水泥产业重要科研成果有 13 项，涉及专利 20 余项。其中选择性非催化还原（SNCR）脱硝技术已在 128 条水泥生产线上得到应用；高效能熟料烧成关键技术成果已在 20 条生产线推广应用；90% 的新型干法水泥生产线应用了余热发电技术。未来矿山生物多样性技术、SNCR 和 SCR 脱氮技术、低氮燃烧技术、水泥窑协同处置技术、二氧化碳减排技术、环境监测和控制技术、节煤节电等各种新型生产技术都将会在水泥企业中得到广泛应用。

国内许多企业、科研院所也在大力开展新型水泥产品及其生产工艺方面的研究，并且已经取得一些成绩。如吉林亚泰水泥有限公司在 2014 年年初，通过采用分级空气燃烧脱硝技术，每年减排氮氧化物达 4165 吨，实现了废气排放中氮氧化物含量控制在 $400 mg/Nm^3$ 以下的目标，满足了国家环保要求；合肥水泥研究设计院开发出专门用于煤粉制备的高细立式磨，打破了水泥业界长期以来形成的无烟煤煤粉制备只能用球磨的传统观念，为水泥企业进一步节能和降低成本创造了条件。

b. 主要发展方向

坚持走"低能耗、高环保、高技术、高效益、可持续发展"的质量效益型道路，加大节能减排力度，延伸产业发展链条，实施差异化的产品发展战略。通过对熟料生产线的窑头、窑尾电收尘进行改造，减少废气中粉尘排放量；通过高温气体分析仪、常温气体分析仪对生产系统的在线监测，优化工艺系统，减少煤粉不完全燃烧所引起的有害物质排放；通过纯低温余热发电项目改造，降低燃煤消耗；采用 SNCR 脱硝技术降低氮氧化物排放量；利用水泥窑协同处理技术，消纳和处理市政垃圾、污泥和危险废弃物，使之转变成可替代原料或燃料。

大力发展工程用 API 系列油井水泥，抢修、抢建、堵漏止水和低温施工用的快凝快硬水泥，大体积水工建筑用低热微膨胀水工水泥等品种，满足国家重点工程建设需要；以水泥生产为轴心，积极推进"纵向一体化"，大力发展预拌混凝土、骨料、水泥基复活材料等衍生产品。最终形成立足黄陵、面向陕北、辐射西部的产业发展格局。

② 建筑板材

建筑板材是可以做墙壁、天花板或地板的构件。板材按材质可分为实木板、人造板两大类；按成型可分为实心板、夹板、装饰面板、防火板、刨花板等。

a. 行业发展态势

首先板材企业更加重视森林资源的利用效率。为保护有限的森林资源的合理利用，保证整个产业的可持续发展，国家对于利用森林资源发展的产业进行了严格的规划管理。在这样的背景下，从事板材行业的企业无论是在产品设计还是制造环节，都必须将资源的集约与循环利用放在首位，对产品生产的各个环节进行相应的改造，从而提高对森林资源的使用效率。

其次绿色环保的板材产品将成为市场热点。当前，绿色、节能、环保已成为全社会发展的重要关注点，板材产业领域的木质建材、木质装饰等领域都与居民的生活息息相关，其产品的节能环保性能也直接影响着全社会推进节能环保事业的成效。同时，在新型城镇化快速推动下，以住宅产业化为代表的新兴产业领域对于板材产品的绿色环保也提出了更高的要求，这将引导企业积极设计和生产符合市场需求的绿色环保产品。

b. 产业发展及招商方向

完整的板材产业其上游为杨木、桦木等森林资源原材料，中游为纤维板、刨花板等板材初加工产品，下游则为各种深加工产品，包括活动板房、木结构房、包装材料、家具、柜、门、装饰材料等。

黄陵板材产业应该引导现有龙头企业努力延伸中高密度板深加工链条向地板系列、家具系列、室内装饰系列方向发展。同时，通过招商引资或鼓励现有企业开发木基复合材料、木塑复合材料，生产竹地板、竹木复合地板，延伸制造日用家具、办公家具、装修材料等终端产品。

在板材产业领域，重点招商的国内外企业主要有中国吉林森工集团、圣象集团有限公司、新西兰智阁板材、兔宝宝、德华集团、华海木业有限公司、鲁丽集团有限公司、绿景福龙、浙江升华云峰新材股份有限公司、百强板材、红团之家、金玉华。

7.2.6.2 金属铝产业

（1）产业发展态势

① 产业市场分析

金属铝是世界上仅次于钢铁的第二重要金属，广泛应用国民经济各部门。我国铝消费结构正逐渐向发达国家铝消费结构靠拢。2014年我国氧化铝产量1369.6万吨，居世界第二位，占世界总产量的11%。

② 产业链分析

铝业的产业链不长，但产业关联度非常高。氧化铝厂在铝土矿的基础上冶炼生产出氧化铝，然后通过电解铝厂电解出原铝，最后经过铝材厂加工成铝材。铝业的行业利润就在这三个子行业之间分配，越靠近上游资源越控制行业的命脉和行业的利润。

生产铝锭的原料是铝土矿，世界上铝土矿资源总量约在400亿～500亿吨，储量在100亿吨以上的国家有几内亚、澳大利亚和巴西等，这些国家的铝土矿占世界铝土矿总储量的73%。中国铝土矿资源丰度属中等水平，总保有储量矿石22.7亿吨，居世界第7位。山西铝资源最多，保有储量占全国储量41%；贵州、广西、河南次之，各占17%左右。我国的铝土矿资源属于一水硬铝石型，总体特征是高铝、高硅、低硫低铁，铝硅比较低，加工难度大。国外的铝土矿主要是三水铝石型，具有高铝、低硅、高铁的特点，矿石质量好。

电解铝生产工艺大多采用现代化的预焙阳极电解生产工艺，该工艺的阳极在阳极厂预先制成，使污染物能收集。电解槽采用可移动密封罩密封，产生的烟气能被大型抽风机抽出，使粉尘和氟的排放量减少到最低。

③ 国际市场现状与趋势

近50年来，铝已成为世界上最为广泛应用的金属之一。在建筑业上，由于铝在空气中的稳定性和阳极处理后的极佳外观而得到广泛的应用；由于质轻，航空和国防军工部门也大量使用铝合金材料；在电力远距离输送上则大量使用钢芯铝绞线。此外汽车制造、集装箱运输、日用品、家用电器、机械设备等都需要使用大量的铝。

从供给上看，1997—2001 年，全球电解铝生产以年均 3% 的速度稳定发展。到 2001 年全球原铝产量达 2452 万吨，再生铝产量 780 万吨。与氧化铝一样，亚洲地区是这 5 年中电解铝工业发展最快的区域。近 6 年是电解铝高速发展时期，据英国商品研究所（CRU）分析，2014 年全球电解铝产量继续增加 11% 左右，达到 4254 万吨，其中增长主要来自中国，CRU 预计今年中国电解铝产量将达到 1560 万吨。

④ 国内市场的现状与趋势

从供给角度上看，20 世纪 90 年代我国电解铝产量平均增长率为 12.72%，比 80 年代增加了 5 个百分点。2000 年铝产量增至 298 万吨；2001 年电解铝产量 343 万吨，增长率为 21.2%；2012 年、2013 年产量分别为 435 万吨和 556 万吨，分别增长 26.53% 和 26.9%，连续 3 年保持 20% 以上的增长率，并且超过世界第二、第三大电解铝生产国产量的总和，位居世界第一。2010—2014 年，我国电解铝产量平均以 22% 的速度增长，这一速度几乎是近几年工业增长速度的 2 倍。预计 2010—2017 年的年增幅为 12% ~ 18%。2015 年我国电解铝的产量超过 1700 万吨，占全球的 1/3。

从消费角度上看，2005 年我国原铝消费 168.5 万吨，至 2012 年增加至 370 万吨，年均增长 14%，略高于同期的工业增长速度。2015 年中国已经成为世界最大的铝消费国，年消费量已经接近 700 万吨，2007 年铝消费量又增长 22%，超过 800 万吨。目前，我国的工业增长率每年都在 10% 以上，虽然我国已经成为世界最大的铝消费国，但人均铝消费仅为 6 千克，至 2015 年也不足世界发达国家人均 20 千克的一半，不及日本的 1/3。因此，基于我国旺盛的铝消费增长来看，电解铝发展仍然具备一定的增长空间。

从企业规模上看，目前国内电解铝企业规模小，行业集中度低。2014 年，国内电解铝生产厂家有 141 家，平均产能 4.96 万吨，产能在 20 万 ~ 100 万吨的铝厂有 33 家。国内生产厂家前 10 名产能只占总产能的 26.4%。产业链条不科学，未解决好铝—电、铝—铝加工的关系。

⑤ 行业主要动向

a. 电解铝与加工企业相互延伸

典型的大型电解铝企业有中铝兰州连城铝业、中铝青海铝业、河南焦作万方、青铜峡铝业、内蒙古霍林河鸿骏铝电集团、河南淅川、浙江华东铝业等纷纷增加铝加工项目或铸坯项目。加工企业向有资源地区寻找合作伙伴或办厂，如渤海铝、银一百、华昌等企业。

b. 中国铝加工企业积极上市融资

铝加工企业利用国内外资本市场，积极开展多种方式进行融资，为企业的发展壮大获得必要的资金支持。已经上市的铝加工企业有中铝西北铝、山东南山、浙江栋梁、常熟铝箔、新疆众和等。正在准备上市的企业有河南明泰、广东兴发、闽发、山东鲁丰铝箔、厦顺、苏州罗普斯金等。

c. 高速列车车体型材成功应用

在我国自主知识产权的300km/h列车上，标志着中国已经跨入世界上能够生产300km/h高速列车型材国家的行列。

d. 工业型材、高档节能型建筑型材产品比例增加

北美市场近两年来，美国铝挤压材年消费量保持在140多万吨，加拿大25万吨。北美地区交通运输业是其最大的铝型材使用部门，约占铝型材总用量的30%，而建筑结构业是其第三大铝型材使用领域，约占总用量的15%。数字显示，2013年中国出口到美国和加拿大的铝型材同比分别提高了138.8%和79.55%。2014—2015年北美的铝市场需求量年增长率在1%~1.5%的范围内，所以中国向该地区的出口潜力仍相当大。

欧洲市场近两年的年平均消费铝挤压材量保持在200多万吨，年增长率在1%~1.5%的范围内，未来几年将维持这一比例。由此可见，中国对欧洲的出口也极具潜力。但为实现这一目标，中国企业在产品质量管理和保证体系方面还须下一定功夫。

日本和东南亚市场近两年来，日本铝挤压材年平均消费量保持在100万吨左右，其中交通运输业、建筑业及金属加工业铝型材用量分别占铝型材总用量的36%、16%和12%。据日本铝协公布的数据预测，未来几年日本市场铝消费总量将缓慢增长。工业机械、通讯电器用挤型材的需求保持良好增长势头。所以预计未来几年我国出口到日本的铝型材会略有增加。东南亚地区，尽管整体消费量较小，但近些年的需求增长速度较快，是一块不容忽视的、具备相当增长潜力的市场。

⑥ 产业能源基础分析

能源的充分供给是电解铝及下游产业发展的基本保障，为此，国内大型的电解铝企业都采用煤电—铝或者水电—铝的生产模式。国内在建或扩建电解铝工程，都位于大型水利工程附近，这有利于电厂就地消化富余电量，减少线损，降低输送费用，提高电力效益，有利于电厂调整发电峰值，有利于发电企业所在地的经济发展。

从黄陵所处的陕北地区来说，煤炭资源十分丰富。煤—电—铝生产模式具有切实可操作性。目前黄陵矿业煤矸石发电有限公司总装机容量将达到730MW，年发电量达40亿度，是陕西陕煤黄陵矿业集团公司下属的二级单位，同时也是黄陵矿业集团公司实施循环经济战略，走煤、电、路、化、建材、果蔬多元发展，实现煤炭资源综合利用的核心企业。因此从区位上看，黄陵发展铝工业能源要素，具有"近水楼台先得月"这一不可比拟的优势。

（2）黄陵深化铝加工产业方向

铝材广泛用于交通运输、房屋建筑、电线电缆、包装、电子、家用器具等行业。国内经济的快速增长，居民消费水平的提高，极大地刺激了铝材消费，国内铝加工工业蓬勃崛起。由于铝加工工业相对技术含量较高，产品附加值也较高，所以成为"兵家必争之地"。黄陵在主要发展电解铝产品的情况下，可以发展以下一些铝加工制品。

① 高档铝合金、大型扁锭坯的生产

随着汽车和建筑等行业的迅速发展，与之相配套的铝合金用量大增，对铝合金质量的要求也越来越高，需要有较高的设备和工艺水平，才能满足这一需求。按以往铝材的生产顺序，电解铝厂以氧化铝为原料经过电解的方法在电解槽之中获得液态铝，然后将这种30摄氏度以上的电解铝液从电解槽中抽出，送至铝铸造系统进行铸锭，一般铸成每块20公斤国标铝锭。铝加工用户从电解铝厂购回铝锭后，投入熔铝炉中将其熔化，配入其他合金元素后，铸造成符合用户需要品位及形状要求的锭或坯，再进行机械加工或压力加工等。最后制成能符合使用要求的各种铝材，这些铝材被直接应用到各个领域。从以上铝材的生产顺序中不难看出，如果电解铝槽内生产的高温液态铝能直接用来配制成加工铝材所需要的锭或坯，不用将铝锭冷却、重熔再铸造的过程，从而减少了能源和铝的损耗。

目前国内铝加工企业的发展趋势是尽量减少自购铝锭重新熔化铸坯，尽量从电解铝厂购入坯料（这样可降低坯料成本）自己侧重深加、精加、开展高端产品与技术的竞争。并主要集中在 PS 板（特别是高档 PS 板）、高技术空调板、镜面带材、预涂带材、锻造汽车轮毂、汽车板、集装箱板等产品和项目上。

② 铝箔的生产

铝箔是我国重要的轻工业原料，特别是在医疗、食品行业的包装上具有广阔的前景。目前我国医药包装市场产值约 18 亿美元，年均增长率超过 10%。以铝箔在食品行业来说，其应用的主要领域有：一是巧克力、糖果包装。目前中国的巧克力基本上都采用铝箔包装，其市场需求量正随着中国巧克力消费市场的扩大而不断增加；二是方便食品，熟食包装。如方便面、地方特色食品等。随着食品商业市场的发展，这种包装的需求量越来越大，发展前景十分乐观；三是奶类产品包装。目前奶粉基本都采用铝塑复合包装，液态奶类产品主要采用铝箔纸盒包装。由于我国地域差异大，奶产品的产销区域分布不合理，给铝箔无菌包装提供了广阔的市场。同时中国奶品发展空间巨大，2015 年奶类产品人均消费量达到 10 公斤，总产量达到 1350 万吨，奶品包装对铝箔需求达到 7000 吨/年；四是茶叶、咖啡等产品有相当一部分采用铝塑复合包装，这也是铝箔包装的一个重要市场。

③ 铝板带材的生产

铝板是指用铝材或铝合金材料制成的板型材料，或者说是由扁铝胚经加热、轧延及拉直或固溶等过程制造而成的板型铝制品。

铝板带是我国国民经济发展的重要基础材料广泛应用于航空、航天、建筑、交通、电子、化工、食品、医药等行业。近年来，外墙建筑及室内装饰、铝箔制造、PS 板制造业，家电、食品包装等行业的需求量进一步提高，成为铝板带消费增长的主要推动力，同时，交通运输业正在成为新的消费增长点。

目前，我国有铝板带厂近 300 家，其中近 50 家是经过现代化改造或新建企业，铝板带总综合配套生产能力约 140 万吨，其余 200 多家则为小规模生产，产能在几百吨到数千吨不等。近几年虽然新建了一些铝板带生产线，生产能力有所增加，但由于供坯、主机辅机不配套，设计能力不能充分发挥，高质量的铝板带材不能生产。即使有的能生产，由于产量少，不能满足市场需求。且高精度铝板带材仍主要靠进口解决。因此黄陵可以以铝锭作为原材料，通过提高技术含量来加工高精度铝板，将具有较好的市场前景。

④ 电线电缆制造

铜、铝导体材料是电线电缆工业的重要基础材料，同时电缆工业又是中国铜、铝材使用大户。目前电线电缆的铝消费量约占国内市场总用铝量的20%以上。中国电缆工业的发展与国民经济的总体发展，特别是与相关工业的发展密切相关，其年增长速度一般高于同年国民经济增长速度约一个百分点。如我国近几年国民经济年增长率为10%～11%，电缆工业年增长率由则为11%～12%。电缆工业的发展主要依赖于电力工业、信息产业、建筑与装备制造业及线缆产品出口的发展。

首先，建筑、汽车等装备制造业的发展。建筑业在我国已获得突飞猛进的发展，将带动相关线缆产品以年增15%的速度发展；汽车制造业的蓬勃发展将拉动汽车用线缆产品以年增10%以上的速度发展；家电工业已经成为中国在国际上颇有竞争力的行业，其发展将带动相关线缆产品以年增8%～10%的速度发展；其他各种装备制造业，随着中国吸引外资的规模越来越大，装备制造业将逐步发展成为世界加工中心和制造中心。各种装备制造规模和产能的扩大，将带动相关电气装备线缆产品以年增8%～10%的速度增长。

其次，线缆产品出口的发展。中国电线电缆工业自20世纪80年代中期迅猛发展伊始，产量增加、品种增多、质量提高，满足内需的同时积极扩大出口贸易，逐步改变了进出口贸易逆差局面。自1998年开始年出口额持续增长而成为贸易顺差国，在10多年的发展中，这一趋势得到了进一步的加强。

（3）主要支撑技术

污染和能耗是电解铝及铝产业发展过程中的主要障碍，而铝行业主要的技术创新也是围绕这些进行。

① 节能技术

降低能源消耗是对电解铝实施可持续发展的必然要求，通过对国内外电解铝工艺的比较，以下几种方式是降低电解铝电耗的有效途径。

a. 微机控制铝电解生产过程

电解槽生产稳定，是实现铝电解优质、高产、低耗、槽寿命长的基本条件，微机自动控制可保证电解槽内热的平衡，使电解槽保持生产稳定，提高电流效率，降低电解槽效应次数，达到节能目的。

b. 不停电短路操作技术

电解铝生产技术受技术条件的制约，检修一台电解槽，使其停止或启动时，必须对全系列200台到300台电解槽进行停电。这个短时停电过程不仅造成能耗大幅增加，有害气体大量排放等，而且大负荷的波动对于生产设备、发电设备和电网安全都会带来一系列较严重的危害。因此，不停电短路操作技术成为困扰世界电解铝工业多年的重大技术难题，美、法、德等国的电解铝巨头都曾长期致力于这项技术的研发。我国也将这项课题列入国家重大产业开发专项技术。据媒体报道，2006年华中科技大学与企业联合，已经开发出拥有自主知识产权、达到国际先进水平的这项技术。这项技术的推广将有效减少能耗、延长设备寿命。

c. 采用较低的电解温度

要降低能耗，保持电解温度相对低是一种较好的选择，降低电解质温度通常有两种方法，一是加入 MgF_2、LiF 等氟化盐，二是加入 ALF_3 以降低电解质分子比，由于前一种方式对电流效率的影响复杂，普遍采用降低电解质分子比的方法来降低电解质温度。

② 污染控制技术

电解铝企业产生的污染物，目前最受人关注的是含氟气体污染物，因此减少氟化物排放，收集含氟废气，是电解铝厂清洁生产的主要努力方向。

采用干法净化技术，提高干法净化效率。干法净化所用吸附剂是生产原料氧化铝 AL_2O_3，吸附反应后的产物是载有氟和沥青烟的氧化铝，采用布袋除尘器进行气固分离后载氟氧化铝可作为铝电解生产的原料，直接回到电解铝生产中使用，回收的氟可补充电解生产过程中损失的氟元素，沥青焦油在槽中可逐步被烧掉。利用该技术，HF 的吸收效率可达 98% ～ 99%，沥青烟的吸附效率在 95% 以上，而且不会产生二次污染。

7.2.6.3　铅产业

铅锌是我国的优势矿产资源，但目前我国铅矿资源质量较低，国内冶炼企业大量进口铅精矿，对国际市场依赖程度非常高。

（1）再生铅将成为未来铅产业的主要发展方向

长期以来，受回收渠道不规范、方法原始及国家政策扶持力度不够等因素影响，我国再生铅产业发展缓慢。在铅资源日益稀缺的大环境下，发展再生铅不但能够减少原生铅矿石的开采量，对资源进行保护，还能有效缓解我国铅精矿资源短缺的现状。发展再生铅也是全球铅工业的必经之路。在西方发达国家，其精铅产量主要是依赖再生铅，1995 年时再生铅产量占精铅产量的比重已超过 55%，而目前我国再生铅占比才刚刚超过 30%，西方发达国家再生铅占比却早已超过 70%。近几年我国汽车、电动自行车、摩托车等交通运输工具保有量持续增加，废旧铅酸蓄电池回收量日益增多，为我国再生铅市场规模的扩大提供了空间。随着铅污染事件频繁爆发，社会对再生铅行业的关注度逐渐提高，我国政府密集出台了一系列政策法规扶持再生铅工业发展，为产业的健康、有序、规范发展提供了有利的环境保障。未来再生铅势必将成为我国铅产业的发展方向，预计 2028 年中国再生铅产量占比将达到 60% 左右。

（2）冶炼企业继续向产业链上游延伸

在整个铅产业链中，原料和环保是成本的主体。由于原料长期紧缺，冶炼企业在采购原料时已基本进入恶性竞争状态，造成矿山不断压低加工费，铅冶炼行业已进入微利时代，部分真正出现了亏损。对国内铅冶炼企业来说，如果没有矿山资源，其既要担心原料上涨过快致产品获利能力被削弱，还要担心铅价下跌，甚至是跌破成本价时给企业造成损失，可以说冶炼企业在夹缝中生存。倘若向上游控制了资源，即使冶炼环节受到冲击，矿山也还有保障，何况矿山还是整个铅产业中利润最集中的地方。因此，为了提升抵御市场风险能力并获得更大效益，将触角延伸到精矿开采领域，购买上游矿山资源已成为铅冶炼企业发展的必由之路。国内一些主要冶炼企业如驰宏锌锗、中金岭南、豫光金铅等公司不但将业务延伸至矿山领域，而且在全球范围进行了资源配置。未来几年，将有更多冶炼企业向上游延伸，有实力的大型企业也将积极参与到全球资源配置中。

（3）综合回收更被冶炼企业所重视

铅精矿中除含硫外，还含有金、银及一定量的铜、锌、锑、铋、铟、镉等有价金属。在有些铅冶炼企业特别是小冶炼企业，这些有价金属都进入了废渣当中，资源浪费巨大。我国铅冶炼企业应该注重有价金属的综合回收，既可以减少循环过程积累对生产过程造成危害，以及废气、残渣、废水对环境造成污染，也可以提高企业经济效益。对西方国家冶炼企业来说，其赢利点较多，首先是加工费体系中可以参与价格分享和下游用户升水，其次是副产品贡献比例较大。在加工费被长期压低的情况下，近年我国铅冶炼企业纷纷投资建设综合回收项目或者改造炼铅工艺，对原料"吃干榨尽"，回收各种有价稀贵金属。目前我国铅冶炼企业的利润点已不在铅锭方面，而是逐渐转移到了其副产品（如白银、黄金、铋等其他稀贵金属以及硫酸等）上。因此，投资建设符合自身情况的综合回收项目或者改造升级现有炼铅工艺，提高资源利用率也是未来中国铅产业的发展趋势之一。

（4）技术进步步伐加快，环保形象有望彻底改善

我国传统的烧结炼铅工艺（产 1 吨铅需 630 千克标准煤），无法有效解决冶炼过程中产生的二氧化硫和粉尘污染，不仅能耗高、对大气环境造成严重污染，且严重危害操作工人和周围居民的身体健康。我国开始大规模推广拥有自主知识产权的"氧气底吹熔炼—鼓风炉还原炼铅法"，该工艺煤耗降至 360 千克，较传统烧结流程下降 50%，不会产生粉尘，可以捕捉到 99.7% 的硫，且 96% 能够用于生产硫酸。随后我国又相继开发出第二代、第三代氧气底吹炼铅工艺。其中第二代炼铅技术用液态侧吹还原炉取代了鼓风炉，煤耗又降到 240 千克，实现了无焦还原炼铅，环保指标和能耗指标远远优于国家现行标准，目前已成功应用于工业生产。第三代技术采用底吹熔融电热还原方法，尝试电热焦炭直接还原，不用鼓风送氧，耗煤量将接近理论值。安阳岷山有色公司底吹熔融电热还原炼铅项目，节能效果显著提高。随着新技术不断推广和应用，我国有信心实现绿色冶炼的梦想，中国环保形象也将彻底改善。

7.2.6.4 硅产业

硅产业是指硅产品产业或硅材料产业，在我国一般认为是以硅（Si）为主要构成成分的产品生产和制造产业，硅材料及相关产品涉及化工、电子、建材等多个行业，已渗透到国防科技、国民经济和人们日常生活的各个领域，正逐渐改变着人类社会的交流和生活方式。

当今世界信息技术和光伏产业飞速发展，全球对硅材料的需求也增长迅猛，硅产业市场经历了从供不应求到产能过剩的巨变，正确认识硅产业发展现状具有重要意义。

（1）工业硅

工业硅又称金属硅、结晶硅，在中国一般称为工业硅。工业硅是在矿热电炉中将富含硅的硅石（即二氧化硅）用碳质还原剂反应生成的含硅在97%以上的固体产物。工业硅是信息、新能源、新材料产业最基础的功能性材料，是硅产品产业链中的一种极为重要的上游产品。

全球范围内工业硅生产主要集中于欧盟、美国、中国、巴西、挪威、独联体等国家和地区。2008—2013年，世界工业硅的产量总体上在增加，但作为工业硅生产较为集中的巴西、挪威产量却有不同程度的下降，其他国家也只是略有增加，世界工业硅产量的增加主要来自中国。近年来，我国工业硅行业发展迅猛，工业硅产能、产量和出口量均居世界首位。目前中国已是世界工业硅产能、产量、出口量最大的国家，消费量也逐年增加。2009—2011年间，中国工业硅产量呈明显的增长趋势，年出口量超过了总产量的50%。2009年以来受国际金融危机的影响，工业硅产量和出口均有不同程度的减少，即便如此，2014年工业硅产量104.9万吨，出口量仍然达到63.3万吨，出口量占总产量的60.3%。

工业硅生产成本主要由电费、原材料、还原剂、电极、人工费、出口税等几部分构成。中国和西方国家工业硅成本中电费所占比例都是最高的，分别为39%、31%，所以取得较具竞争力的电价是降低成本的关键；中国在原材料、还原剂、电极、人工费方面有着较大的竞争优势；但出口成本高达13%，而西方国家却仅为1%。所以，提高产品质量、扩大内需是中国工业硅行业面临的主要任务。工业硅作为硅产业链中的上游产品，是生产多晶硅等下游产品的主要原材料，然而其生产却是一个高能耗、高污染的过程。在能源日益紧张的今天，发达国家纷纷减少工业硅的生产，转而进口廉价产品，这与中国工业硅的高产量和高出口量形成鲜明对比。

（2）有机硅

有机硅产品主要指从上游硅粉和氯甲烷为原料出发，经合成得到以二甲基二氯硅烷为代表的一系列有机硅单体；单体再通过水解、裂解等工序制成以硅氧烷为代表的有机硅中间体 DMC；中间体进一步合成得到硅油、硅橡胶、硅树脂和硅烷偶联剂等四大类有机硅深加工产品。有机硅具有良好的耐高温、防湿防潮、生理惰性等功能，被广泛应用于电子、建筑、医药、日化、石油、轻工、冶金、机械、纺织等领域，对高科技产业发展和产业结构优化升级发挥着日益重要的作用。

作为一种技术密集型行业，有机硅产业存在着较为严重的行业垄断。目前世界主要生产企业主要有美国道康宁公司、迈图公司、德国瓦克公司、中国蓝星集团和日本信越公司，五大公司产能合计占全球总产能的85%。2012 年国内有机硅单体产能 160 万吨，产量 68 万吨，扩张产能 210 万吨，2015 年国内扩张产能达到 286 万吨。持续的产能扩张将会使有机硅行业面临巨大的压力，行业内的竞争将会进一步加剧。作为极具代表性的有机硅中间体，受产能扩张和需求放缓的影响，DMC 的价格一度跌至 16800 元/吨左右。相对于 2008 年以前高达 40%～50% 的毛利率，有机硅行业的利润已大幅压缩。

2015 年，国内主要的有机硅单体生产企业有 15 家，而国外仅为 4 家，但国外企业平均规模达到 59 万吨/年，而国内企业平均规模却仅为 9.1 万吨/年。此外，差距也表现在产品结构、产品质量、生产技术上。国内有机硅产品结构很不合理，目前品种仅为 3000 种，且以中低档的硅酮密封胶、按键硅橡胶等产品为主；高性能的新型有机硅下游产品如苯基单体以及由此合成的高端硅橡胶较少，主要从国外进口；生产技术匮乏，基本来自国内研发。针对我国的有机硅行业存在的问题，国家先后颁布了《有机硅"十二五"规划》和《新材料"十二五"规划》，为遏制低水平重复建设，要提高有机硅产业准入门槛和产业集中度，鼓励优势企业兼并重组，发展先进技术和产品，加快产业转型升级。

（3）多晶硅

多晶硅是电子工业和太阳能光伏产业的基础材料。近年来，光伏产业发展迅速，晶硅太阳能电池的需求日益增长由此带动了多晶硅市场的快速发展，多晶硅产业备受关注。近十几年来国内外多晶硅产量成倍的增长，2006—2013年世界多晶硅产量从不足4万吨达到30万吨；国内多晶硅产量从2006年的500吨增加到2012年的6.5万吨，年增长率达到205.4%。这种增长得益于光伏产业带来的对太阳能级多晶硅的旺盛需求。2010年以来，受新兴企业涌入和各大多晶硅厂商大规模扩大产能的影响，多晶硅产量出现了急剧增长的势头，国内需求缺口逐渐被堵上，国内多晶硅市场已趋于饱和，并出现了产能过剩的现象。

市场供需的矛盾、国际市场能源价格的变化、国家相关政策的出台使得多晶硅市场价格持续变化。多晶硅价格趋于理性，降低生产成本迫在眉睫。目前国内企业多晶硅生产成本在40美元/kg左右，而国外企业的生产成本在25美元/kg以下。国内外多晶硅企业生产成本的差距主要表现在电耗上，所以国内企业降低成本的关键在于降低电耗，未来几年，冷氢化技术是大势所趋。近几年来中国多晶硅产量、消费量都位居世界前列，也涌现出了像保利协鑫这样的龙头企业，但我国多晶硅的发展水平仍然不容乐观。国内企业在生产成本控制、节能环保、产品质量等方面与国外企业差距明显。我国的多晶硅产业必须充分发挥规模和技术优势，持续保持成本上的领先，提高产业集中度，淘汰落后产能。

（4）单晶硅

单晶硅又称硅单晶，熔融的单质硅在凝固时硅原子以金刚石晶格排列成许多晶核，如果这些晶核长成晶面取向相同的晶粒并平行结合起来便结晶成单晶硅。单晶硅分为半导体级和太阳能级两种，其中半导体级单晶硅是电子信息材料中最基础的材料，主要用于制造半导体和集成电路，而太阳能级多晶硅主要用于制造太阳能电池。单晶硅的生产原料主要为上游的多晶硅或无定形硅，生产方法主要为直拉法和悬浮区熔法。近年来，已有厂家利用多晶硅铸锭炉生产类似于单晶的准单晶产品。该产品在很大程度上结合了单晶和多晶的优点，晶界少、位错密度低，转换率可达17.5%以上，同时生产效率高，衰减少，并极大地降低生产成本。

单晶硅的生产主要集中于日本、美国、德国等国的国际大公司，包括日本的信越公司、SUMCO 公司、德国的 WACKER 公司和美国的 MEMC 等大型跨国企业，这几家公司的半导体单晶硅和太阳能级单晶硅的市场份额达到 95%。从国际市场看，随着太阳能电池需求以每年 43.2% 的速度增长，晶体硅的市场需求以每年 29.4% 的速度增长，2013 年，国际单晶硅年需求量为 3195 万吨。近年来，中国单晶硅产量明显稳步增长，增长的原因是一方面来自国际上对低档和廉价硅材料需求的增加，另一方面是近年来中国各方面发展迅速，各类信息家电和通信产品需求旺盛，因此半导体器件和硅材料的市场需求量都很大。

从国内单晶硅的消费结构来看，太阳能领域约占单晶硅消费量的 75%，半导体领域的需求量较低约为 25%。预计"十三五"期间，太阳能级单晶硅将会出现产能过剩的现象，而半导体级单晶硅仍有一定的发展空间。目前国内生产单晶硅的上市企业主要有兰花科创、大港股份、中环股份、拓日新能、海通集团、有研硅股等。国产单晶硅片以小尺寸为主，主要集中在 6 英寸以下，8 英寸以上的生产企业只有中环股份、有研硅股等少数几家，12 英寸以上的生产企业更少，而世界主要单晶硅片生产企业正向更大规格的单晶硅片发展。从需求来看，虽然目前 6 英寸硅片需求量依然很大，但 8 英寸和 12 英寸硅片需求量增长很快。预计未来几年，大尺寸硅片会成为单晶硅市场主要的需求产品。由发改委、商务部颁布的《外商投资产业指导目录（2011 年修订）》于 2012 年 1 月 30 日起施行，该目录将 200mm 单晶硅列入鼓励外商投资产业，这有利于国内企业引进外资和先进技术，加快产业改造提升。

7.2.6.5　电石产业

1）产业概况

电石是有机合成化学工业的基本原料，为工业、农业、医药提供原料，可以合成一系列的有机化合物。工业电石的主要成分是碳化钙，其余为游离氧化钙、碳以及硅、镁、铁、铝的化合物及少量的磷化物、硫化物。电石纯度约为 70%~80%，杂质 CaO 约占 24%，碳、硅、铁、磷化钙和硫化钙等约占 6%。其新创断面有光泽，外观随碳化钙的含量不同而呈灰色、棕色、紫色或黑色的固态物。含碳化钙较高的呈紫色。工业品密度 2.22g/cm³（18℃），熔点 2300℃，能导电，纯度越高，越易导电。

2）我国电石产业发展现状

经过几十年的积累和研发，我国电石工业从生产规模、工艺技术、成套设备到安全管理、节能减排，以及资源综合利用、延伸产业链等方面，都取得了突出的成就。特别是进入 21 世纪以来，随着我国社会经济的快速发展，在下游产品需求的带动下，我国电石工业突飞猛进，步入了快速发展期，成为全球生产和消费大国，令世人瞩目。

（1）发展成就

① 电石生产和消费平稳增长

"十二五"期间，我国电石生产和消费持续增长，2011—2014 年产量和消费量年均增长 13% 以上。电石行业在聚氯乙烯、1，4 - 丁二醇等下游行业的快速发展带动下，各地自我配套的电石项目上马比较多，电石产能再次进入飞速增长期。截至 2014 年年末，国内电石企业 290 余家，产能达到 4183 万吨/年，同比增长 10.4%，与 2010 年相比产能几乎翻了一番。产量为 2600 万吨，同比增长 13%，创有史以来的新高。2000—2014 年，国内电石产能从 480 万吨/年增长到 4183 万吨/年，这期间还淘汰了落后产能 866.18 万吨；产量从 340 万吨/年增长到 2600 万吨/年。随着国家对节能环保等政策的严格实施，节能环保不达标的小电石企业被淘汰或者转产，推动了规模化企业的比重不断上升，技术装备水平高、节能环保效果显著的密闭式电石炉产能占总产能的比重提升至 74.2%。但是行业新增产能依然较多，2014 年全国电石新增产能近 400 万吨/年，2015 年有 200 万 ~300 万吨/年的新建电石项目投产，加大了产能过剩的程度。电价仍然居高不下，电石下游产品需求有限，过度依赖 PVC 的状况没有得到根本扭转，原材料价格下调难以弥补电石价格下跌，大部分电石企业仍将亏损，生存艰难。环保效果显著的密闭式电石炉产能达到 3106 万吨/年，占总产能的比重提升至 74.2%，内燃式电石炉比重较 2013 年下降了 7%。

② 产能、产量再创新高

2014 年，大电石炉保持较高开工率，由于大型密闭式电石炉的操作越来越熟练，单台炉产量逐渐增加，部分中小型电石企业仍坚持生产，2014

年全国的月产量，除 1 月、2 月、3 月产量低于 200 万吨外，其他各月均超过 200 万吨。其中，12 月达到了 246.6 万吨，创下单月新高。电石产能比上年增加了 393 万吨/年，同比增长 10.4%，产量为 2600 万吨，同比增长 13%，创有史以来的新高。

③ 西部地区电石产业集中度明显提高

近年来，随着国内产业布局的调整以及中西部地区丰富的煤炭资源吸引，许多电石项目纷纷向中西部地区集中。2014 年内蒙古、新疆、宁夏、陕西、甘肃等 5 省的电石产量占到全国的 81%。

随着国家对节能环保等政策的严格实施，节能环保达不到要求的小电石企业被淘汰或者转产，推动了规模化企业的比重不断上升。据中国电石工业协会统计，2014 年产能 10 万千伏安以上的企业有 66 家，合计电炉容量为 1670 万千伏安，占全国的 70% 以上。

④ 电石出口有新进步

2014 年，尽管贸易摩擦多发，出口形势严峻，但是我国电石出口仍然持续增长。海关数据显示，2014 年我国电石出口 16.89 万吨，同比增长 18.2%，进口电石较少可以忽略不计。我国电石主要出口东南亚国家，国外电石主要用于钢铁脱硫、切割、焊接以及石灰氮及其他下游产品。

⑤ 管理水平有新提高

面对持续疲软的国内市场，多数企业出现成本倒挂现象，但仍有部分企业通过狠抓管理、降低消耗、内部挖潜保持了企业的良好运行。2014 年，中国电石工业协会对 46 家重点企业的运行情况分析显示，凡是管理水平高且有上下游产品配套的电石企业基本处于盈利或保本状态，管理水平较高的商品电石企业也能做到微利或保本。在 30 家自身配套 PVC 的电石企业中有 26 家处于盈利或保本（26 家电石产能合计 1845 万吨/年，占全国总产能 44%），其他 4 家亏损，16 家商品电石企业产能合计 256 万吨/年，亏损与微利各占一半。

⑥ 装备制造国产化、大型化、成套化

从 20 世纪 80 年的装备引进，到如今，电石生产所需的设备全部实现国产化。目前，国内电石生产装备从 25500kVA 到 87000kVA 的大型密闭电石炉，从原料的破碎烘干到产品包装运输，以及电石炉气的回收利用等，全套工艺装置，都实现了国产化、大型化和成套化。

⑦ 电石下游产品多元化

近年来，电石行业积极开发和扩大以其为原料的下游产品，聚氯乙烯、醋酸乙烯、聚乙烯醇、氯丁橡胶、氰胺化钙以及乙炔炭黑等电石的传统下游产品继续保持平稳增长。1，4－丁二醇发展迅猛，已成规模。乙炔制丙烯酸的研发也取得了成功，正进行工业化试验。在电石下游产品多样化基本形成的同时，电石炉气综合利用，产品研发拓展也取得了新成就。目前，电石炉气制二甲醚，乙二醇、LNG 等化工产品均已实现了产业化。

3）黄陵发展电石行业的机遇分析

新型城镇化和消费升级的机遇。电石作为重要的基础化工原料，在保障国民经济平稳较快增长、满足相关行业需求等方面发挥着重要的作用。中国资源少油、缺气、煤炭相对丰富的现状决定了电石仍将在今后的国民经济发展中具有不可替代的重要作用。近年来，中国电石发展速度较快，已成为世界第一生产和消费大国。新型城镇化和消费升级战略的实施，将拉动能源、建材、家电、食品、服装、车辆及日用品等需求增加，为电石行业发展创造了新的市场空间，有力地带动电石及其下游产品需求较快增长。

国家大力实施"一带一路"和"自贸区"发展战略的机遇。经济发展"走出去"，电石行业发展也要走出去。一方面将过剩产能转移出去，另一方面开拓产品市场，促进国内电石行业发展。随着改革的进一步深化，惠民生政策的不断加大，"一带一路"、京津冀协同发展、长江经济带等战略的全面实施，会进一步激发市场活力，给行业经济带来一系列新的发展机遇。

行业技术进步带来的发展机遇。在新的一轮电石行业发展过程中，技术革新正扮演越来越重要的角色。随着科技的不断进步，电石产业的技术发展将极大地推动产业变革升级。首先，推进企业节能降耗。电石生产过程中大量能量并未转化为产品，而是在生产过程中大量热能损失严重。电石生产要大幅降低电耗水平，必须在电石生产技术上进行突破。节能降耗是电石生产的一个重要课题。其次，推动电石尾气的综合利用。电石生产过程中产生的 CO 的利用，并不限于气烧石灰窑的利用，可以向化工方向发展，进一步提高电石尾气的附加值。最后，推动电石生产过程自动化技术进步。电石生产是一个粗放型、以人工操作经验为主的作业方式。提高电石生产过程自动化可以降低作业难度，提高文明生产、安全生产水平。也是工业化发展的必然进程。

黄陵电力产业发展带来的机遇。改革开放以来，黄陵煤炭产业发展迅速，现已形成比较完备的煤炭产业体系。随着煤化工技术进步和产业转型升级，黄陵现代煤化工产业链不断完善，煤化工产业规模不断壮大。随着 2X660MW 大型火电项目的开工建设，黄陵优厚的载能产业发展优势将日益突出，为黄陵发展电石产业提供充足的电力保障。

4）发展思路

（1）总体思路

以科技创新、体制创新为驱动力，以转变发展方式为主线，以调整优化产业结构为重点，以提升产业竞争力为根本，培育更加注重质量提升的发展模式。开拓一条产业布局集约化，产品结构多元化、高端化，节能环保生态化的"四化"发展路径。控制总量、革新技术、优化结构。严格市场准入，淘汰落后产能，提高装置运行率，提升产业竞争力。充分抓住新时期国家的发展战略带来的机遇和政策红利，培育、壮大一批优势特色企业，推进重点合作项目建设，探索构建我国电石工业全方位创新发展的新格局，实现电石行业跨越式大发展。

（2）发展重点

① 全面推动科技创新

一是以科技创新为引领，积极推进氧热法电石工艺的进一步研发，尽快实现工业化。氧热法电石生产工艺是利用富氧或纯氧炭材加热熔融，可节省大量电力资源，减少工业废渣排放。该工艺还生产出大量的一氧化碳气体，有望成为煤炭综合利用的新型技术。二是积极推动内燃式炉的改造提升，要有壮士断腕的决心和勇气，对不符合《电石行业准入条件》要求的内燃式炉坚决淘汰，同时将 16500 kVA 及以上的内燃炉改造为密闭式电石炉，实现电石炉气的综合利用，推动现有企业的改造升级。

② 加强资源节约和管理，大力推进节能降耗

电石行业是高耗能高污染行业，但同时又是基础原料行业，要坚决淘

汰落后产能，严格遵守《电石单位产品能源消耗限额》的标准，需要努力降低单耗，提升能源利用率，推广应用密闭式电石炉，强化尾气的回收利用，加快推行清洁生产，提升技术能力，提升原料质量，逐渐使电石炉实现更低的污染排放、更高的生产效率、更低的能源消耗，提升综合竞争力。

③ 大力发展循环经济

积极推进电石产业进入化工园区，要优化布局，因地制宜，形成产业集聚，产品耦联，优势互补，协同发展的新格局，走专业化、特色化发展的新路子。要鼓励新建电石生产装置与大型工业企业配套建设，以便做到资源、能源综合利用。推动企业实施兼并重组，培育形成大型的电石及配套产品生产基地。同时，提升电石炉尾气回收和综合利用的产业规模。近几年，北方资源丰富地区新建的大型 PVC 企业，均配套电石生产，如新疆天业、新疆中泰、聊城信发、宁夏英力特、西部氯碱、陕西北元、内蒙古君正、内蒙古亿利、内蒙古吉兰泰，均是此种配套建设企业的典范。更多的企业需要通过建设循环经济项目，延长产业链，实现电石炉尾气、煤泥、灰尘及电石渣的资源化利用，从而甩掉"高耗能、高污染"的帽子。

④ 积极拓展电石下游产品，延伸产业链，实现消费多元化

对现有的传统下游产品如 PVC、PVA、BDO、CR、醋酸乙烯、氰胺化钙及其衍生物等，不抛弃、不放弃，同时要进一步巩固和提升其竞争力，走"减强发展、乘法提升"的新路子。"减强发展"即为传统产业"瘦身"，切实化解产能过剩的被动局面；"乘法提升"即是为传统产业"添翼"，实现产业转型升级新跨越。对电石法及电石炉气生产的乙二醇、乙醇、二甲醚、丙烯酸、LNG 等新兴产业，要重点培育和发展，并在税收上按政策给予减免，在资金投入等方面给予倾斜。

7.2.7　黄陵载能产业发展的空间载体和保障措施

7.2.7.1　空间载体

黄陵以黄陵店头煤化工产业循环经济园区为规划建设依托，结合载能

产业发展基础，打造店头镇煤化工产业循环经济园区，带动周边地区的发展。其中店头分区用地面积462.3公顷，双龙分区用地面积146.6公顷，合计608.9公顷。《黄陵国民经济和社会发展第十三个五年规划》指出，充分发挥县城和店头镇资源环境承载能力较强、经济基础较好和发展潜力较大的优势，加快推动黄、店一体化，将县城和店头打造成黄陵县域经济的两大核心增长极，带动周边经济快速发展。

黄陵煤化工产业循环经济园区空间布局规划执行"靠镇靠矿""沿路邻河"的布局策略。临靠店头镇区和双龙镇区进行用地发展，与大型煤矿为邻，以公路和铁路为空间轴带，以河流为环境和景观联系带进行布局，形成带状和放射状的空间形态。黄陵店头煤化工产业循环经济园区的空间结构总结为：带状片区布局、线性交通相连、地下资源共享、地面产业集群。

7.2.7.2 规划实施保障措施

（1）缓解企业当前困难

一是实行电价补贴政策。对2013年获省电价补贴的高载能企业，由财政再给予每千瓦时0.01元的补贴。每年度根据省补贴情况和产品市场价格情况，确定年度补贴标准。二是提高企业获得补贴能力。积极组织企业通过"重组""联合"等方式，促使企业达到省电价补贴和铁合金（工业硅）行业4万吨规模电价标准。三是推动发电企业向用电企业让利转移。积极争取省主管部门政策支持，在企业自愿的前提下，探索实施大用电企业直购电，由发电企业让出部分利润，作为用电企业的电价补贴，有效拉动电量增长，达到用电企业和发电企业共赢的目的。

（2）推动发电企业转型

加强对国家能源和发展现代高载能产业政策研究，增强各项工作措施的实效性和前瞻性。积极推动争取直供电试点工作，建设现代高载能工业园区自备电厂，享受相关优惠政策，提升我县现代高载能工业园区要素保障能力。

（3）提高政府引导和扶持能力

一是争取国家、省政策、资金、智力等帮助和支持，力争成为全省促进传统产业升级转型的重点。二是加大财政资金扶持力度。对获省电价补贴的高载能企业，由财政每年集中部分资金，根据省补贴和产品市场情况，给予一定的补贴，专项用于企业技术升级改造，引进先进工艺技术设备，促进技术进步，发展精深加工，降低单位产品能耗；用于高载能企业为扩大生产能力、减少污染排放、发展循环经济方面的贷款贴息。

（4）加快建设发展平台

一是承载平台。启动现代高载能园区建设工作。通过对现有矿产资源开发与综合利用特色产业等整合，建设标准高、功能全的新型现代高载能产业园区。形成项目园区落地、产业集聚发展、产品系列互补的良性发展局面。二是科技平台。支持、帮助企业建立与高等院校、专业科研院所的战略合作关系，用先进技术和工艺改造现有的高耗能设备和生产工艺，提高能源利用效率。引进新技术、新理念、新思路对已谋划的高载能项目提高谋划深度、提高项目的先进性。三是融资平台。积极协调建立银企"点对点"沟通机制，促进双方信息交流。最大限度利用现有融资政策和方式，给予企业最大支持。

（5）加强服务保障

一是政策保障。落实现有的突出发展民营经济的各项政策、措施，支持现有企业、新建项目的发展和实施。二是建立调度监测机制。工信部门要牵头建立高载能项目调度制度，每季度召开一次协调会，对高载能企业运行、高载能项目建设等情况进行逐一分析，对遇到的困难和问题，逐一研究提出解决办法和措施，落实责任部门，限期帮助解决。

（6）成立并加快发展现代高载能产业领导机构

建立统一的组织协调运行机制，形成整体合力。一是强化组织领导。党委政府建立专门协调领导机制，由主要领导牵头，相关部门为成员单位，成立载能产业发展规划领导小组。二是明确职责。载能产业发展领导小组办公室作为经济发展领导小组的日常办事机构，统筹规划、研究提出载能产业经济协调发展规划实施纲要，协调解决有关问题；负责发展规划的组织实施、督导、协调和指导，具体确定规划各阶段的目标任务，研究制定产业布局、重大项目等战略规划，审定拟订专项规划，进行合理对接，并负责拟订规划实施考评办法，组织考核评比，呈报党委审定。各单位负责各子规划的组织实施、其他专项规划的配合实施工作。三是建立各领导小组定期会商制度。定期召开联席会议，协调和解决规划实施中的具体问题和困难，对资源统筹配置、重大项目建设等问题统一政策、协调立场，及时沟通情况，推进合作。

8 黄陵旅游业升级路径分析

8.1 国内外文化旅游态势分析

8.1.1 文化旅游行业现状

8.1.1.1 国外文化旅游的现状

（1）旅游市场进一步细化分化

未来旅游者的旅游目的将更加个性化，旅游机构也将更加重视从更深层次开发人们的旅游消费需求，旅游市场进一步细分化，旅游产品更加丰富。除了传统的观光旅游、度假旅游和商务旅游这三大主导项目和产品外，特殊旅游、专题旅游更有发展潜力，如宗教旅游、探险旅游、考古旅游、修学旅游、民族风俗旅游等，将会形成特色突出的旅游细分化市场。而且，观光、度假、商务三大传统旅游项目也将进一步升级。观光旅游在中低收入国家仍将占据第一主导地位，并逐步普及化、大众化；在高收入国家其市场则会逐步萎缩。度假旅游方面，彰显区域文化特色和以生态、绿色、低碳的自然资源环境为支撑的这两类度假胜地，将成为旅游市场的主流产品。商务旅游方面，则会随着世界经济多极化和经济增长中心、商务热点转移而出现多极化、多元化，欧洲、北美、日本等传统商务旅游重点目的地的地位一时还难以撼动，但也会增加东亚、中东及新兴经济体等新的商务旅游热点地区。

（2）旅游方式更为灵活多变

旅游方式将会朝个性化、自由化的方向发展，各种新颖独特的旅游方式将应运而生。在追求个性化的浪潮下，未来散客旅游特别是中短距离区域内的家庭旅游份额将逐步增加。旅游者在旅游中追求更多的参与性和娱乐性，那些富有情趣活力、具有鲜明特点的旅游场所，那些轻松活泼、寓游于乐、游娱结合的旅游方式，将受到越来越多的旅游者的追捧。民族风情、地方特色、游娱结合将成为未来旅游产品设计开发的重要方向。

（3）旅游安全日益受到重视

旅游目的地的局部战争、地区冲突、民族冲突、宗教冲突、国际恐怖主义、政局动荡、社会不安定和自然灾害、重大事故、传染性疾病等因素，都会打击旅游者的消费信心，从而对世界旅游业的发展产生不利影响。特别是在美国"9·11"事件之后，旅游安全成为旅游者首先要考虑的问题。毫无疑问，未来的旅游安全和旅游目的地的社会稳定和谐，将越来越被旅游机构和旅游者所重视。

（4）"绿色旅游"成为一个新动向

各国越来越重视旅游业的可持续发展，日益重视对自然资源、人文资源和生态环境的保护，加强旅游目的地的环境建设；同时引导旅游企业和旅游者积极履行社会责任、环境责任，关注和应对全球变暖问题，努力减少旅游活动对自然、人文和生态环境的负面影响。比如，1983年世界自然保护联盟（IUCN）首先提出"生态旅游"这一术语，将其定义为"具有保护自然环境和维护当地人民生活双重责任的旅游活动"，也有将其定义为"回归大自然旅游"和"绿色旅游"。目前生态旅游发展较好的西方发达国家首推美国、加拿大、澳大利亚等国家，它们在生态旅游开发中，避免大兴土木等有损自然景观的做法，旅游交通以步行为主，旅游接待设施小巧玲珑，并与自然融为一体，住宿多为帐篷露营，尽一切可能将旅游对旅游环境的影响降至最低。再如，韩国观光公社近年出台了绿色旅游方案，开发出多种绿色旅游产品。

8.1.1.2　我国文化旅游的现状

近年来，我国旅游实现了持续、快速的发展，据中国旅游研究院研究：自 2000 年到 2014 年，中国旅游行业持续保持高增长态势，中国旅游收入（国内游＋入境游）从 4518.61 亿元增长到 3.3 万亿元，年均复合增长率 15.26%。其中，国内游收入从 3175.54 亿元增长到 3.1 万亿元，年均复合增长率 17.67%；入境游收入从 162.24 亿美元增长到 480 亿美元，年均复合增长率 8.06%。国民出境旅游总消费从 2000 年的 261 亿美元增长到 2014 年的 1400 亿美元，年均复合增长率 23.36%。

文化旅游作为我国旅游业的重要组成部分可以分为以下四个层面，即以文物、史记、遗址、古建筑为代表的历史文化层；以现代文化、艺术、技术成果为代表的现代文化层；以居民日常生活习俗、节日庆典、祭祀、婚庆、体育活动和衣着服饰等为代表的民俗文化层；疑问及交流为代表的道德伦理文化层。

当前，中国的旅游业正在慢慢转型，文化与旅游结合的需求越来越明显。全国各地文化旅游业发展如火如荼：湖北省大力整合省内旅游资源，打造"鄂西生态文化圈"，并出台了"鄂西生态文化圈发展规划"；四川在地震后为复苏旅游业，把文化旅游作为其发展方向；湖南省和云南省相继设立了文化旅游产业发展基金。21 世纪中国旅游的方向直指文化旅游，文化旅游产品以其丰富的文化内涵、相当的发展规模和精深的人文底蕴独占鳌头，成为最具竞争力的优势产品。

8.1.2 文化旅游行业趋势

8.1.2.1 创新是文化旅游产业的发展之路

创新是文化旅游业发展的必由之路，包括模式创新、管理机制创新、服务创新。如今，许多新兴旅游服务企业正在不断创新服务模式，倡导为消费者提供便捷的"一站式"服务、标准化服务。传统文化旅游业的服务更多地依赖个人服务或管理经验，难以将优质服务标准化、流程化，服务质量不稳定，更无法实现标准服务形态的大规模复制。管理创新，将优质服务标准化并大规模复制，使消费者感受到通过管理而提升的优质服务水平。例如，著名的旅游企业携程即通过高科技的应用，用制造业的标准来做服务行业，将看似杂乱无章、倚重个人服务技巧的旅游服务，变为标准化流程管理的运作。"十三五"时期文化产业发展规划的着眼点就是以培育文化创造力为核心，这必将是未来文化旅游业的管理发展方向。

8.1.2.2　时空扩延，文化旅游业的延伸消费

从供给的角度看，延长消费时间无疑会带来更大的经济效益，从消费角度看，这样可更大限度地利用时间感受文化，告别"白天看庙，晚上睡觉"的枯燥安排，使消费实现时间价值最大化。文化旅游将文化旅游消费从12小时延伸至24小时，即夜生活产业的出现与繁荣。后工业化社会的居民大多数人有足够的收入对其生活进行真正选择的情况下，希望晚间所能享受的各种服务的时间也越来越晚，这种消费推动着"24小时社会"的发展，这是发达国家城市消费发展的微观可持续社会过程。同时，在空间上，文化旅游活动不再局限于文化旅游景点，而是向同样可以满足其文化需求的酒吧、书吧、旅游信息交流场所（各种旅游信息交流中心）、音乐、剧院等场所延伸，这些地方的消费主体除了城市居民之外，就是旅游消费者。旅游消费者不但对城市日常产品和服务产生影响，还直接影响着城市特色文化旅游产品，他们是文化旅游产品的重要顾客群。这一消费也最大限度地使文化旅游消费向城市文化娱乐消费空间扩延。

8.1.2.3　国际化给文化旅游业的更大舞台

经济规律表明，世界经济的产业中心将由有形的财物生产转向无形的服务性生产。文化的经济意义将远远超过人们的预料。在全球化背景下，投资文化产业已成为一个地区发展的有效途径，独特的文化资源是参与未来文化竞争的品牌。预计2020年，我国将成为世界最大旅游国，每年将有13亿人到中国参观旅游，这意味着文化资源的大幅度升值。这也将使文化旅游消费的国际化程度大大提高。随着北京奥运会和上海世博会的相继举办，我国旅游业在国际上的重要性更加突出。同时，在全球化产业结构调整的过程中，跨国文化产业也在影响着我国文化旅游业的进一步发展，一些跨国公司把新兴的信息网络优势与传统的影视制作、旅游娱乐等专业优势结合，实行文化旅游资源的高效组合。在这一波全球化的浪潮中，必然会崛起一批世界级的中国文化旅游服务企业。

8.1.2.4 技术化成为文化旅游业的重要支持

技术进步一直都是社会发展的最重要推动力之一，互联网的诞生使消费者生活的各方面有了前所未有的便利。IT技术的应用也推动了文化旅游业的新发展，通过网络技术与传统文化旅游业的嫁接，才能够取得文化旅游产业的突破性进展。其技术应用将主要表现为文化旅游网站、旅游呼叫系统、数字化管理。另外，诸如酒店、机票、旅游度假预订平台、酒店实时预订系统、航班数据动态管理系统、无纸化传真系统等各种旅游服务新技术，都将被广泛应用于文化旅游电子商务。发达国家通过网络化、数字技术化装备起来的文化产业，以及以高科技为载体或包装的文化旅游产品，不仅在创造全新的生活理念，也在刺激着新的文化旅游需求。未来文化旅游业的发展将有更多的信息和服务项目经由网络带给消费者。

8.1.2.5 大众化为文化旅游业提供宽广市场

随着经济发展、个人收入提高、教育发展、休闲时间增多以及休闲意识、休假权利意识的提高，文化旅游产品不再是受过良好教育人群的专利，有更多的大众消费者将通过文化旅游产品满足自身精神文化需求。我国文化产业发展规划的着眼点也强调以激发公民文化创造力为重点，这就需要吸引更多的一般大众成为文化旅游的主要参与者。比如搜狐网、旅游名店城网、凤凰网联合推出的国民旅游计划，旨在使更多的大众参与到文化旅游活动中来，提高文化旅游的社会参与性，并发挥媒体及旅游协会的优势参与宣传推广。同时，文化旅游所倡导的大众化文化旅游，还将促使旅游行业管理部门加强公共文化服务建设，也能够从公共管理层面对文化旅游提供更有力的支持。

8.1.3 文化旅游经典案例分析及启示

8.1.3.1 《印象·刘三姐》大型实景演出

《印象·刘三姐》由桂林广维文华旅游文化产业有限公司投资建设、我国著名导演张艺谋出任总导演，历时三年半努力制作完成。它集漓江山水、广西少数民族文化及中国精英艺术家创作之大成，是全国第一部全新概念的"山水实景演出"。"山水剧场"坐落在漓江与田家河交汇处，与闻名遐迩的书童山隔水相望。观众席由绿色梯田造型构成，180 度全景视觉，可观赏江上两公里范围的景物及演出。灯光、音响系统均采用隐蔽式设计，与环境融为一体。观众席设席位 2000 位。演出时长 60 分钟，演出人员 600 余人，全部为当地的渔民。其市场效应体现在仅两年半的时间，就已接待观众 110 万人次，获得 7900 多万元的门票收入。持续攀高的票房，还强有力地拉动了阳朔县的旅游产业和其他产业的发展。统计表明，2003 年《印象·刘三姐》没有公演之前，当地的旅游收入仅有 2.41 亿元，2005 年则飙升至 6 亿多元。当地的土地增值在 5 倍以上。更重要的是，当地的渔民也因参加演出收获颇丰。它"已被证明是集资源唯一性、艺术民族性、产业增长性、效益综合性于一体的成功项目"。其在文化产业发展模式上的探索与创新，尤其值得关注和借鉴。

成功经验：

（1）深入发掘景区文化内涵

文化是旅游业的灵魂，是一种潜在的旅游产品，是旅游消费的亮点。旅游景区如能深入发掘当地旅游的文化内涵，将会提升旅游产品的文化品位，从而凸显自身特色。《印象·刘三姐》项目的成功，最重要的是意识到文化产业的深度挖掘必须走民族化和国际化相结合的道路，具有自己的核心竞争力。它的成功在于创作者们将经典山歌、族群记忆、民族风情、漓江渔火等元素创新组合，融入于山水，还原于自然，把经典的两大旅游、文化资源——桂林山水和刘三姐留给人们的印象进行巧妙的嫁接和有机的融合，让自然风光与人文景观交相辉映，成功诠释了人与自然的和谐关系，创造出天人合一的境界，使游客在看演出的同时，也感知着当地民众丰富的精神世界。

（2）拓展文化产业发展模式

《印象·刘三姐》走了一条"政府引导、民间投资、市场运作"的产业运作模式。该项目最初由广西文化厅立项，投入 20 万元启动项目后引入广维集团，其组建的旅游文化产业有限公司又投入 9000 万元资金，并把一整套企业管理的模式引入其运作中，使艺术构思落地在企业管理的坚实平台上。该项目在产业运作的开发上，形成了经济、社会、文化、生态等多方面的综合效益，完成资本、创意、民俗、公关等资源的高度整合。有学者把《印象·刘三姐》视作中国文化产业的一颗"智慧果",它把著名艺术家的创作构思与现代企业管理模式结合起来,使其成为政府部门满意、艺术家自豪、投资方获利、当地群众得实惠的一个多赢项目。它也为边疆和少数民族地区发展文化产业提供了值得借鉴的新鲜经验。

（3）有效的文化传播与营销

文化传播的意义在于:一定的营销方式中,向目标受众传递文化特质的同时突出旅游景区的文化风格,以文化推动消费者对旅游景区的认识。旅游景区除了要开发文化旅游产品,配以文化氛围强的环境空间外,还应加强与旅游消费者的共鸣和沟通。《印象·刘三姐》在营销运作中,最主要的卖点就是广为人知的神话经典——刘三姐的传说。她的文化艺术感染力,历经沧桑,成为许多人心中的经典。从戏剧到电影,从电影到山水实景演出,刘三姐传说的营销基础扎实深厚,稍加挖掘便可激起游客心中最美好的回忆。除了演出本身所具有的巨大营销潜力,桂林山水与导演张艺谋的牵手,也大大增强了景区的知名度与美誉度。同时,电视、网络、报刊等各大媒体的报道,也对景区旅游品牌的树立起到了极大的宣传作用。

（4）进一步开发的方向

作为优质资源的旅游项目,《印象·刘三姐》还可以产生更为优质的效益,如与国内同样以自然资源为载体的景区相比,游客停留的时间偏短,旅游的附加值有限,游客的平均消费水平低。它目前的经济收益在很大程度上还是依靠门票收入,产业链延伸不够。同时,对于特色旅游服务和商品的开发也较为同质化,可在文化资源的内涵和外延上进一步开发,提高景区旅游产品的生产设计,完善配套服务,强化更具特色的文化旅游品牌。

8.1.3.2 杭州宋城

宋城景区位于杭州,是一座依据《清明上河图》而建的宋文化主题公园。北依五云山、南濒钱塘江,园区还原了宋代都市风貌。其经营理念是"建筑为形,文化为魂",是首批国家文化产业示范基地和中国非物质文化遗产的集聚地,是目前中国人气最旺的主题公园。

成功经验：

（1）"主题公园＋旅游文化演艺"的盈利模式

"主题公园＋旅游文化演艺"具有很强的复制拓展潜力。我国主题公园和旅游文化演艺市场拥有巨大的市场潜力，其中，主题公园的人均消费水平3.5～12.3美元，远低于北美地区的30美元；旅游文化演艺则受益于游客不断提高的个性化旅游需求和精神文化娱乐要求未来面临快速的发展。在"一个公园＋一台演出"的基础上，宋城景区通过景区门票、演艺票及物业租赁取得收益。在门票方面，通过与旅行社合作吸引来杭州的游客观赏，通过收取游客的门票费用赚取利润。自2013年1月1日起，宋城景区实行景区入园和《宋城千古情》一票制票价体系，景区入园观演普通票价统一调整为280元/人，提价幅度为20元/人。由于宋城景区的游客主要是团队游客，如2014年上半年游客中75%是团队游客，而团队游客基本都观看演出，剩余的散客中50%左右的游客也都购买联票。实行一票制后，以2014年春节假期为例，散客流失非常少，宋城收入增长了40%，人次增长了15%左右，且一票制之后几乎全部游客都观看了演出，观演比例从同期的70.55%大幅提高至99.99%。

（2）结合当地文化，创新演艺模式，打造特色演艺

《宋城千古情》以杭州的历史典故、神话传说为基点，融合世界歌舞、杂技艺术于一体，运用了现代高科技手段营造如梦似幻的意境，给人以强烈的视觉震撼。这是民营企业打造的舞台精品，该剧借助明星效应，以其特色成为宋城的特色产品。在宋城，文化的发掘和策划很到位，是一种主题文化的提纯和生活情趣的演绎，每一立方米都给人以足够的旅游信息和文化浓度，让人流连忘返，吸引游客重复性消费，而不是一次性消费。以主题公园为载体，文化演艺创作能力和营销网络成就核心竞争力，文化演艺创作能力造就宋城的特色产品，优秀的营销网络产生了17家营销办事处及2400多家签约旅行社。营销方面，宋城针对团客市场和散客采取对应的营销模式。

（3）异地复制

随着宋城演艺在杭州本部的成功运营，其跨区域扩张也日益提上日程。目前，宋城演艺通过异地复制，形成了杭州宋城旅游区、三亚宋城旅游区、丽江宋城旅游区、九寨宋城旅游区等10大旅游区、30大主题公园，

宋城千古情、三亚千古情、丽江千古情、九寨千古情、惊天烈焰、穿越快闪等50大演艺秀，以及中国演艺谷等数十个文化项目。2012年，宋城演艺开始异地一线旅游目的地城市的战略布局，如三亚、丽江等地。三亚宋城旅游区是宋城演艺"主题公园＋文艺演出"战略模式落地的第一个异地项目，主题公园于2013年9月15日推出，其千古情演出于2013年9月25日首演。其演出主要针对团队游客，是一项中高端演艺项目。

8.2　黄陵旅游业发展现状及存在的问题

8.2.1　黄陵旅游业现状分析

8.2.1.1　旅游业服务体系不断完善

黄延高速第二通道开通，西延动车黄陵站建成，黄陵国家森林公园等景区内的道路修建完成，通村公路改建扩建，县城新开了2条公交线路，修建了12个公交车停靠点，更新了50辆出租车，新增了10辆中巴车，实现了村村通，旅游业的交通条件更加便利。近年来，新建了龙都酒店、盛龙酒店，原有的沮河大酒店、朝阳宾馆、华辕大酒店、八一饭店、龙苑酒店、龙城酒店都投巨资对原有老化的设施进行了重新装修和改造升级。目前黄陵拥有1家四星级酒店，9家旅行社，30多户旅游商店，120余家农家乐，旅游业吃、住、行等各方面服务更加完善。先后实施了桥山滨湖酒店建设工程，古柏防火墙建设工程，古柏院东西院建设工程，祭祀大院维修改造工程，二车场及电瓶车场维修改造工程，售票大厅及电子售票系统工程，湖滨公园黄帝文化景观工程，景区绿化、美化及夜间点亮工程，增设了文物展厅、书画展厅、祭祀展厅、规划展厅等新看点，极大地提升了景区的品位和档次，增强了景区的魅力。编印了全面系统介绍黄陵"吃、住、行、游、购、娱"旅游服务设施的《黄陵旅游服务指南》一书，为来黄陵的游客提供便捷的旅游服务指南，黄陵旅游服务体系不断完善。

8.2.1.2　旅游规划进一步深入

黄陵提出"一核心四区域"的旅游开发新格局，即以黄帝陵为核心，以黄帝文化园区和轩辕酒文化园区建设为载体，建设黄帝祭祀文化游览区；以贾塬湫、东石狮古柏园、万亩苹果观光园和南沟门水库等为载体，建设生态旅游体验区；以万安禅院、黄陵国家森林公园和秦直道等子午岭森林自然风光为载体，建设休闲度假养生游览区；以店头镇和煤化工园区为载体，建设工业旅游游览区。提出了"一园两线"（一园即黄帝文化园区，两线即西线旅游和东线旅游）的旅游开发建设新格局，按照打造国内一流、国际有影响的旅游目的地为目标，启动了规划编制工作。完成《黄帝文化园区总体规划》《黄陵森林公园总体规划》《黄陵森林公园详细规划》《黄陵西线旅游总体规划》《轩辕酒文化旅游产业园区规划》《黄陵万安禅院石窟保护规划》和《黄陵万安禅院石窟配套设施工程设计方案》等的编制，目前，正在编制《黄陵东线旅游发展规划》，同时，城建部门按照县城西移的要求，还对原有的《黄陵城总体规划》进行了修编，通过一系列旅游规划的编制，为黄陵做大做强旅游产业绘制了发展蓝图，指明了发展方向，奠定了良好的发展基础。

8.2.1.3 乡村旅游进一步发展

采用抓点带面、发挥示范带动作用的方式，积极从省旅游局争取乡村旅游发展补助资金，扶持并指导桥山办事处刘家川建成了"龙乡怡情园"，在双龙镇香坊村建成了"香坊山庄"，在城区街道办周家洼村建成了"中部驿站"以及神农山庄、半亩山、蓬莱山庄等特色品牌乡村旅游项目，双龙索罗湾村以鱼池沟、民俗村和沮河漂流为主的乡村旅游将建成运营。组织桥山办事处刘家川、韩塬、双龙镇香坊村积极开展陕西省乡村旅游示范村创建活动，分别被省旅游局命名为全省第一批乡村旅游示范点。大力整治村容村貌，积极开发新景点。在韩塬村建成了大型新农村文化广场，配备了健身、运动器材，塑立大型苹果雕塑一个，安装村内路灯20盏，装饰大型宣传喷绘9幅，长久性宣传标语24条，建成苹果采摘示范园480亩，建成"一亭四看"观景亭一个。在刘家川建成休闲娱乐广场一个，塑立了"鱼米之乡"塑像一个。在香坊村硬化了村庄道路，建成了游客服务中心，开发了香坊大佛、窨子洞，一线天等新景点。在韩塬举办了苹果采摘节，在刘家川举办了"钓鱼比赛""厨艺比赛"等丰富多彩的乡村旅游文化活动，在特色品牌和乡村旅游示范点的带动下，乡村旅游蓬勃发展。目前，乡村旅游专业村已发展到 8 个，全县农家乐经营户发展到 135 户，其中五星农家乐经营户 1 户，四星农家乐经营户 3 户，三星农家乐经营户 14 户，二星农家乐经营户 26 户，直接从业人员 1000 多人，乡村旅游已成为该县调整农村产业结构、农民增收致富的一大支柱产业。

8.2.1.4　旅游管理力度进一步增强

在节假日期间，旅游局牵头组织工商、城管、安监、卫生、物价、药监、交通等相关部门组成联合执法检查组，对全县"农家乐"、涉旅宾馆、饭店、景区进行联合执法检查，针对存在问题的企业发出整改通知书。公开投诉电话、公开对外承诺服务内容和服务标准，及时受理各类游客投诉案件，依法、及时、公正处理旅游投诉，投诉受理机制不断完善。组织旅游业务骨干对农家乐经营户进行农家乐经营暨安全培训，增强经营户的安全意识，防患于未然，不断加强对旅游业的管理。同时，在全县旅游行业中深入扎实地开展了"创佳评差"、创建"青年文明号"等创建活动，进一步规范了行业管理，提高了服务质量，塑造了黄陵旅游的良好形象。

8.2.1.5　旅游宣传力度进一步加大

抓住清明公祭和重阳民祭的宣传平台，充分利用中央主流媒体和海外媒体的宣传优势，策划系列旅游文化活动，聚焦全球华人的眼球，不断强化宣传效果。与陕西文化投资有限公司和中央电视台合作，拍摄制作了大型史诗记录片《黄帝》，已在中央电视台黄金时段播放。在《陕西日报》《华商报》《陕西旅游》杂志，中国台湾《太平洋日报》等报刊上宣传黄陵旅游。利用当地刊物《华圣》和《桥山》，挖掘黄帝文化内涵，宣传介绍黄陵旅游资源，在西安和延安机场设立大型广告牌，积极参加国内外举办的各种旅博会、推介会，组团赴中国台湾、中国香港、中国澳门举办文化交流和旅游推介活动。同时，制定优惠政策，充分调动旅行社和导游宣传推介黄陵旅游的积极性，通过多种形式、全方位、广覆盖的宣传促销，黄帝陵在海内外的知名度和品牌效益不断提高。

8.2.2　黄陵旅游业发展竞争力分析

8.2.2.1　黄陵旅游发展的优势

（1）政策优势众多

随着国家新一轮西部大开发和"一带一路"建设的强力推进，国务院《关于进一步促进旅游投资和消费的若干意见》《关于旅游业改革发展的若干意见》等一系列支持旅游产业发展政策的出台必将进一步调动全社会支持和参与旅游产业发展的积极性；十八届五中全会提出了"创新、协调、绿色、开放、共享"五大发展理念，这将从根本上改善旅游发展环境，激发旅游发展动力。特别是 2015 年国家旅游局启动了全国全域旅游示范区创建工作，黄陵被列为创建单位，将会有一系列的政策倾斜和优先扶持的政策，这些政策红利将为旅游业新一轮发展提供强大的政策优势支撑。

（2）区位优势明显

黄陵地处陕西"两线两带"交汇地、陕北能源重化工业区和关中高新技术开发区交汇地带，包茂高速、西延铁路、210 国道穿境而过，西延动车黄陵站和包茂高速第二通道建成通车，城际高铁也即将建设，黄陵将成为区域公路和轨道交通的枢纽，连接省会西安和圣地延安的"两高两铁"1 小时经济圈，为游客来黄陵旅游提供更加便利的条件。

（3）资源优势独特

黄陵旅游资源丰富，黄帝陵是华夏第一陵，又是中华文明的精神标识，所承载的黄帝文化是中国传统文化的特殊组成部分，具有超学派、超区域的特性，是中华民族精神的总概括，在全国乃至全球华人文化圈中具有崇高的知名度和资源的唯一性，这是黄陵旅游业发展的先天优势。黄陵拥有 5A 级景区黄帝陵、4A 级景区轩辕养生谷、3A 级景区万安禅院，一个县同时有 3A、4A、5A 级旅游景区，这在延安乃至陕西全省、全国的县区都十分少见。随着黄帝陵景区游客服务中心、秦直道古城项目、轩辕酒文化旅游产业园、南沟门库区旅游开发、小石崖高窑子革命旧址整修工程等一大批重点旅游项目的规划和实施，黄陵寻根祭祖游、休闲养生游、农业体验游、现代工业游、红色观光游等"一核心四区域"的多元化旅游品牌已基本形成，必将在短期内形成新的产业优势和新的经济增长极。

（4）市场潜力巨大

随着人们旅游方式和观念的转变，大众化假日自驾游已经全面迸发。据有关部门统计，2015年，国内游已达40亿人次，人均出游3次，平均每个家庭达9.3次，陕西省接待国内游客人数3.82亿人次，在出游方式上，自由行超过90%，自驾游超过70%，巨大的人流对交通、酒店、餐饮、购物等产业的带动作用将更加凸显，这就为黄陵旅游市场和旅游企业提供了巨大的发展商机。作为全球华人寻根圣地的黄帝陵每年吸引数以万计的国内外游客，几乎全年都有官方或民间组织的黄帝公祭活动，其代表的"黄帝文化"可辐射到整个黄陵，黄陵旅游业可充分利用辐射半径的优势，打造迎合这些群体的旅游项目及产品。

（5）带动作用日益明显

黄帝文化中心开工建设，轩辕养生谷建成开园，黄帝陵游客服务中心项目开工建设，乡村旅游基础设施和服务设施不断完善，有力促进了黄陵旅游产业的快速发展。在全县旅游产业发展的同时，拉动县域消费市场繁荣，带动第三产业发展效应日益凸显。2015年全年完成社会消费品零售总额达16.23亿元，第三产业增加值达到21.31亿元，分别增长9.6%和7.8%。旅游产业逐步成为推动黄陵经济增长和转型升级的支柱产业。

（6）举县兴游形成共识

近年来，黄陵通过一系列的旅游创建活动，形成了"党政齐抓、部门联动、举县一致、形成合力、发展旅游"的良好氛围。面对经济下行压力增大，煤炭市场持续低迷，财政收入下降的现状，及时调整产业结构，确定了"文化旅游带动"战略，实现了黄陵经济结构由"煤主沉浮"向"游主沉浮"的转变。这为黄陵坚持以"文"兴"旅"，促进文化、旅游深度融合发展，做大做强旅游业奠定了坚实基础。

8.2.2.2　黄陵旅游发展的劣势

（1）基础设施建设滞后

由于旅游投入不足，尽管与外省市连接的公路、铁路满足游客的来往需要，但是县域内的交通设施仍存在许多问题，过境公路城区段机动车与非机动车混行，缺乏必要的道路交通设施，严重影响过往车辆及行人的安全。部分旅游景区的基础设施建设落后，旅游环线的缺乏和风景名胜区内道路等级的制约，仍是县城作为旅游基地全面开发旅游产业的瓶颈。服务设施简陋，部分景区道路、交通、停车、餐饮、服务等配套设施建设严重滞后，特别是餐饮、休闲、停车、购物场所档次较低，满足不了游客需求。

（2）综合效益不高

目前黄陵旅游业发展还停留在单一的门票经济阶段，景区的综合开发不够，供给内容比较单一，文化和自然观光构成主要的旅游形式，其他方面的需求难以满足，忽视了休闲性、趣味性、参与性、民俗风情旅游产品的需求，缺乏游客互动型、参与型的高端旅游产品。旅游项目种类较少，层次较低，标准不高，导致游客逗留时间短，带动第三产业发展的能力不强。

（3）宣传促销力度不够

黄陵旅游资源丰富，底蕴深厚，但在宣传推介方面形式单一，对外宣传推介拘泥于传统的宣传方式，缺乏整体、广度和深度的包装，提到黄陵，多数游客只了解黄帝陵景区，对县域的其他景点无从知晓。

（4）旅游人才队伍缺乏

县域内的餐饮、酒店等服务业的从业人员多为当地农民，由于文化水平的限制，加之环境影响，多数从业者在经营管理方面缺乏专业化，表现在礼仪接待、食品烹调、卫生管理、服务质量等方面，从而失去了许多潜在消费者，与发展全域旅游的需要还不相适应。

（5）旅游竞相发展压力大

黄陵虽不缺国字号旅游景点，但从旅游部门的统计来看，接待游客人数和旅游综合收入排名靠后，加之周边市县竞相发展旅游产业势头强劲，黄陵旅游产业发展存在较大的竞争压力。

8.2.3　黄陵旅游业存在的问题

8.2.3.1　资源开发深度不够，旅游产品单一

文物古迹的精髓就在于它独特的文化，黄帝陵拥有得天独厚的文化内

涵，然而却没得到合理的开发，目前黄帝陵旅游就是简单的黄帝陵的参观，仍然注重的是低层次的观光游，游客只能从表层很浅显地了解黄帝文化，景区没有更加形象生动地把黄帝时期的文化表现出来，忽略了深层开发景区厚重的文化；黄帝陵多年来向人们展示的就是祭祖及黄帝陵的参观，游客参与性较弱，同时存在"重人文，轻自然"的现象，相关的娱乐及购物产品相对较少，缺乏度假型的产品，游客到此游览只能是"白天看庙，晚上睡觉"，旅游资源尚未完全开发，旅游产品过于单一。

8.2.3.2　管理、服务不完善，游客逗留时间短

黄帝陵旅游业发展已经20多年了，黄陵的住宿、娱乐、购物等基础设施虽能满足一定量的游客的需要，但总体来说条件较差，基本趋于中低档次，在旅游高峰期满足不了一些高层次游客的消费要求，缩短了游客停留时间，造成一定量的游客的流失，城市环境、基础设施建设存在着明显差距，吃、住、行、娱、购等功能不完善，游客在黄陵观光、逗留的意愿降低。同时县域内的交通条件有待改善，在高峰期会出现乘车难或者乘不到车的情况，增加了游客来此的考虑因素，无形中减少了游客量或游客停留时间，同时旅游纪念品较少，虽有黑陶等旅游纪念品，但销售量小，产品文化品位和纪念意义不强，加之加工工艺较为落后，在市场上缺乏竞争力，导致黄帝陵旅游只是陕北旅游线路上的一个普通景点和旅游者的次要目的地，游客逗留时间较短，不能起到带动其他产业发展的目的。

8.2.3.3　客源市场开拓不足，季节性明显

黄帝陵是中华民族的始祖——轩辕黄帝的陵墓，是国家第一批重点文物保护单位，在华夏儿女的心中有着极其重要的地位，数千年来无论是帝王将相还是平民百姓都会祭祀黄帝，然而人们的祭祀主要集中在清明，这就造成了黄帝陵旅游的季节不均，游客的大量集中对陵区的资源造成了一定的破坏，人们都知道黄帝是中华民族的始祖，然而每年到黄帝陵旅游的海外华人华侨不足其总数的万分之一，巨大的客源市场还有待进一步开拓。

8.2.3.4　生态文化资源遭到破坏

黄帝文化园区的周边环境日受侵蚀，生态环境的恶化削弱了黄帝陵千

年以来凭借良好的生态环境形成的肃穆感，黄帝陵作为旅游文化展示的根本性职能受到威胁。黄帝陵负山抱水的山水格局是中国山水文化中最古老、最严整、最具代表意义的部分，环境的恶化导致传统山水文化受到侵蚀。黄帝文化园区的旅游发展需求将随着生态环境的恶化而衰弱。

8.3 黄陵旅游资源的定量评价

8.3.1 黄陵旅游资源统计分类

黄陵内旅游资源包含 8 个主类、17 个亚类，基本类型为 40 类，114 个主要资源。资源类型较为丰富，其中历史遗迹类和建筑设施类为黄陵的主要资源类型，同时黄陵的地文景观、水域景观和生物景观又较为典型。地文景观为黄土沟壑地貌，水域风光包括有黄土旱塬奇观——湫，生物景观主要为荣华果业的万亩观光园和东石狮村的古柏。此外旅游商品有一定开发，如饮食上有黄陵油糕、软馍、黄黄馍、油坨坨、煎饼、油骨朵、锅巴子等，水果有苹果、梨和枣，手工艺品有剪纸、面花、龙鼓和霸王鞭等，人文活动有古庙会、火把会、重阳民祭、民间社火、清明公祭等。

8.3.2 黄陵旅游资源定量评价

8.3.2.1 著名旅游景点情况

5A 级景区——黄帝陵，总面积为 8500 余亩，下有沮水环绕，南与印台山相望，山上有古柏 8 万余株，千年以上古柏 3 万余株，是我国最大的古柏群。黄帝陵园面积 10 余亩，陵前设有祭亭，内立郭沫若亲书"黄帝陵"碑。陵冢高 3.6 米，陵园周长 48 米。园内古柏参天，一派庄严肃穆的气氛。黄帝陵景区不仅是一处文化内涵深厚的人文景区，更是一处"山、水、城、陵"交相辉映的自然景区，黄帝陵景区占地面积 3.24 平方千米。景区的主要景点有黄帝陵墓、汉武仙台、龙驭阁、祭祀大院、祭祀大殿、轩辕庙、龙池等，轩辕庙碑廊内现存放有历代祭祀丰碑文 47 通，近、现代歌颂黄帝功德的碑文 50 通，另外，还有孙中山、蒋介石、毛泽东、邓小平、江泽民、李鹏等撰写的碑文，有馆藏文物700余件。黄帝手植柏被誉为"柏树之父""中华第一树"，汉武帝挂甲柏、龙角柏被誉为"中华奇柏"，桥山古柏是世界上最大的古柏林，黄陵古柏甲天下。景区一年四季常青，备受游客的青睐。

4A级景区——陕西黄陵国家森林公园，位于黄陵城西部40公里的桥山林区，沮河（古称姬水）上游，总面积4358.5公顷。最高海拔1547米，年平均温度9.4℃。森林茂密葱郁、环境清雅宜人，地貌奇特典型，气候湿润，百药沟被称为黄土高原上的"药谷"，相传是黄帝播种百谷草木的地方，据说药王孙思邈经常在此采集草药，扶救苍生；"降龙峡"传说是轩辕黄帝出生的地方；"万卷书"又称"内经石"，是当年黄帝与岐伯谈医论道编写落书的地方；十里松廊、蝴蝶谷等自然景观奇特诡异，神奇壮观；"秦直道"从公园西部穿境而过，历经2000多年部分仍保存完好；景区南谷有千年古刹紫峨寺遗址，其大雄宝殿属于皇家寺院，寺内有开凿于北魏年间的石窟；临近紫峨寺的孟家台、杨家庄、水担坪、烧锅院等北宋杨家屯兵练军遗址与公园景区相互依托、交相辉映。

秦直道遗址。秦直道位于桥山林区，子午岭崇山峻岭之上，在黄陵县境内全长60公里，道基宽10～60米不等，被称为2000年前的高速公路，属省级重点文物保护单位。途经艾蒿店老芦堡、五里墩、沮源关等村庄，沿秦直道两侧，五里一墩，十里一台，二十里一龛，五十里一站，一百里一驿，所存遗址颇多。周围自然风光秀美，开发潜力巨大。

位于双龙镇峪村的千年古寺——万安禅院石窟，是国务院公布的第六批全国重点文物保护单位，内有保存完好的佛教艺术石雕造像1000余尊，雕刻技艺精湛，艺术价值很高，俗称"千佛洞"，被誉为陕北石窟的代表，佛教艺术的殿堂。经过一、二期整修工程，目前，万安禅院石窟景区各项配套设施已基本完善，整修开发了祖师庙、娘娘庙、财神庙、药王洞、龙王庙、轮回谷等景点。

8.3.2.2　评价模型构建

根据《旅游资源分类、调查与评价》（GB/T 18972—2003）国家标准对黄陵旅游资源进行评价，此种评价仅限于旅游资源自身的价值，不含开发条件评价。综合评价系统包含资源要素价值、资源影响力和附加值三大评价项目，其中资源要素价值包括观赏游憩使用价值、历史文化科学艺术价值、珍稀奇特程度、规模丰度与发生概率和完整性五个评价因子，资源影响力包括适游期或使用范围、知名度和影响力两个评价因子，附加值有环境保护与环境安全评价因子，每个评价因子包含五级赋分等级如下图。

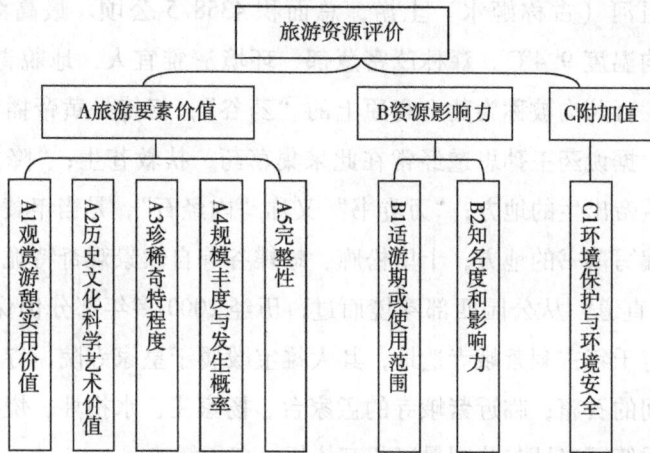

```
                      旅游资源评价
        ┌───────────────┼──────────────┐
  A旅游要素价值      B资源影响力      C附加值
  ┌──┬──┬──┬──┬──┐    ┌──┬──┐          │
 A1  A2  A3  A4  A5   B1  B2          C1
 观  历  珍  规  完   适  知          环
 赏  史  稀  模  整   游  名          境
 游  文  奇  丰  性   期  度          保
 憩  化  特  度       或  和          护
 实  科  程  与       使  影          与
 用  学  度  发       用  响          环
 价  艺     生       范  力          境
 值  术     概       围              安
     价     率                       全
     值
```

图 8 - 1　旅游资源评价结构图

针对黄陵旅游资源的特点，经过比较各种评价方法，采用 AHP 层次分析法（The Analytic Hierarchy Process，AHP）来构造黄陵旅游资源评价模型。

AHP 层次分析法是美国运筹学家萨蒂于 20 世纪 70 年代提出的一种决策分析方法，在 1989 年由保继刚引入我国。它是将旅游资源评价各种复杂问题按专业要求分解成若干层次，构成旅游评价模型树，这样在比原来问题简单得多的层次上逐步分析，得出评价结果。

层次分析评价模型的基本原理是：通过人们较易进行的两两判别而达到比较的目的，假定一目标 U 各影响因素 P_i（$i = 1, 2, 3, \cdots, n$）的重要性分别为 W_i（$i = 1, 2, 3, \cdots, n$）：设 $W_i > 0$，$\sum_{i=1}^{n} Wn = 1$，则 $U = \sum_{i=1}^{u} W_i P_i$。若将 W_i 两两相比可构成判断矩阵：

$$A = (a_{ij}) = \begin{Bmatrix} W_1/W_1 & W_1/W_2 & \cdots & W_1/W_n \\ W_2/W_1 & W_2/W_2 & \cdots & W_2/W_n \\ \vdots & \vdots & & \vdots \\ W_n/W_1 & W_n/W_2 & \cdots & W_n/W_n \end{Bmatrix},$$

其中，a_{ij}满足判断矩阵的一致性，且有：

$$AW = \begin{Bmatrix} W_1/W_1 & W_1/W_2 & \cdots & W_1/W_n \\ W_2/W_1 & W_2/W_2 & \cdots & W_2/W_n \\ \vdots & \vdots & & \vdots \\ W_n/W_1 & W_n/W_2 & : & W_n/W_n \end{Bmatrix} \begin{bmatrix} W_1 \\ W_2 \\ \vdots \\ W_n \end{bmatrix} = nW。$$

旅游资源评价模型的核心是确立评价指标体系，其评价因素的选择是否正确、合理直接关系到评价结果的准确性，因此，指标的选择需要遵循下述原则：层次性和系统性（即评价因子有大类、类和层之分，且它们之间要有一定的包容性，同时每一层都要能构成系统）、代表性和重要性（应选择最能反映总因素特性的子因素作为评价指标）、互不兼容性（作为评价指标的子因素各自独立代表总因素的一个侧面，它们是并列平行关系，不应具有包容性也不能含有替代关系）、区分判别性（作为评价指标不能出现模糊不清和不易区分的现象）。根据黄陵旅游特点和旅游发展的实际情况建立了模型树，该模型共分为四层，第一层总目标层，第二层综合评价层，第三层评价项目层，第四层评价因子层。

确定评价模型树后，再采用德尔菲法邀请专家对其中的指标因素进行重要性排序，可采用定值 1、3、5、7、9 或它们的倒数作为量化标准，来表示稍显重要、明显重要、极其重要等判别级别，构成判断矩阵，计算矩阵最大特征值和特征向量，利用计算机进行整理、综合、检验，进而得到各因素的权重值。见图 8 - 2 和表 8 - 1。

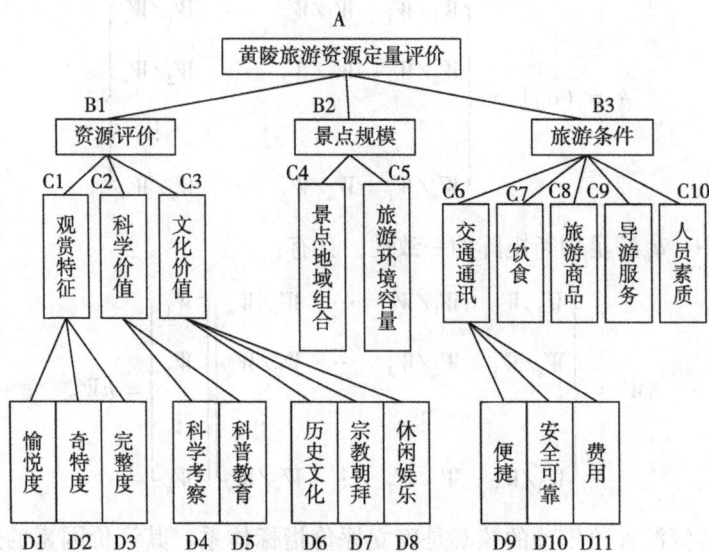

图 8 - 2　黄陵旅游资源评价模型树

表 8 - 1　旅游资源评价权重值

A 层总目标层	B 层综合评价从层	权重	C 层评价项目层	权重
黄陵旅游资源定量评价	资源评价 B1	b1 = 0.7241	观赏特征	0.4479
			科学价值	0.0765
			｜文化价值	0.1995
	景点规模 B2	b2 = 0.1584	景点地域组合	0.0885
			旅游环境容量	0.0699
	旅游条件 B3	b3 = 0.1175	交通通信	0.0579
			饮食	0.0263
			旅游商品	0.0064
			导游服务	0.0119
			人员素质	0.0149
总和		1		1

在得出旅游资源评价因子的权重后，对黄陵某一旅游资源则可发放问卷，继续邀请专家对评价项目层中的各项评价因子进行评价，每项以总分100 分为标准，逐一评分，评分标准如表 8 - 2 所示，然后综合各项得分结果，得出该旅游资源单体的评价结果。其计算方法为各评价因子得分与评

价因子权重乘积，所得结果为各项相加之和。

表 8-2 旅游资源定量评价等级计分表

评价指标		计分等级				
		I (0~20)	II (21~40)	III (41~60)	IV (61~80)	V (81~100)
资源评价	观赏特征	很低	较低	一般	较高	极高
	科学价值	很小	较小	中等	较大	极大
	文化价值	县级意义	省级意义	地区意义	国家级意义	世界级意义
景点规模	景点地域组合	很小	较小	一般	优良	极优
	旅游环境容量	很小	较小	一般	很大	宏大
旅游条件	交通通信	很差	不方便	一般	很便利	极好
	饮食	恶劣	一般	较好	很好	极好
	旅游商品	很差	较差	普通	优良	极优
	导游服务	很差	较差	一般	很好	极佳
	人员素质	很差	较差	中等	很高	极高

按照旅游资源单体评价总分，将其分为五级，从高级到低级依次为：

五级旅游资源，得分值域≥90分；

四级旅游资源，得分值域为75~89分；

三级旅游资源，得分值域为60~74分；

二级旅游资源，得分值域为45~59分；

一级旅游资源，得分值域为30~44分；

未获等级旅游资源，得分≤29分。

其中，五级旅游资源称为"特品级旅游资源"，是近期应该优先开发与发展的旅游资源；四级、三级旅游资源统称为"优良级旅游资源"，是区域旅游发展的优势资源；二级、一级旅游资源统称为"普通级旅游资源"，其中也不乏可中远期开发的潜力资源。黄陵主要旅游资源等级分类如表8-3所示。

表 8 - 3　黄陵旅游资源等级表

资源品级	等级	旅游资源单体名称
特品级	五级	黄帝陵
优良级	四级	万安禅院
	三级	古柏、侯庄湫、贾塬湫
普通级	二级	长寿山、黄土地貌景观、荣华果业、万亩观光园、南沟门水库
	一级	北巨头村知青点、任云峰民居（民国）、白九万民居（民国）、白校全民居（民国）、安沟民宅（清）、东村祠堂（清）、阿党新村遗址（秦汉）、阿党镇河地村荆滩烽火台遗址（明）
未获等级		古庙会、火把会、重阳民祭、黄陵油糕等小吃

8.3.3　黄陵旅游资源综合评价

8.3.3.1　旅游资源特征

（1）散点分布、空间跳跃的布局特点

黄陵旅游景区的景点成散点分布，旅游资源呈南北两小抱团分布。一景点一风情，从湫到果园、从龙柏园到南沟门水库，空间跳跃布局。

（2）类型多样、特色鲜明的资源特质

黄陵既有海内外举世瞩目的黄帝陵，又有雄壮的黄土地貌景观、奇特的水体——湫的景观，万亩的果林地，更有丰富的人文景观和厚重生动的民风民俗。优美的自然风景使人心情放松、舒适，人文景观给人以知识，是一种心灵的震撼，二者互为补充，共同带给游客全方位的旅游体验。景区内自然和人文两种资源齐备，且分布方便开发建设。景区内气候温和，水源充足，果木资源丰富，历史文化悠久，适宜开发以湫为依托，以果品采摘游为主的休闲度假的乡村旅游，还有以煤炭开采为主题的工业旅游。旅游资源种类丰富。

（3）隐含文化、历史延续的山水格局

黄陵自然环境奇特，桥山古柏堪称奇观。黄陵所具有的川塬相接，梁峁起伏，沟壑纵横，沮水环绕，塬天一色的特点，是亿万年以来在大自然鬼斧神工的雕琢下形成的，不仅呈现出了雄浑气势，而且潜移默化地影响着亿万炎黄子孙的躯体和魂魄。奇柏黄塬、旱地水湫、质朴乡村，是我国传统风水学、地理学、环境美学在黄土高原乃至华夏神州最佳的地貌典范。以黄帝陵为核心的黄帝陵寝及其山水格局，是一处天造地设的帝陵吉壤。

（4）千年传承、底蕴深厚的人文气息

黄陵，作为中华民族始祖轩辕黄帝的陵寝所在地，既是中华民族重要的历史文化名城和人文圣地，又是海内外炎黄子孙谒陵祭祖的神圣殿堂，具有中华民族五千年源远丰厚的社会历史、文化遗存、传统风貌，中华民族早期文明和黄帝功德在黄陵浓缩积淀，是黄帝文化、龙文化和中华传统文化的发祥地，是中华五千年历史的源头。久远的黄河文化和古老的多民族文化孕育了陕北独特的文化历史，陕北一些有特色的民俗文化和民间传统艺术及手工艺在此进行整合、汇集，使之典型化和更加丰富多彩，有很浓的文化韵味和很强的魅力。

8.3.3.2 黄陵旅游资源的优势

（1）最震撼人心的黄土山水画

黄陵内独特的黄土地貌，沟壑纵横、绵亘不绝，似万马奔腾，似巨龙腾飞。生态环境良好，这里的侯庄湫的峡谷之水清澈见底，明亮如镜，湫的两岸上下绿柳成荫，草似绿毯。站在峡谷之上，视野开阔，极目远眺，黄土高原，鸟瞰湫水，明亮如镜，清可照人，倒映朵朵白云，荡漾岸边沟壑，如碧绿翡翠，如青翠玛瑙，恰似万里土塬上镶嵌的一颗明珠。黄土高原与湫的景观组合良好，是陕北黄土高原的一大奇观，展现出一幅最震撼人心的黄土山水画。

（2）最鲜活的炎黄子孙生活画面

中华民族的人文始祖轩辕黄帝是我国原始社会末期一位伟大的部落首领，是开创中华民族文明的祖先。我国后来能屹立于世界四大文明古国之列，这与黄帝的赫赫殊勋是分不开的。黄陵是黄帝陵寝所在地，是中华五千年历史文化的源头。如今的黄陵正进一步建立完善农村社区化管理机制，合村并居，移民搬迁，梯次推进村庄整治，正在建设一批独具特色的新型农村示范社区。黄陵正处在黄帝当年生活和飞升的地方，数千年的历史文化积淀，粗犷豪放的延安腰鼓，古朴精美的民间剪纸，热烈欢快的陕北大秧歌，孕育了韵味淳厚的黄土风情文化。黄陵在塬区大力推进绿色有机苹果生产基地建设，形成农业和旅游业结合的新农村建设发展道路，成为百姓富庶之地。传统文化精神和传统文化魅力丰富了当地人民群众文化生活，人民群众的整体素质和民族凝聚力在这片土地上——表现出来。传承了几千年离黄帝最近的黄土文明，最鲜活的炎黄子孙生活画面，力求使游客慕名而来、满意而归。

（3）最传统的民族精神展示之地

黄帝文化是中国传统文化的重要组成部分，其本质表现为：黄帝文化具有开拓创新精神，具有仁政爱民的民族思想，具有极强的凝聚力，具有包容性。作为祖陵圣地的黄陵，无论过去、现在还是将来，都永远是中华民族的灵魂与象征，是中华民族根之所在、魂之所托。这里独一无二的人文优势和历史地位，是任何时代、任何地方也无可比拟的。黄陵是历史形成的民族圣地，具有黄帝的崇高形象及其所代表民族精神的空间环境容量和历史文化容量，这里的山山水水、草木树石以及历史留下的文物、古建筑，它们从总体上构成了当前我国唯——处反映中华民族始祖和中华民族文化肇始者精神的物质形态空间。

（4）最全面的黄帝文化体现区域

黄帝文化是一个大文化的概念，它包括政治、经济、军事、科学技术、文化艺术、风俗习惯和意识形态等。对后代影响最大的归纳起来是祖根文化、文化祖根和龙文化等几个方面。

8.4　黄陵旅游业升级的定位、目标与空间布局

8.4.1　总体定位

黄陵旅游业的总体定位是：以全域旅游为模式，围绕把黄陵建设成为"中华民族人文圣地，山水生态优美景区，宜游宜业宜居县城"的目标，全力打造全国"祭祖旅游示范地，生态旅游体验地，休闲旅游养生地"。

（1）祭祀旅游示范地

以黄帝陵为中心，以保存、传承黄帝文化和黄帝精神为宗旨，定期举

办祭祀黄帝活动，使黄帝精神薪火相传，历久弥新，铸就和延续中华民族生生不息、波澜壮阔的历史画卷，成为中华文明一脉相承源远流长的国脉民魂，使黄陵成为祭祀旅游示范地。

（2）生态旅游示范地

依托黄陵优越的森林资源和良好的生态资源，深入挖掘开发黄陵丰富的农业资源和乡村民风民俗，为城市居民提供新的休闲产品，同时促进农业产业结构调整，增加农民收入，将黄陵打造成为生态旅游胜地。

（3）休闲旅游养生地

以黄陵国家森林公园为依托，以黄帝内经为主要内容，大力发展中医药养生、生态养生、运动养生、居住养生、文化养生、怡情养生、礼佛养生等养生产品，使黄陵成为休闲旅游养生圣地。

8.4.2 发展目标

8.4.2.1 近期目标

以黄帝陵为核心，黄帝文化园区和轩辕酒文化园区为载体的黄帝文化游览区；以黄陵国家森林公园、万安禅院和秦直道为载体的森林休闲度假游览区；以侯庄湫、贾塬湫、万亩苹果观光园为载体的农业观光体验游览区；以店头镇和循环经济资源综合利用园区为载体的现代工业游览区，到2020年，全县旅游年接待游客达到500万人次，全县旅游综合收入达到20亿元，把旅游业真正培育成黄陵的龙头产业，创造全域旅游新格局。

8.4.2.2 远期目标

以旅游市场为导向，以旅游资源为依托，以培育旅游精品为核心，以经济效益、社会效益和环境效益的统一为根本，实行政府主导型发展战略，动员全社会共办旅游，到2025年，把黄陵建成以黄帝陵、黄土风貌、森林休闲度假为特色的旅游胜地，建成设施完善、服务一流的旅游基地、商务会展中心和交通枢纽，发挥旅游业带动其他产业发展的作用。

8.4.3 空间布局

以全域旅游为发展模式，结合旅游业发展实际，黄陵旅游业将形成

"一园两带四区"的空间布局。

一园：黄帝文化产业园。

两带：农业生态观光娱乐旅游带和自然观光度假旅游带。农业生态观光娱乐旅游带指依无公害苹果生产基地而构建的以苹果业观光、庭院经济以及黄土风情农家乐、南沟门水库旅游度假区为主的农业生态观光娱乐旅游路线；自然观光度假旅游带由子午岭国家森林公园、千佛洞旅游区、秦直道以及矿区生态等资源组成。

四区：黄陵国家森林公园、现代工业旅游区、现代农业观光体验旅游区、黄土风情旅游区。

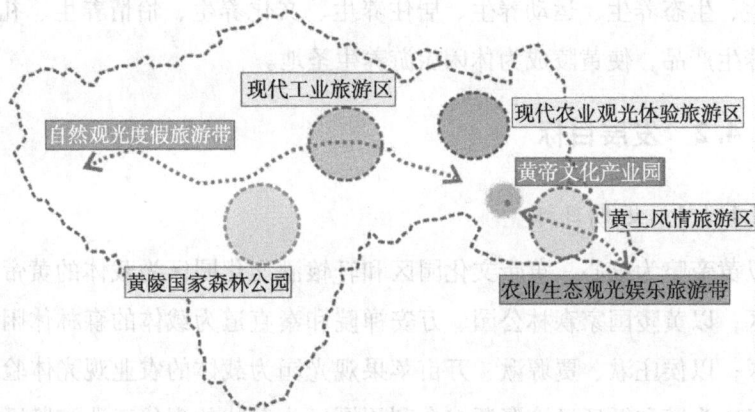

图 8 - 3　黄陵旅游业空间布局

8.5　黄陵旅游业的主要发展方向

8.5.1　黄帝文化拓展项目

8.5.1.1　项目背景

黄帝是中华民族的共同祖先，是我国上古历史上第一位最伟大的创世帝王，他不仅奠定了中华一统的局面，而且以自己的卓越智慧创造了中华民族灿烂的早期文明，开启了中华文明五千年的历史源头，揭开了中华文化的序幕，完成了古老东方土地上一个伟大民族的创造。黄帝不仅是中华民族历史上首次大融合的创世英雄，也是中华文化发明创造的伟大始祖。到黄帝陵寻根祭祖，伴随着民族历史的发展和演变，早已成为中华民族深层文化心理结构中最根深蒂固的群体意识，对于走在21世纪民族复兴伟大征途中的炎黄子孙来讲，更是具有非同凡响的时代意义。

8.5.1.2 项目意义

（1）寻根祭祖是强化民族传统的精神典仪

随着世界经济一体化和文化民族化趋势的日益深化，中华优秀传统文化日益焕发出新的生机和活力，特别是随着伟大祖国的日益强大和国际地位的日益提高，中华文化在全世界范围内的影响越来越大，中华文化的魅力越来越被世界各国人民所接受。在这样的国际大背景下，我们对黄帝的追寻与祭奠，就能够使所有华夏子孙在最广泛的领域和最丰富的意义上形成对民族传统的广泛认同，充分肯定优秀民族传统的时代价值，为我们独具风采的传统文化感到光荣和自豪，使我国传统文化的统一性和一贯性得到进一步巩固和加强，从而使我们的传统文化在当今世界文化冲撞和交流中保持自己特有的风格，并且更加富有魅力。同时，由于寻根祭祖的传统形式向现代化形式的转变，这就为寻根祭祖注入了新的时代内容，使这种祭拜成为我们民族传统由古代走向现代、由中国走向世界的一种革命性力量，从而使我们的民族传统在自我发展和自我完善中拓展自己的现代空间，创造自己的现代形象，获取变革和更新的强大动力。

（2）寻根祭祖是增强民族凝聚力的力量源泉

凝聚力是中华民族最为宝贵的精神财富，是保持民族统一、尊严和发展壮大的不竭动力。对黄帝的追求和祭拜能强化人们对理想境界的追求，作为一种具有道德人格自我完善功能的祭奠方式，它能促使我们每个人把中国文化的价值尺度作为至高无上的标准，把人格境界的提升作为最主要的追求目标，这就主导了人们精神世界的向心运动，使中国文化的道德理想不断引导人们走向更高的精神境界。它还能促进祖国的统一，海内外所有的炎黄子孙都割不断的文化之根，都对民族分裂感到不安，而对国家统一、民族团结抱有美好的愿望。在黄帝的旗帜下，摒弃前嫌、求同存异，不仅是动员全球华人报效祖国的有效方式，也是实现祖国大陆和台湾的和平统一、解决好港澳问题的最为坚定的民族心理和传统文化基础；它还能升华我们的爱国情感，使华夏儿女对祖国民族的情感与对民族文化的高度自觉和对中国特色社会主义的深刻理解紧密结合在一起，从而成为一种高度升华了的现代理性意识，促使各种社会力量在国家民族的至高利益上团结起来，在民族群体的共同目标下，充分发挥中国文化的现代优势，在和谐统一的氛围中使大一统的中华文化在 21 世纪的伟大进军中，进一步增强自身的凝聚力和向心力，以崭新的面貌出现在当代世界的舞台上。

（3）寻根祭祖是激发个人创造力的强大动力

一个民族创造力水平的高下，除了某种现代机遇的挑战作用外，在很大程度上受制于一个民族的文化空间。创新作为民族精神的灵魂，与黄帝开创的华夏文化有着密不可分的重要联系。而对黄帝的尊崇和祭拜，就能获得华夏文化的广阔背景，从而形成个体创造性的民族文化根源和科学文化基础，而个体的创造性如何，只有在华夏文化的宏阔背景中才能给予特定的空间。所以，对黄帝的追寻和祭拜把个体的创造活动引入民族文化的延续空间，就能为人们的创造行为提供不竭的文化之源。黄帝时代的创造能产生巨大的榜样力量。

8.5.1.3　发展方向

深入挖掘黄帝文化的品牌价值，构筑完整的黄帝文化精神价值体系。作为华夏民族的创世英雄，黄帝文化具有十分丰富的文化内涵和极为重要的价值指向。是黄帝统一了中原和黄河流域，结束了氏族之间的连年战乱，形成了当时最大的部落联盟。这种团结统一的精神，成为中华民族几千年凝聚而不散的核心力量。是黄帝打破了氏族界限，促进华夏各民族在生产、生活、习俗、情感、心理等方面的大融合，促进了各民族的交融和大华夏民族的形成，这种民族融合、和谐一体的精神是我们屹立于世界民族之林的独特优势。是黄帝架构新的部落联盟管理制度，形成国家雏形，并进行了养蚕、制衣、舟车、阵法、文字、历法、度量、宫室、武器等许多方面的发明创造，形成了中华民族最为灿烂的早期文明，使创新成为中华民族精神的灵魂和不竭动力，使中华民族不仅以创新延续着民族的发展，并且对世界文明的发展不断做出新的贡献。这些丰富的黄帝文化精神内涵对于我们国内构建和谐社会和国际构建和谐世界都日益显示出重大而积极的现实意义。深刻认识把握和体验黄帝文化的这些精髓，就能使人们的寻根祭祖超越表面的祖先崇拜而不断向民族精神的认同深化。

加强黄帝文化产品的深度开发和梯次建设，构筑立体的黄帝文化产品体系。从满足人们寻根祭祖的多重心理需求出发，以祭祖朝觐这一主题产品为核心，辅助建设比河南郑州更大的中华第一黄帝造像，开发沮河川并利用桥山四周及群山，建造中华历史功德馆，展示从古至今炎黄子孙的伟大人物和历史业绩。建造中国百姓寻根问祖堂，收藏、陈列、出售百家姓资料、工艺品，举行百家姓年度宗亲会。环绕黄帝陵所在桥山及脚下沮河修建大型湖泊，进行大面积立体绿化，以"龙腾虎跃，百鸟朝凤，华夏复兴"为主题，以龙图腾为中心，配备虎、鸟、兽多种图案。用绿树鲜花特色植物装点桥山，同时整合双龙石窟等国家级重点文物及周边县区的相关黄帝文化资源，构筑以黄帝陵景区为核心，以民族文化、民俗文化及黄帝故土历史足迹为拓展的黄帝文化产品体系，形成具有绝佳品位和相当规模的以黄帝陵区为核心，以文化遗存和历史遗迹为补充的立体的中华历史文化区域和产品体系。

构筑弘扬黄帝文化的服务配套体系，形成黄陵独特的城市精神面貌。作为中华第一陵的守陵人和护陵人，黄陵人民既具有无上的光荣和自豪，更肩负着崇高的使命和重大的责任。建设一个与弘扬黄帝文化相匹配的特色城市，用黄帝的文化精神来统领和指导县城的整体建设，黄陵就必须在提高城市功能、完善城市结构、改善城市环境、更新城市基础设施、促进城市精神的成长和文明建设、突现城市特色等方面，按照国家级的标准进行一流目标的规划、建设和管理，从而与黄帝陵这一世界级的文化资源相匹配。城市的设计和造型要突现黄帝文化的精神和内涵，城市的水、电、路、通信等基础设施要高标准、严要求，环保、安全等方面的设施要绝对保险。城市的旅游接待服务等配套设施建设要提升档次、提高质量，使吃、住、行、游、购、娱等旅游要素能让所有前来朝圣和祭拜的人们获得极大的满足，特别是黄陵人要提高自身的整体素质，把自己优秀的道德风尚和性格特色融入城市品格的个性之中，从而不断塑造和美化城市，使黄陵真正在全球华人中放射出永恒的魅力。

8.5.1.4 具体措施

(1) 始祖文化体验

打造一处中华始祖文化园，作为黄帝陵文化展示的重要拓展空间。布置一系列大规模、多层次、主题丰富的文化展示园，文化产业区、旅游商业服务、文化演艺、宾馆会所、始祖公园、景区配套、生态保护等项目要深入系统地挖掘黄帝在各个方面对中华文明起源所起到的重要推动作用，加强黄帝文化的展示功能。

恢复与保护大面积山体植被景观。与周边的山水环境融合共生，突出天人合一的"大山水"理念，将始祖文化园塑造成为以自然山水为主要审美背景的风景旅游区。参照中国传统园林设计手法，将展示、体验等主要功能通过传统园林组织手法进行有机串联，营造出"山、水、园"和谐统一的景观格局。与自然生态环境融合，严格控制建筑高度、体量与建筑色彩，建筑风格更能凸显汉式祭祀大殿的可辨性，突出祖陵圣地的庄严与肃穆。在此基础上合理安排停车、换乘、住宿、会议等各种旅游服务设施，为中华始祖文化园提供配套齐全、利用方便的服务配套设施。

(2) 黄帝陵祭祀

黄帝陵祭祀在中国民族文化和中国社会政治生活中长期产生重大的影响，与中国的儒家思想、道家思想及其当时的政治、军事、文化、科技、建筑、艺术、教育、音乐的传统密切相关，蕴藏着丰富的历史文化内涵。而黄帝开创的中华民族文化及其民族精神，在民族发展史上的作用是全面的、深入的、无所不包的。祭祀黄帝，有利于弘扬黄帝文化，传承黄帝精神，继承祖先遗志，奋发图强，继往开来，进一步增强民族情感和文化认同，凝聚民族力量，增强民族团结，振奋民族精神，激励爱国热情，构建和谐家园，促进祖国统一，实现中华民族的伟大复兴。黄帝陵祭祀活动有着非常重要的意义。

维护黄帝陵区域内典型传统自然地貌特征。保护陵区内现有的历史文化资源与景观绿化资源，加强古柏林的保护与植被建设，保护黄帝陵印台山、桥山等周边自然山体的植被绿化。强化黄帝陵所处的"沮河环绕、桥山高耸、古城拱卫"的核心山水聚落。通过加强山体与沮河沿岸绿化，对片区内的建设高度进行合理控制，恢复桥山东麓山体轮廓，重现完整的山水格局与轴线关系。建立黄帝陵文化博物馆。规划布置一处与黄帝陵整体氛围相适应的黄帝陵文化博物馆，博物馆与管理办公区统一进行屋顶覆土式处理，在覆土层种植较茂密的绿化植被，由此塑造具有完整性的山、水与绿化景观环境，突出黄帝陵的庄严肃穆感。完善黄帝陵区内的交通体系。增强陵庙区域、文化博物馆区与滨河滨湖景观区的有机联系，陵庙区内建设功德坛与陵区内步行环路，印台山上建设印台山眺望广场，规划整治完善陵区现有停车场及服务设施，合理安排换乘与停车地点，主要步行游览路线与机动车道、电瓶车道合理分流，增设博物馆、管理办公区与桥山滨湖酒店等的专属停车场。

（3）黄帝文化活动展示

通过原生态的大地景观营造，凸显远古风韵，丰富东湾景观；通过不同的景观手法和元素打造天地初开、蛮野洪荒、刀耕火种、文明初创、华夏共祖等远古演化主题景区。在远古环境的基础上，增加黄帝文化景观。比如于东湾核心水域北侧局部复原原始部落，在华夏共组景区增加炎帝纪功石、岩画、石像以及祭祀表演活动等，使游客身临其境认知黄帝、感受黄帝、膜拜黄帝。

完善旅游服务设施。于景区东端改道后的国道与老国道交汇处配置门户旅游服务设施，结合官庄改造适量建设景区中部旅游服务设施，结合根之广场配置大型演出场所，广场南侧沮水之南配置星级宾馆。搬迁和整治景区内村落。桥山东侧村庄，景观干扰较大，应尽可能整体搬迁，东部三个村庄，严格控制和逐步缩小其规模，并结合景区建设，进行村庄风貌改造，与整体景区远古风貌取得一致。

（4）融入陕北生态文化园

联合榆林、绥德、米脂等县市，共建陕北生态文化园，将黄帝陵文化产业园作为陕北生态文化园的核心部分之一，共同做大陕北文化旅游市场，争取项目必要的政策倾斜和财政经费投入，充分调动社会力量，拓宽资金来源渠道。

（5）旅游服务

迁县政府、法院、检察院等黄陵重要行政办公用地到西部新城区，将原用地置换为商业服务与旅游文化产业配套用地等，大力发展商业与旅游文化产业，布置相配套的旅游服务设施，增强旅游吸引力；并在此基础上适当发展城市居住用地，提升居民居住品质。

绿化休闲节点。重点整合下城的主要出入口、广场以及大型绿地，利用可腾退的部分可建设用地，着力打造五处区域性的以旅游活动与市民休闲为主的绿化休闲节点。城郭轮廓绿化提示环。利用下城城郭轮廓所在道路的周边空地打造多处环境良好、设施完备的公共休闲空间，并增强道路两侧的绿化抚育，密植行道树，形成下城城郭轮廓绿化提示环。山峦观景轮廓。整治下城南侧的村落，对其周边环境进行适当规划控制，形成绿化包裹的小体量形态，保护并修复完整的山峦观景轮廓。

8.5.2　养生文化项目

8.5.2.1　项目背景

"养生"一词，最早见于先秦、战国时期的《黄帝内经·灵枢·本神》："故智者之养生也，必顺四时而适寒暑，和喜怒而安居处，节阴阳而调刚柔，如是则僻邪不至，长生久视。"养生又称摄生、道生、养性、卫生、保生、寿世等。其含义就是指根据生命的发展规律，达到保养生命、健康、精神，增进智慧，延长寿命为目的的科学理论和方法。养生文化游是将我国传统的养生方法和理论同现代生活中有益于人体健康的各种方式、方法相结合，既注重旅游活动中养生的功能，也注重养生过程的休闲性、娱乐性和体验性，将养生和康复的过程娱乐化、休闲化。

8.5.2.2　养生旅游主要开发模式

（1）水疗养生

温泉度假村是最常见和最流行的养生旅游方式，也是国外养生旅游开发的热点趋势。国外温泉度假目的地可以提供全方位的服务，从按摩疗法的瑜伽到齐全的户外娱乐设施。这些旅游胜地的目标是使它们的客人感到更快乐、更健康、更轻松。一切健康水疗胜地都专注于让客人放松、关注自我。专业水疗胜地经常具有一个特定的健康疗法。如矿物沐浴已经流传了几千年，保加利亚和新西兰等国家利用这些天然地热性能进行泥巴浴和其他天然保健疗法，并且通常伴随着完善的养生服务项目。度假村会提供全面的治疗方法如针灸、结肠清洁、催眠术疗法和冥想。如保加利亚的中部旅游胜地,旧札哥拉矿物浴中心,其依托丰富的温泉和旁边风景优美的哥拉山,以古罗马浴池的尊贵享受为口号,提供温泉矿物浴和各种 SPA 养生,吸引大量的欧美游客。这种模式要求必须有独特的养生资源:温泉或矿物质丰富的水体。

(2) 运动养生

依托山地、湖泊等风景名胜,提出运动养生度假,是最广泛类别的健康旅游,建立诸如滑雪、山地自行车、高尔夫、水上项目等类别的专业的比赛场地,并提供专业的教练团队,对客户进行一对一的教授,使客户感兴趣的运动项目,经过辅导后能够达到竞技水平,从而满足客户的成就感。同时建立具有特色的旅游度假村,为客户度假提供方便。具有特色健身项目和特色度假村的旅游目的地都很受游客欢迎。

(3) 中医药文化养生旅游

中医药文化养生旅游项目主要指针灸、按摩、推拿、刮痧、拔罐等传统中医疗法,还包括中药材种植基地、中医院、治病中心、中医药博物馆等地的参观、游览、体验。

发展中医药文化旅游产业能让中医药文化通过旅游得以传播、让中医药服务得以创新和扩展,将中医药文化元素和内涵注入旅游业中并与文化创意产业融合,提升了旅游业的品质,创新出旅游新业态、新产品并延长旅游产业链,以满足人们对中医药文化的了解和对中医药养生保健、医疗康复、休闲旅游的更新更高的精神文化和物质文化消费需求。

(4) 饮食养生旅游

饮食养生旅游也称食养旅游,是集饮食养生和休闲观光为一体的旅游活动,旅游者在旅游过程中学习饮食养生文化、体验饮食养生的意识,达到治病强身、陶冶心情的目的。游客根据自己的体质偏性在饮食偏性所在地选择、获取适合自己的特色饮食或者药膳达到食疗养生的目的。食疗在养生文化中有着非常重要的地位。饮食养生旅游有助于促进饮食养生文化的传播,满足游客养性健身的需求,带动旅游目的地经济的发展。

(5) 环境养生旅游

人要和自然和谐相处,旅游本身就是一种亲近自然的活动,中国有众多的森林公园,无数的古村落、宗教圣地,数不清的温泉、疗养院,这些地方都环境优美，适合旅游开发，而其中很多旅游资源本身就具有养生价值。例如：海滨旅游可以使人心旷神怡，排解忧愁，对神经衰弱、贫血、偏头痛等患者有很好的疗效。

8.5.2.3 黄陵养生旅游发展方向

（1）中医药养生

在人类文明高度进步的今天，人们越来越注重养生之道，养生方法种类繁多，形式多样，有药物养生、食物养生、环境养生、气功养生、体操养生、修道养生等，以上所指出的养生之道都与中医药有一定的关系。药物养生与中药材、中药保健有一定的关系，食物养生与茶、药膳有一定的关系，气功、体操养生与太极拳、五禽戏有一定的关系。黄陵国家森林公园的百药沟又被称为黄土高原的"药谷"，中草药资源丰富，生长有上百种草药，相传药王孙思邈经常在此采药，扶救苍生。百药沟的降龙峡传说为"人文始祖"轩辕黄帝的出生地。"万卷书"又称"内经石"，是当年黄帝与岐伯谈医论道编写落书的地方。在开发中医药养生旅游时，应针对不同市场推出不同产品，如：中老年市场，这类群体大多都处于健康不稳定状态，有闲暇时间用于修身养性，对中医药养生旅游有浓厚的兴趣，希望通过旅游养生获取养生知识达到延年益寿的目的。女性市场，这类群体对具有美容、减肥功效的中药材备感兴趣。中医药旅游能够使人们从中获得集知识性、娱乐性、体验性、享受性等于一体的多重满足。

（2）全域养生

黄陵拥有良好的森林环境和凉爽湿润的旅游气候，有十里松廊、山间花海、万顷松涛等。养生旅游应该在自然观光的基础上，进行观光、休闲、度假、养生综合开发，并注意精心设计观景系统和观景线路。运动养生有太极演练、山地运动、峡谷探险等系列产品。美食养生有湖心岛餐厅、饮食理疗馆、子午驿站、千金茶苑等，药食同源是东方食养特色。康健养生有国医馆、亚健康康复中心、森林养老中心等康复养生旅游产品。居住养生提供无污染、无公害新鲜空气和住宅。文化养生有轩辕养生论坛、采气养生坛、子午采气游步道、观象台等。将景观与文化相结合，展现《黄帝内经》养生文化精髓。佛养性依托已有的佛教文化氛围，达到修身养性的境界。修道养性有内经岩、降龙潭、药王纪念馆等。除此之外，还设计其他的辅助项目，如完善自主休闲的辅助设施（日本立山黑部峡谷，提供包括联络电话、交通路线、食宿参考、广播电台、紧急求救、医疗院所、警政单位、拖吊保管、汽车维修、加油站等在内的全方位应急救助的联系方式和具体指导）等，使景区养生无处不在，形成丰富、全面的旅游产品体系。

（3）擦亮养生名片

以全国首个以黄帝养生文化为主题的森林生态旅游景区、陕西省唯一的国家森林养生基地称号获得为契机，擦亮养生谷的养生名片。即加强生态建设，擦亮"黄土高原一叶肺"名片；挖掘子午岭历史文化遗存，擦亮"中华大地之中央"名片；复原原始设施和场景，擦亮"内经之源"名片；配套基础设施、丰富养生项目，擦亮"世界知名的修身养性天堂"名片。

8.5.3 旅游纪念品项目

旅游纪念品是游客在旅游途中购买的旅游商品，能表现出旅游景点的特色和当地的自然人文景观。从广义上来说，旅游纪念品包括旅游景点的特色工艺品、管理用品（门票等）、服务用品（导览图、音像图书资料等）；从狭义上来说，旅游纪念品主要是指旅游景点的特色工艺品。

旅游纪念品须具有地域性（采用当地的原材料和制作工艺，包装和设计出具有当地地域特色和风土人情风貌的旅游纪念品）、纪念性（优秀的旅游纪念品承载了很多特殊信息，把产品的材料、特殊的工艺、当地的地域审美观点集于一身，可以传递给广大消费者更多的信息，让更多的人体验并感受地方文化的内涵和民俗风情，对提升当地景区知名度有很大的作用）、艺术性（旅游纪念品没有艺术性就相当于没有生命力，应以其艺术性吸引游客）、文化性（就是包含旅游资源信息和当地文化特色）、便携性等特性。

黄陵旅游纪念品开发应注意突出黄帝陵的地域文化特色、系列化开发（旅游纪念品的类型越丰富，黄帝陵就能够吸引到更多的旅游者，旅游市场的空间就越大。要实行纪念品的多样化策略，打造能够满足不同类别、不同层次旅游爱好者的喜好和需求的旅游纪念品），针对黄帝陵祭祀文化进行联动开发（要完善和提升旅游纪念品的质量，需要各部门、各企业相互配合，有效分工，积极合作，打造完整的黄帝陵旅游产业链）等。

8.5.3.1 轩辕酒

（1）项目背景

酒文化旅游在我国属于新的事物，虽然酒文化与旅游结合的现象早已存在，但在 2003 年以后才真正作为一种产业被研究、被重视。2004 年，我国公布的第一批全国工业旅游示范点（共 103 家），杏花村汾酒集团有限公司、泸州老窖集团公司、青岛啤酒厂、烟台张裕集团、衡水老白干酿酒（集团）有限公司、北京燕京啤酒集团公司等 17 家酒厂成了全国第一批工业旅游示范点；2005—2007 年公布的全国工业旅游示范点名单中，贵州茅台酒厂、宜宾五粮液工业园区、烟台中粮长城葡萄酿酒有限公司、秦皇岛朗格斯酒庄、中国长城葡萄酒有限公司、宿迁洋河酒厂工业园等纷纷上榜。2007 年以酒为主题的旅游活动才开始有了一定的发展，但仍然停留在初级阶段。

（2）酒文化旅游发展模式

① 欧洲葡萄酒庄旅游模式

酒庄开放参观。酒庄开放参观是欧洲葡萄酒旅游的传统模式，分为单个酒庄开放和整个葡萄酒产区开放两种形式。旅游者可以通过很多渠道找到感兴趣的酒庄，进行电话预约参观。整个参观过程大约 2 个小时，一般包含讲述酒庄历史、酒庄理念，参观生产车间，到田间去观看葡萄生长状况，最后与葡萄酒庄主或酿酒师一起品尝葡萄酒等。这种参观过程比较随意，根据酒庄主人的具体情况不同而有所变化，每次参观的内容可以是不相同的，这样的形式互动性强，旅游者可以随时就参观过程中遇到的问题与主人沟通。

葡萄酒博物馆、行业协会的展示厅。欧洲的葡萄酒博物馆、行业协会的展示厅一般由葡萄酒行业协会组织，形式更加正规，大多数会配合教育片的形式，比如一段葡萄种植的短篇文章、图片，甚至一段葡萄酒酿造过程的小短片电影，配合声音，以及酿造工具的实物展示、陈列等。当然在这样的博物馆、展示厅中一般会设立葡萄酒专卖店。在旅游、学习、参观之后，游客可以买上几瓶当地的葡萄酒作为纪念。

特色的风土人情葡萄酒旅游活动。例如，梅多克著名的葡萄酒庄中的马拉松比赛，来自世界各个国家的参赛选手在比赛的过程中需要喝葡萄酒进行比赛。在活动期间，由梅多克当地的葡萄酒文化局、政府负责接待参加比赛的游客，居住在当地的居民家中，亲身体验葡萄酒文化。这个活动的举办，不仅让来自世界各地的选手对这里的葡萄园难忘，在活动结束之后，多数也会慷慨买上几瓶好酒。

② 德国啤酒旅游开发模式

节事活动带动。德国啤酒旅游可以称得上是典型的节日带动型，每年九月末至十月初为期两周的慕尼黑啤酒节也让德国的啤酒旅游闻名世界。慕尼黑十月啤酒节之所以闻名，不仅因为它是全世界最大的民间狂欢节，而且也因为它完整地保留了巴伐利亚的民间风采和习俗。人们用华丽的马车运送啤酒，在巨大的啤酒帐篷开怀畅饮，欣赏巴伐利亚铜管乐队演奏的民歌乐曲和令人陶醉的情歌雅调。人们在啤酒节上品尝美味佳肴的同时，还举行一系列丰富多彩的娱乐活动，如赛马、射击、杂耍、各种游艺活动及戏剧演出、民族音乐会等。人们在为节日增添喜庆欢乐气氛的同时，也充分表现出自己民族的热情、豪放、充满活力的性格。

③ 澳大利亚葡萄酒旅游开发模式

作为澳大利亚旅游产品的重要组成部分，葡萄酒旅游逐渐成为澳大利亚经济发展的一个关键产业，而且已经具有较大规模。澳大利亚的葡萄酒旅游业每年可吸引约490万国际游客，直接带动了一批旅游目的地成为热点旅游地区。

（3）经验借鉴

把握产业规律，制定发展规划。开发酒文化旅游业首先要对"酒文化旅游业"形成的演进规律有充分的认识和理解。在对酒文化旅游的界定、酒文化旅游的实质、酒文化旅游者的行为、酒文化产地的吸引力等方面，都可以吸取澳大利亚已有的研究成果。要把酒文化旅游作为一个存在交叉、重复关系的综合体来研究，需要多学科、多层次综合研究，以指导酒文化旅游业的开发、规划、管理等实际工作。由于中国在酒文化旅游业发展方面还处于较低级的阶段，政府除了在研究方面提供必要的支持外，还需要在酒文化产地制定区域经济发展规划时，将酒文化旅游业规划作为单项列入，但必须与其他规划项目紧密结合。

做强产业主体，推进项目精品化。酒文化旅游不同于一般旅游，它是在一种产业的基础上发展另一种产业，具有很强的综合性。无论是法国、澳大利亚的葡萄酒旅游还是德国的啤酒旅游，都是在原有酒类产业强大的基础上进行的，然后通过系列的精品项目如慕尼黑啤酒节、啤酒花园、葡萄酒庄等开展的，我国的白酒也有悠久的历史和坚实的产业基础，但有吸引力的精品项目较少。

保护传统，重视、保存与深挖文化。德国对本国历史和传统文化的研究和管理工作近年达到尽善尽美的程度。德意志民族非常重视对历史遗迹和文物的保护，包括对历史人物和民宅的保护。走在德国大大小小的街道上，仿佛是从欧洲的中世纪走来，各种时代的建筑都会不时出现在你的眼前，各种时代的风云人物仿佛就在你的眼前跳动。德国啤酒一直以来都遵守着严格的传统生产工艺，如从原材料的选择、生产各个环节以及存放等方面都能体现出来。法国波尔多地区的葡萄酒也因重视、保护传统而显出浓郁的地域文化氛围。其悠久的建筑和葡萄酒文化积淀及古老酿酒技术的传承是波尔多地区旅游业经久不衰的魅力所在。

重视节事活动的带动作用。节事包括各类旅游节日、庆典、盛事、国际体育比赛活动等。通过节事活动可以扩大举办国的影响，提高举办城市的知名度，促进举办城市的市政建设，吸引成千上万的旅游者，给举办城市的旅游业、餐饮业、商业服务业带来无限商机。节事活动彰显的特色文化和艺术魅力，是举办地精神文明的重要体现。人们通过参加节事活动了解相关知识，感受多样文化，融入欢乐氛围，无形中形成了节事活动特有的教化功能。以2012 年慕尼黑啤酒节为例，吸引了全世界约 70 个国家的 640 万游客，不仅让当地的各大景区景点收得钵满盆满，也带动了周围其他地区的旅游发展。

8.5.3.2 黄帝文化纪念品

（1）手机壳

随着科技的发展，手机作为现在人们生活中必不可少的生活用品，几乎人人手里都有一部。为了区别相同型号的手机，手机壳产业便悄然地发展起来。人们给自己的手机套上不同图案样式的外壳，不仅可以区别相同型号的手机，以防拿错，还可以装饰手机，保护手机不受磨损。手机壳不仅受到年轻人的喜爱，中老年人同样喜欢。

在手机壳上印上黄帝陵的特色景点。根据黄帝典故和传说，手绘出来图案将其印在手机壳上。根据手机不同型号制作外壳，注意手机市场上新品的推出，及时制造新型号的手机壳。手机壳的用材上一定要保证质量，做到物美价廉。手机壳上图案一定要清晰有质感，可以在手机壳的内部一面，印上黄帝陵景区的标志。手机壳简单大方，价钱合理，面积小，体重轻，非常适合游客大量购买，便于携带回去，馈赠给家人朋友。

（2）T恤

T恤样式多种多样，适合各个层次、年龄的人群。T恤上的图案可以黄帝的典故和传说为题材，手绘出来。也可以将不同的图案形状印在衣服上。在T恤的尺码上从最小码到最大码，不分男女款式，统一样式出售。

现在很多游客都是和家人、恋人、闺蜜、哥们儿等一起出来游玩，大家一起外出游玩喜欢拥有一样的东西，特别在衣服上，穿上一样的衣服，才能更好地表明是一家人或是一个团体。所以在T恤的样式上不分男女，尺码齐全，从小到大。这样方便游客在购买时可以买到图案一样的T恤。T恤的布料上选用纯棉材质，纯棉布料具有吸湿、保温、耐热、卫生等特点，对皮肤伤害几乎为零，便于游客贴身穿戴。同时纯棉布料价钱便宜，降低了T恤的成本。在图案印染上一定要选择天然无害的染料，保证图案的清晰与完整。印染的图案一定要具有耐洗性与耐晒性。

把黄帝陵景区的手绘图案印在T恤上，既有纪念意义又有实用价值，游客在景区购买后可以随时换穿。T恤作为旅游纪念品有很好的实用价值，即使游客回到居住地后，在平时一样可以穿。在外包装上一定要保证包装盒的质量，在包装盒上印上黄帝陵的标志，便于游客馈赠他人。T恤的颜色主要以黑、白、灰三色为主。

（3）益智游戏飞行棋

飞行棋大约起源于第二次世界大战以后，据资料显示这是国人的原创，是中国玩具公司生产的。据说是为了纪念二战时飞虎队的卓越功勋，是pachisi（印度双骰游戏）的变种。飞行棋这种转圈式的路程设计来自于空战中的"拉弗伯雷圆圈"。法国人拉弗伯雷对德国的"大圆圈编队"战术做了改进，使参加编队的飞机不但保持在一个水平面上飞行，而且可绕圆圈盘旋爬高。这样就可以利用防御队形进行盘旋以取得高度优势，伺机进行攻击。这就是著名的"拉弗伯雷圆圈"。当时人们发明这种棋，是基于一种先进的空战战术。

飞行棋的游戏规则简单易懂，老少皆宜，是家庭、朋友聚会时的一个很好的参与游戏。本设计把黄帝陵景区的导游示意图和飞行棋的棋盘进行结合设计，加入景区景点进去，让玩家在玩飞行棋时有一种在黄帝陵景区观光的感觉。

把起点改成景区入口区，让游戏的一开始就有一种要进入景区观光的意识。在不同的地点加上景区的特色，如轩辕殿、黄帝手植柏等景点名称。在玩游戏的过程中对景区景点名称印象加深。最后的终点改成黄帝陵，这又是一次加深主题，能让游客想起纪念品是在黄帝陵购买的。用游戏中的最终胜利点，刻画黄帝陵，吸引游客的再次观光，有意识地向没有来过黄帝陵的游客进行宣传。

飞行棋包装简单，方便携带。棋盘采用塑料纸印染，塑料纸坚韧轻薄，易折叠，具有防水、耐酸、耐碱等优越性质。棋子采用黄帝坐姿的雕塑模型，选用塑料材质，分红、黄、蓝、绿四个颜色，每个颜色 4 个棋子。棋盘尺寸可以分为两类：一类规格为 $35 \times 45.5 \mathrm{cm}$，方便游客在桌子等小地方使用，收拾起来也比较节约时间。这种规格便于携带，可以让游客在汽车、火车等去往目的地的路程上打发时间。一类规格为 $100 \times 130 \mathrm{cm}$，这种规格很适合家庭、朋友聚会时用，很多人可以一起参与进来，把棋盘铺在地上，大家围棋盘而坐。棋盘使用塑料纸制作，易折叠，这样的飞行棋外包装轻便，不会给游客携带造成不便，且物美价廉，引发游客的购买欲望。飞行棋的实用性很强，在游客回到居住地后，可以经常拿出来和朋友玩。这样潜意识地就宣传了黄帝陵，让去过的游客印象加深，没去过的游客对黄帝陵有所认识，产生去黄帝陵游览观光的欲望。

（4）带有黄帝文化元素的纪念食品

在我们一直注重如何开发设计更好的旅游纪念品的时候，我们也不能忽略另外一个能够更好宣传旅游文化的产品——旅游纪念食品。在现如今的社会里，旅游纪念品里已经离不开具有当地特色的食品了，而且食品的购买率已远远地超过了一些纪念装饰品的购买率。抓住这一特点，我们根据市场的需求，并结合黄帝陵的现有文化及景观建筑，设计出具有黄帝陵特点的纪念食品。通过纪念食品给黄帝陵做宣传，也能更好地传扬黄帝精神、黄帝文化。

黄帝陵现在也有一些旅游纪念食品，无非就是黄帝陵所在地延安的大枣和以轩辕黄帝命名的轩辕酒，而黄帝陵纪念食品种类少、价格与价值不成正比、食用人群范围小、宣扬黄帝文化的附带能力弱，这就是黄帝陵现有的纪念食品的现实状况。针对这些问题我们可以从最简单的食品来结合黄帝陵和黄帝文化进行旅游纪念食品的开发。结合市场调查的结果，我们发现现在来黄帝陵旅游的人群大多数是中老年或华侨，而年轻人和儿童较少，但宣扬黄帝精神、黄帝文化应从孩子做起，针对这一特点我们把旅游纪念食品的最终食用人群定在了儿童和年轻人身上。以价格平和、食用人群广、宣扬黄帝文化的附带能力强为前提，开发出适合黄帝陵的旅游纪念食品，如以黄帝浮雕像为元素的饼干，以黄帝浮雕像、黄帝脚印、黄帝手植柏为元素的巧克力等。

这些食品虽然看似极其简单平常，但我们就是要通过这些简单的食品来传扬黄帝文化和精神，就因为它们极其简单平常，所以它们的购买价钱低、购买率广、食用人群多，而且儿童相对更为喜爱。我们在这些食品的包装上印上有关黄帝的故事和传说或黄帝陵景区的图片，通过食品本身的黄帝形态或黄帝陵景区形态和包装上的宣传文化来弘扬黄帝的文化与精神。试想一下当你旅游回去带上这些经济实惠的食品给家里的孩子或亲戚朋友时，他们肯定会看到这些食品的外包装和食品本身形态，从而对其产生兴趣，进而学习到有关黄帝和黄帝陵的文化，通过这一简单的旅游纪念食品来弘扬黄帝文化和黄帝精神。

8.5.4 黄帝陵配套旅游项目

8.5.4.1 佛教文化产业项目

（1）项目背景

中国是一个多宗教的国家，历史上有许多宗教，其中最主要的是佛教。两汉时期佛教传入我国，在中国化过程中一方面与中国传统文化互相融合，另一方面与中国各地的民族风俗相结合，形成风格各异的佛教文化。在世界三大宗教中，佛教对中国百姓的生活有着最广泛的影响。中国佛教包容了北传佛教、南传佛教和藏传佛教三大体系，全面继承了印度三个时期的佛教。因此，在我国佛教文化具有很高的旅游开发价值。中国佛教经过了多年的恢复与发展，已经基本走上了健康发展的道路。现在，包括峨眉山、五台山在内的佛教四大名山，南华寺、灵隐寺等佛教圣地在内的全国重点寺庙，敦煌莫高窟、洛阳龙门石窟在内的全国著名佛教洞窟景点，均已先后修复开放。在一些旅游风景区还有计划地修建了一些寺庙，以适应游客需要。总之，现在的基本情况是，各地寺庙均已修缮得焕然一新，信徒、香客、游人众多，僧众的素质也逐年有所提高，管理寺庙的水平也一年比一年进步。佛教景点以其特有的庄严、华美的佛教建筑，丰富的历史遗迹、遗物及其深厚的佛教文化底蕴，古朴、神秘的宗教氛围，清幽典雅、生态环境良好的自然环境而吸引着越来越多的游客前往感受佛教文化的魅力。

（2）佛教文化旅游发展意义

传播佛教文化。佛教在中国流传数千年，对中国文化发展具有重大影响。然而，在一般社会公众眼里，佛教作为一种宗教，具有一定的神圣性，也带有一定神秘性，因为对其不甚了解，以致敬而远之，甚至横加指责，在一定程度上阻碍了佛教的传播发展。佛教文化旅游业的发展，极大地改变了这一状况。佛教寺庙一般都在名山大川，所谓"天下名山僧占多"，人们前往风景名胜区旅游时，自然被独特、古朴的寺庙建筑吸引，走进寺庙，其实就是走进中国佛教文化的课堂，寺庙的殿堂、楼阁、佛塔、佛像、匾额等，无不浸润着传承千年的佛教文化内涵，游客通过对佛教物质景观的参观，乃至对佛教生活的观摩，对佛教建筑与塑像的独特含义和佛教的教义、仪轨等有所了解，逐步对佛教文化产生兴趣，进而学习和研究佛教深邃的哲理、丰富的文化内涵，感受佛教慈悲和谐的道德规范和清新、安详、净化的修持意境。因此说，佛教文化的旅游开发能使佛教文化得以更好地保护和彰显。

提高地方知名度。随着人们生活水平的日益提高，旅游已经成为人们放松休闲、提高生活品位的重要选择。佛教文化及其场所作为一种重要的旅游资源越来越成为一些地方城市开发旅游的热点、重点，甚至成为旅游景点之核心，而随着旅游观光人数的逐渐增多，也极大提高了地方的知名度，促进了城市发展。以江苏无锡市为例，无锡是一个传统的轻纺工业城市，近年来随着产业转型，大力发展以旅游业为主的绿色经济，尤其是佛教文化旅游发展得有声有色，依托祥符禅寺，兴建了以灵山大佛为核心的灵山佛教文化景区，每年吸引大量的海内外游客，几乎成为无锡的一张城市名片。2009 年在无锡召开了第二届世界佛教论坛，来自世界近 50 个国家的 1700 多位高僧大德、著名学者、政要和社会各界人士云集无锡灵山，论坛吸引了 40 家中国港澳台及海外媒体的关注，相关报道达百余篇，极大地扩大了无锡的国际知名度。在 2012 年 4 月举行的第三届世界佛教论坛闭幕式上，灵山胜境更是被确定为世界佛教论坛永久会址，这为无锡成为一个国际化的佛教文化都市奠定了基础。

　　拉动地方经济的发展。现在很多地方都已经意识到发展佛教文化旅游会对地方经济发展起到巨大的推动作用。据统计，全世界约有 6 亿佛教信徒散布于世界各地，这将成为佛教文化旅游走向国际化的重要基础。在中国，光佛教四大名山每年就有成千上万的国内外信众和游人来山朝拜游览，港澳台同胞更是经常组成朝拜团，三步一拜地虔诚朝礼四大名山佛教圣迹。旅游人数的剧增，会带动所在地交通、餐饮、住宿等各行业的发展，由此增加就业人数、地方税收等，从而在很大程度上促进地方经济的发展。普陀山近十年来，旅游人数年年超过百万，极大地推动了舟山市经济的发展。峨眉山佛教文化旅游已成为峨眉山市社会经济发展的主要牵引力，"依山兴市，靠山腾飞" 已成为全市工作的战略方针。九华山地理位置优越，交通便利，客源腹地广，佛教文化旅游事业也蒸蒸日上。五台山以其得天独厚的佛教文化资源，成功进入 "世界文化景观遗产" 行列，旅游事业亦呈欣欣向荣的景象。四大名山在香会、法会期间，每天来山的香客游人常逾万人，其所在地的地方政府都把扶持发展佛教文化旅游当作重要工作来抓。而无锡灵山景区已成为中外闻名的佛教文化旅游胜地，自 1997 年开园以来，每年吸引海内外信众和游客 200 多万人次，累计接待海内外游客 4000 多万人次，目前已成为中国 5A 级景区，也是无锡市的标志性景区，是新无锡形象的代表，成为华东和太湖黄金旅游线的新亮点和新热点，影响远至东南亚各国，也为无锡地方经济和城市发展带来了积极影响。

（3）黄陵佛教旅游发展方向

平衡开发广度和深度。由于佛教旅游项目开发风险小、回报高，在旅游界和佛教界的共同推动下，10 年前开始在全国范围内兴起了修寺庙建佛像的热潮。已有的佛教建筑被修复、扩建，新的佛教项目纷纷涌现。佛教旅游项目开发建设热潮不断升级，出现了追求大规模投入、追求轰动效应的新趋势。最典型的是在各地兴起的巨型佛像的修建热。无锡灵山大佛，1997 年建成，高 88 米；广东西樵山观音 1998 年建成，高 61.9 米；三亚南山的南海观音铜像，2003 年建成，高 108 米；安徽九华山的地藏菩萨青铜立像，高 99 米，连同底座高 155 米。另外还有已列入计划的四川乐山大佛的修缮扩建工程、辽宁广佑寺的樟木坐佛等。这些大型佛教旅游工程个个规模宏大，投资动辄数亿，有的也取得了良好的经济效益。例如，1997 年 1 月 15 日，无锡灵山大佛落成开光时，吸引了来自世界各地的近 10 万名信众和游客专程前来参加仪式，车流绵延达 20 余公里。

但对于相当一批佛教旅游项目来说，胡乱上马的后果是各种矛盾突出。在项目开发阶段缺乏精心设计创造，在经营管理阶段又疏于大胆开拓创新，使大多数寺庙除了烧香拜佛、求签算命外，只能提供观光活动，而佛教启迪智慧、唤起道德、平衡心理、治病疗养等功能却很少挖掘。佛教不但被庸俗化，甚至伪佛教也混杂其中，严重破坏了佛教的形象。因此，对于佛教文化旅游资源的开发与利用应当采取谨慎的态度，要慎重选择开发对象，认真考虑其开发之后的社会效果与影响，不能仅从吸引游客、赚取利润考虑而片面宣扬佛教或大肆营造一些并无多少文化内涵的仿古宗教景点。在开发过程中，要进一步挖掘佛教文化有利于社会进步、有利于社会道德建设特别是个人道德建设的内容，在佛教文化旅游产品中适度增加有益的佛教理念，以提升游客的精神修养，加深人们对佛教的认识。

提高佛教旅游的参与性。21 世纪是体验经济的时代，在最短的时间内能够获得最与众不同的感受，是旅游者选择旅游目的地进行消费的重要标准，因而佛教旅游的开发应更重视其参与性。根据市场要求，佛教旅游可以进行多层次、多角度开发，例如，开发佛教体验旅游，即"出家"旅游，让那些对佛教有兴趣的游客到寺庙来"做几天和尚、撞几天钟"，亲身体验一番"出家"的滋味；或是开展佛教研习旅游，包括举办各种类型的佛教学术活动，公开说法和创办佛教讲习所、研讨班等，有条件的地方可以创立佛教学院，传播佛教知识，弘扬佛教文化，借此吸引佛教旅游者。此外还可以开展佛教武术旅游、佛教民俗旅游、佛茶文化旅游等，通过一系列的参与性活动，使游客在一种肃穆、崇敬的心态中感受佛教独特的生活氛围，摒弃杂念，忘却烦恼，净化心灵，实现佛教旅游的深层次收获，也使古老的佛教文化洋溢现代文明气息。

培养专业导游人才。由于佛教旅游资源的开发与利用涉及佛学专业知识，而这些知识又属于意识形态范畴，被排斥于大中小学的教学内容之外，因此很少有导游懂得佛教专业知识，这种状况对佛教旅游资源的深度开发利用非常不利。例如，目前在进行佛教旅游时大多数导游讲解的主要内容只是停留在对佛教建筑、造像等物质对象的介绍上，而对由景点展现出来的更深层次的文化含义缺乏理解。比如，汉地佛教如何使印度佛教中国化、民族化，为什么中华大地有那么多各种宗派的"祖庭"，特别是禅宗对中国文化产生了怎样重大的影响等。禅宗以其独特玄妙的修持方法在佛教各派中别具一格，即心即佛，明心见性，拈花微笑，不立文字，以及许多禅门公案，都是旅游文化的绝好材料，有的还给人以人生的启迪，如果导游能对此做深入讲解，将能更好地展现佛教的文化魅力。

在培养专业导游上，一方面旅游管理部门应利用年审、冬训的机会加强对导游员宗教知识的专门培训，导游员也应有意识地提高自己在这方面的知识积累；另一方面，在佛教旅游资源较多的地区，政府可以在政策上予以一定力度的支持，准许出家人为自己所在的寺院充当专业导游，为参观者提供高水准的专业讲解，以弥补旅行社导游专业知识的欠缺，这样才不至于使追求文化的旅游者失望。

8.5.4.2 乡村生态体验游

（1）项目背景

目前国内对乡村旅游产品的需求仍表现出明显的需求层次初级阶段的

特征，尚停留在观光—休闲娱乐阶段，表现为乡村旅游产品类型单一，产品粗糙，经营粗放，乡村旅游还有很大的发展空间。随着我国经济的快速健康发展，旅游正逐渐成为一种普遍的生活方式，国内旅游多极化趋势和旅游消费个性化发展趋势正旺，国内乡村旅游也正向着融观赏、考察、学习、参与、娱乐、购物和度假于一体的综合型方向发展，国内的需求层次也在不断提高。总体来看，当前乡村旅游需求呈现多元化、多样化、特色化的发展趋势，游客对环境旅游与文化旅游紧密结合的多功能、复合型乡村旅游产品的需求日渐旺盛。

（2）乡村旅游的发展模式

森林公园模式。适用于环境良好、面积较大的森林地段，可开发为森林公园使之成为人们回归自然的理想场所。

度假区（村）模式。是指在自然风景优美、气候舒适宜人、生态环境优良的景观地带建成的，以满足旅游者度假、休闲为主要目的的场所。

野营地模式。野营是一种户外游憩活动，人们暂时离开都市，利用必要的设备工具在郊外过夜，释放压力，欣赏优美的自然风光并参与其他休闲娱乐活动的一项旅游活动项目。一般都选择环境清幽的城郊。但也有人将野营地建在农荒地、草原，甚至沙漠边缘。

观光购物农园模式。开放成熟的各种农园，让游客入内采果、拔菜、赏花，享受田园乐趣。此乃国外农业旅游最普遍的一种模式。我国有吐鲁番葡萄沟等。

租赁农园模式。租赁农园是指农民将土地出租给市民种植其选择的农作物。其主要目的是让市民体验农业生产过程，享受耕作乐趣，以休闲体验为主，而不是以生产经营为目标。多数租用者只能利用节假日到农园作业，平时则由农地提供者代管。租赁农园所生产的农产品一般只供租赁者自己享用或分赠亲朋好友。

休闲农场模式。休闲农场是一种供游客观光、度假、游憩、娱乐、采果、农作、垂钓、烧烤、食宿，体验农民生活、了解乡土风情的综合性农业区。近年来，台湾的许多会议都移到休闲农场举行。

农业公园模式。按照规划建设和经营管理思想，将农田区划为服务区、景观区、农业生产区、农产品消费区、旅游休闲娱乐区等部分，建成一个公园式的农业庄园。

教育农园模式。这是将农业生产和科学教育相结合的一种农业生产经营形式。农园中的任何物品都可以成为现场教学的道具，配有专门讲解员，旨在培养人们热农爱农的情趣。较具代表性的教育农园有法国的教育农场、日本的学童农园及我国台湾地区的自然生态教室等。

农村留学模式。是指城镇居民将子女送到农村就读小学和中学，或在假期把孩子送到农村亲属家去寄宿，并参加农场作业、农村社区活动等，此即所谓的"农村留学"。这主要是为了培养青少年坚韧、朴实、健康、正直的人格。

民俗文化村模式。农村某些地方所具有的地方特色的民俗文化，是重要的旅游资源，对城镇居民有着强烈的吸引力。可在民俗文化旅游资源丰富的地方建设民俗文化村，举行多种多样的民俗文化活动，以招徕游客观光、度假和休闲。

（3）发展方向

发展个性化乡村旅游产品。乡村旅游之所以会向个性化方向发展，主要原因是市场选择和需求趋向个性化。到乡村旅游的人，大部分是以家庭、情侣或是自驾车为出游方式，他们要求看到的乡村旅游点应有个性和独特性。几年前去过的"农家乐""渔家乐""牧家乐"，在几年以后如果还是依然故我，旅游者不会再选择它，乡村旅游必须适应市场变化，策划出自己的特色项目，使景观、产品、接待、管理都实现个性目标。

与实现"三农"目标相结合。解决农村、农民、农业问题，实现社会小康目标，发展乡村旅游是一个很好的切入点。我国许多地区都在强化乡村旅游的这种功能。如成都市近期重点打造乡村旅游"五朵金花"：幸福梅林、花香农居、江家菜地、东篱菊园、荷塘月色，通过发展观梅、观花、观菊，发展菜园、荷池等手段，吸引城市居民前往观光、休闲、娱乐，使"五朵金花"成为该地区乡村旅游的重要示范点。农民通过租金、薪金、股金、保障金四重收入，获得较大的利益。

注重保持乡村自然和人文环境的原真性。乡村原生自然和人文环境是发展乡村旅游的个性特征，是城市居民前往游览的追寻目标。特别是作为乡村原真性的景物、景观，更不能改变其原真形貌。但保持原真性，绝不是在保护乡村环境的落后。

注重产品的多样性和组织形式的多样性。在一个地区，必须有多样化的乡村旅游类型，如成都市的"五朵金花"就是以梅花、花卉、菊花、荷花、菜园为主题发展的不同乡村旅游品牌，每个品牌又有一系列的观光、参与性产品。游人对乡村旅游品牌的多样性、内容的丰富性和体验的差异性的要求越来越高，乡村旅游目的地就要尽快改变产品雷同、内容泛化的局面，创新产品的特色，使游客增加更多的选择，包括交通出行的自主化，旅游事务的自主化，订房、订票、订餐的自主化，游览乡村景物的自主化等。

8.5.4.3　红色旅游项目

（1）项目背景

目前，全国红色旅游已经形成12个"重点红色旅游景区"，30条"红色旅游精品线路"和100个"红色旅游经典景区"的全国红色旅游发展大格局。到2013年，中国红色旅游景区共接待游客33.46亿人次，年接待游客人数由2004年的1.4亿人次增长到2013年的7.866亿人次。红色旅游已成全国性的政治工程、富民工程和民心工程。

（2）黄陵红色旅游具体措施

① 红色文化走廊

门户旅游是形象经济，对经济有举足轻重的推进作用。门户代表着整个景区的形象，能在第一时间为游客留下印象。门户是调理旅游区格局必不可少的，尤其是小石崖这种飞地式开发的全长40余公里的旅游区。界定旅游区的格局，门户必不可少。

旅游区门户。位于双龙镇和店头镇的交界处，历史上就是"红区"和"白区"的交界处，从这里开始，就是历史上根据地的范围了。作为景区的总门户，要营造一种雄伟的气势，因此除了红旗的变形，这一门户更像是耸立的纪念碑，道路两侧各立一处，但并不在一条平行线上，一前一后更有一种错落的空间感。

红色风情休闲区门户。位于双龙镇"红色怀旧休闲街"的东入口处，作为红色风情小镇的门户。与其他几个门户不同，红色风情小镇这一区域更有生活气息，而本身又是一个古镇，因此在门户造型上除了红旗的变形，也更接近一个"牌坊"的形式，也更有门的内涵。而且设计中还加入关中民居建筑的一些符号，更有乡土特色。

红色遗址纪念区门户。位于小石崖入口处，作为红色文化主题园的门户。小石崖本就是革命根据地的所在地，因此门户的设计采用较具体的红旗的形式，道路两侧各有三面，也营造一种红旗飘扬、革命根据地繁荣发展、欣欣向荣的氛围。在设计上还考虑功能性，入户的旗帜采用镂空的形式，方便游客拍照留念。

秦直道节点门户。位于 213 县道的秦直道节点处，作为整个景区的西大门。此处是小石崖红色旅游区的终点，也是秦直道旅游区的起点，因此在设计上就不完全是红色文化的符号，而更增加了古典文化的符号。因道路本身较宽，门户体量也较大，应以这一种较大的体量来展示大秦帝国的雄浑。门户还是由旗帜变形而来，但是整体造型却类似一个"鼎"的形状，又以镂空的青砖向上叠加出斗拱的形式，展现一种古典文化的气息。

红色文化走廊。在整条红色文化走廊上，采用成组的、成系列的景观墙的形式，打造红色文化景观。一面面墙壁就似一张张诗笺、一卷卷书页，可以营造出一种历史定格的画面感。人们在观赏道路上的景观，往往是一带而过，而这种一带而过会产生一种闪回，如同电影。电影就是一种每秒 24 格图像的艺术，在行车过程中，欣赏成体系的道路景观犹如在欣赏一部放慢的影片，这一特征对红色文化有更好的展示效果。而墙面也更有电影银幕感，更加深一种动态闪回的意境。景观墙的展示内容以陕甘宁边区革命先烈战斗场景为主题，表现革命先烈英勇奋斗的精神。每一处墙面都各有不同，还可以通过刻意营造的一些裂痕、缺失来体现一种沧桑感。还可以围绕景观墙，在周边打造服务节点，如供摄影的取景框、休闲的桌凳、观景的平台、道路指示系统等。

② 红色风情休闲区

红色风情休闲区主要包括红色怀旧休闲区、红色怀旧休闲街、红色主题会所、旅游社区四大块。

红色风情休闲区主要指双龙党委旧址纪念馆。双龙镇 1933—1949 年先后有过"双龙区委""双龙工委""双龙中心区政府"等中共的组织，但从没有过"八路军办事处"这一组织形式。双龙镇这一红色遗址的具体机构无法考证，但必定是中国共产党领导下的革命组织。双龙党委旧址位于双龙镇西北部，周边还有游击队曾住过的窑洞和一处原为关押"反革命"分子的监狱，将这三处资源合为一体打造双龙党委旧址纪念馆。

双龙党委旧址的窑洞现已垮塌，以"修旧如旧"的原则对其进行修复，展示内容可以以双龙镇的革命历史脉络为主题，还可以独辟一处展厅，根据双龙镇自身的历史，专项展示红色政权组织形式，如"三三制"等。对游击队住过的窑洞也进行复原、修复，展示当年游击队员的生活场景，倡导艰苦朴素作风。"反革命监狱"已经全部损毁，原址现为一片空地，但有一种肃穆、沧桑的感觉，可利用残垣断壁书写一些革命标语，营造革命氛围。

红色怀旧休闲街为红色怀旧休闲区的主街道。对街道建筑进行改造和景观化处理，赋予新的旅游、休闲功能，营造红色怀旧休闲的风情。建筑改造的整体风格以晚清、民国时期的陕西民居风格为主。但是在双龙镇的城市化进程当中，出现了很多体量较大的新式建筑，与整体风格不相符，建议在针对这一部分建筑改造时，可以选用更具红色内涵的"苏联式"风格，既能与整体风格相协调，又能增加红色文化韵味。对于保存较好的老建筑，修复的重点在于环境的整治和建筑细节的红色符号艺术化处理，建筑本身不做太大的改造。

红色主题会所。利用西北部三处保存较好的民居院落，打造红色主题的企业会所。利用现有的古民居进行再设计，因建筑本身就带有很强的文化烙印，体现在房屋格局、材料、施工方式等各个方面。而对建筑的改造是对每一建筑进行量身定做的设计，不破坏原有的机理，保留建筑的个性，每一幢建筑都是独一无二的，具有很强的生命力。房屋的改造也都是采用原生态的手段，如乡土材料等。在功能上，主要以红色主题的特色餐饮、住宿和商务接待为主，但是产品要做到高端，外表也许很质朴，但产品是一种"低调的奢华"。

旅游社区。红色怀旧休闲街背后的民居，不做太多的处理，仍作为居民住宅。当地居民可自行开展旅游相关服务经营，如农家乐、旅游纪念品销售、小卖部等。但是这一区域要控制建筑形式，居民自己改造或重建的房屋要与小镇整体风格相符，建筑高度不得超出休闲街。

③ 红色遗址纪念区

红色遗址纪念区主要包括红色旋律、青色生机、黄色风情、白色韵动、黑色幻影等五大板块。

红色旋律主要指小石崖、高窑子遗址（位于大石崖东边，现状为几孔窑洞，对高窑子采用原址保护，对周边环境进行整治，打造一处具有历史现场感的旅游点，对高窑子的革命贡献进行展示）、林湾遗址（位于大石崖对面的山地上约200米处，现状为两孔窑洞，首先对遗址周边环境进行整治，保护好现状，对当时游击队活动状况的史料进行搜集整理，包括人物、活动内容等）、小石崖革命纪念馆（弥补小石崖对历史文化展示的不足）、大石崖红色学校（具体内容主要有学员与教员宿舍、露营场地、山训场、联谊大厅、手工长廊等）等。

青色生机主要是根据地农耕体验园。根据地农耕体验园位于革命剧场与大石崖红色学校之间，具体项目有"生产队大院""革命农场"等。生产队大院是一个活态的农耕博物馆，以真实的生产队形式打造，是农具存放、牲畜养殖的场所，但这里并不是简单地陈列，每一种农具都是实实在在可以使用的，游客就在此处牵上牲口，套上农具，真正体验一回祖祖辈辈在黄土地上的耕耘与收获。在革命农场还可以打造原生态的休闲度假小屋，在这里游客可以体验革命年代的生产、生活：日出而作，到革命农场耕田锄地；日落而息，去革命剧场听听戏、看看电影；饿了有自己田里长的原生态粮食蔬菜，渴了有自酿的美酒和山间的清泉。在农耕体验区内，依托大石崖周边的水域面积，修建一处鱼池，游客在此可垂钓、烧烤，增加场地活动内容。

黄色风情主要指根据地生活体验园。根据地生活体验园位于小石崖纪念馆西北，是一个民俗文化的主题园区。包括"军民大生产"（纺织园）、"革命一家亲"（刺绣园）、"生产自救队"（手工艺编织园）、"巧手剪春秋"（剪纸园）、"劳动服务社"（商品销售园）五个小园区。每个小园区都是"体验＋作坊＋休闲＋销售"形式，游客通过参与纺线、织布、纳鞋垫、做面花、剪纸、手工编织等活动，感受革命时代军民团结、自力更生的生活场景。

白色韵动包括革命穿越和红色之路两部分。革命穿越设置在大小石崖之间的崖壁上，不使用栈道、游步道等，而是用绳索、晃板、吊桥等设施代替传统的游线，变为一种参与性、互动性极强的闯关型线路，每一处设施可以根据难度、实际情况等起一些与革命历史相关的名称，如走钢丝可以起名"飞夺泸定桥"、攀岩可起名"雪山草地"等，通过这种闯关难度的设置让游客体验革命的艰辛。革命穿越更具参与性和游戏性，易吸引游客；旅游产品的经营也可以通过收取护具装备的租赁费而有较高的收入。红色之路或命名为奔赴延安，小石崖革命根据地的重要历史意义之一就是红色政权的交通要道，西至甘肃、南通关中、向北更是直达延安，在土地革命时期、抗日战争时期、解放战争时期都是红色政权的交通要道。可利用这一史实做一个大胆的设想：在小石崖联通桥山森林公园，向南连接马栏、照金、向北直通延安，以大游线形式（或以国家级登山道的形式），复原这条抗日战争时期全国各地爱国人士奔赴延安的红色通道，也以这样一条特种旅游的游线将整个陕甘边红色旅游区串联起来。

黑色幻影包括革命剧场和文化广场两部分。革命剧场位于根据地生活体验园西侧，进行红色文化相关的老电影放映、戏曲、小品、歌剧、话剧演出等，以艺术演绎形式展现红色文化。红色文化广场作为秧歌、锣鼓等大型民俗活动或表演的场地。

8.5.4.4 煤炭开采主题游

（1）项目背景

我国最初的工业旅游几乎都是由企业自主开发。早期涉及者主要是些知名大企业。如青岛啤酒厂推出了"玉液琼浆：青岛啤酒欢迎您"的工业旅游项目；首钢集团公司启动了"钢铁是这样炼成的"工业旅游项目。2001年，国家旅游局为认真贯彻落实《国发〔2001〕9号》文件和钱其琛副总理在全国旅游工作会议上的讲话精神，把推进工业旅游、农业旅游列为当年旅游工作要点，并拟定了《工业旅游发展指导规范》。2002年，起草了《全国农业旅游示范点、全国工业旅游示范点检查验收标准（试行）》。最终，在2004年颁发了《关于命名北京韩村河、首钢总公司等306个单位为"全国工农业旅游示范点"的决定》，其中工业旅游示范点103

家。2005 年全国工农业旅游示范点评定委员会对各地区申报示范点的单位进行验收，共有 233 个单位经验收合格，于 12 月颁发《关于命名海信集团、广安牌坊新村等 233 个单位为"全国工业旅游示范点"、"全国农业旅游示范点"的决定》文件。其中，全国工业旅游示范点有 77 家。截至 2005 年年底全国被正式命名的工业旅游示范点已达 180 家。我国的工业旅游进入了规范管理阶段。

（2）项目效益

树立企业良好的社会形象。大概很多人对工业企业的印象是，设备"傻大黑粗"、物料"跑冒滴漏"、环境"脏乱差"。首钢搞工业旅游让人们知道了首钢是一个花园式工厂，改变了以往人们传统的看法。这个社会效益，是千金难买。游客参观了优雅洁净的工厂、先进的设备及现代化的操作流程，都会在心目中留下良好印象，这无意中也给企业做了一次免费广告，而且大多数游客还会产生这样一种心理，即"工厂形象良好＝实力雄厚＝技术先进＝产品优良"，这样就更进一步增加了游客对产品的好感和信任度。

增加企业收益。开展工业旅游，企业既可以直接从旅游门票和服务得到收益，又可以直接向游客销售产品。这种直销方式既可使厂家获得较高利润，游客也乐于购买。张裕葡萄酿酒公司 2000 年旅游收入达到 560 多万元；茅台酒厂工业旅游年经营收入达 2000 万元左右，其中仅国酒文化城门票每年收入可达 100 万元；宝钢推出工业旅游以来，年利润在 500 万元以上，回笼货币 5000 万元，居国内工业旅游项目前列。

为企业做广告。具有体验效果的宣传与企业的公关广告宣传相比，有着鲜明的特色：一是受众的主动性。广告、公关宣传的信息都是被动性地接受；到工业企业去旅游的人都是对该企业感兴趣，花钱去主动接受企业的信息。二是传播效果好。消费者亲临现场体验比自卖自夸式的广告可信度要高得多，"百闻不如一见"。据国外专家研究，旅游业涉及 29 个部门，108 个行业。通过工业旅游的形式，人们相互参观、学习，感受不同行业的工作环境、人文气氛等，促进人与人之间的了解，促进和谐社会的构建。

丰富了旅游资源和旅游产品。工业旅游是传统旅游产品的延伸。按照传统的旅游资源观，只有名山大川、名胜古迹、奇风异俗才是旅游资源。工业旅游大大拓宽了旅游资源观，使得大批工厂、矿山都成为旅游吸引物，增加了我国旅游资源的基数。工业旅游丰富了旅游产品，增加了旅游者的消费选择。

促进工业产业的调整和改造。工业旅游为企业创造经济新的增长点、在解决本企业就业和再就业等方面发挥特殊作用，还能提高社会知名度。因此发展工业旅游，也日益受到工业企业领导者的高度重视。企业为了搞好工业旅游就需要推行高技术发展，对原有落后的生产工艺进行技术改造，使得升级换代，还须加强企业的现代化管理。同时，第二产业衍生出第三产业，使得第二产业和第三产业相互融合，推动企业多元化、集团化发展，使经济产业结构优化。

（3）黄陵煤炭主题工业游

煤炭工业旅游属于工业旅游的范畴。所谓煤炭工业旅游，就是以煤炭企业的建筑环境、设备设施、生产采掘流程、企业文化与管理等为亮点，经过设计包装推向旅游市场，来满足游人的求知、求新等旅游需求，从而实现企业自身的经济、社会、管理等目的的一种专项旅游活动。

积极开展黄陵煤炭工业旅游具有多方面的意义。第一，有利于企业的可持续发展，可以进一步拓展企业发展领域，完善产业结构，带动企业经济的发展；第二，有利于企业向综合化、多元化方向发展，提高企业发展的市场竞争力；第三，有利于提高企业长远的生存力，符合企业的前瞻性发展原则；第四，有利于提高企业的知名度，提升企业的品牌。发展工业旅游不仅能为企业带来一定的经济收益，还有助于为企业带来社会效益，树立良好的企业形象，提升企业的品牌影响力。

黄陵是典型的重工业型经济结构，主导产业单一，农业基础地位薄弱，第三产业欠发达，经济体系处于封闭状态，城市其他社会服务功能仅仅依附于主导资源产业，使得城市的自我发展能力有限，城市行业发展环保压力大，抗经济周期能力差，产品附加值低，产业链条短且延伸难度大，成为制约经济可持续发展的瓶颈。在煤炭枯竭城市转型中，旅游业成为许多城市的接续产业和替代产业，这是由旅游业的特点决定的。旅游业是内生、外向型产业，劳动力吸纳能力强，产业关联度高，发展前景好。

河南焦作、山西太原、大同、山东枣庄等传统煤炭资源城市在发展旅游业方面已经先行一步，给其他城市提供了很好的借鉴。通过对这些城市的转型进行对比，通过旅游业的发展，带动煤炭资源枯竭城市的转型是一条积极可行之路。其成功及可借鉴之处主要有以下几点：

① 政府的主导作用

煤炭资源城市要向可持续发展的趋势转型，政府必须具有高瞻远瞩的战略谋划，进行产业优选、产业聚集再造、顺利进行产业演替过渡。由资源型城市向综合型城市转变，由矿区型城市向生态型城市转变，由自我服务型城市向区域中心城市转变。资源型城市的转型绝非易事。成功转型的煤炭资源枯竭城市都有一个积极的政府领导班子。同样是资源枯竭型城市，在国家相同政策扶持下，如果观念存有差异，发展结果就会很不一样。因此政府主管部门的依赖思想是首先需要克服的。

② 坚持可持续发展的全局理念

我国传统煤炭资源城市普遍缺乏全面、协调和可持续发展的思想，采取"竭泽而渔""重开发轻建设"的发展思路，因此资源一旦出现匮乏，城市就面临着重大困难。一些城市领导片面追求 GDP 增长，忽视了城市的经济转型、产业再造。在转型中比较成功的资源城市都重视接续替代产业的培养。在进行替代产业的选择中，由于旅游业层次较高，产业链条较长，辐射和带动能力强，有大项目支撑，因此部分城市接续替代产业已形成一定的规模，集群化趋势开始显现。

③ 重视市场经济作用

煤炭产业同制造业、高新技术产业、服务业等现代产业相比，产业模式较简单，生产效应明显，而市场作用不明显，因此缺乏进取的动力。煤炭资源枯竭型城市的成功转型无一不是在市场开发、市场运作、市场经济下转型。要发展旅游业，必须关注市场，通过市场机制的作用，在市场的需求下进行资源挖掘的充分化、资源市场配置的最优化和资源利用的高效化。

④ 深入挖掘旅游资源

城市发展一般会利用资源、交通、区位等一切优势，但是资源优势又是最具优势的优势，产生的经济效益快，带动能力强。旅游资源是旅游业的立足根本。自然界和人类社会中凡能对旅游者产生吸引力，可以为旅游业开发利用，并可产生经济效益、社会效益和环境效益的各种事物和因素都可以称为旅游资源。不论是地貌、水文、气候、生物等自然风景旅游资源，还是人文景物、文化传统、民情风俗、体育娱乐人文景观，都可作为旅游资源进行开发利用。不同的煤炭资源城市在旅游发展中选择了不同的道路。如山西以煤炭工业旅游为主，河南焦作自然旅游资源丰富，山东枣庄则以古城为基础进行深入营销，重庆万盛则邀请专家深度开发万盛区黑山谷景区项目，积极申报世界地质公园。黄陵可以深入挖掘煤炭开采旅游资源，发展煤炭开采主题游。

9 黄陵经济转型升级的
支撑体系与保障措施

9.1 要素支撑体系建设

9.1.1 新型城镇化支撑

城镇化与产业转型升级之间存在着互动关系：一方面产业转型升级构成了城镇化的核心内容。城镇化不仅包括人口城镇化、土地城镇化，还包括经济城镇化，经济城镇化的过程实质是产业转型升级的过程。产业转型升级是城镇化内容的重要组成部分。没有产业发展支撑的城镇化就像是空中楼阁，具有不可持续性。另一方面高质量的城镇化是产业转型升级的基石。城镇化的过程可表现为要素集聚的过程。高质量的城镇化有助于资本、技术、信息等高端要素向城镇空间的集聚，以及人们消费行为方式向高层的转变和社会制度的变革等，促使城镇服务功能增强，这些都是产业转型升级所必备的基础条件。

产业转型作为推动地区经济发展的主要力量，是城镇化发展的力量源泉，引导着城镇化的进程与方向。城镇化转型发展通过高端要素供给、良好的市场需求导向、集聚正外部效应等为产业转型与升级提供了支撑作用。这种互动表现为正互动。相反，城镇化进程满足不了产业转型的需求，城镇发展空间布局零散、土地集约性不强，生产生活服务设施不健全、制度安排不合理，城市病突出，城镇化进程的缓慢和质量低则阻碍产业转型升级。同时，产业转型升级不成功，一旦外部环境变化，产业转移，地区城镇化发展和经济发展将会受阻。

因此黄陵经济转型升级应该将城镇化发展战略与产业转型升级战略相结合，其发展要尊重区域产业转型升级与城市化互动发展的内在规律，坚持产城互动、产城一体、产城融合，优化产业布局，发展园区经济，促进产业聚集升级。紧紧围绕区域产业结构的当前特征和未来发展的方向，合理推进。完善城镇间产业分工体系，加强城镇群建设。城镇化建设应体现出差异，不同层级的城镇拥有不同的功能定位和着力点，应合理确定城镇体系内各层次城镇的功能定位，构筑科学合理、分工明确、协调合作的城镇发展体系。县城老城区以实施黄帝文化园区、西部门户区及东湾片区为重点，促进文化旅游再上新台阶。县城梨园新区以三个组团基础设施和医院、学校等公共服务设施为重点，加快人口聚集，使新区早日发挥作用。加快三级重点镇和八个新型农村示范社区建设，完善基础设施和公共服务功能，促进人口聚集，使县城和店头镇经济总量占全县比重超过80%，集聚人口占全县总人口比重超过85%。

（1）充分发挥县城和店头镇资源环境承载能力较强、经济基础较好和发展潜力较大的优势，加快推动黄店一体化，将县城和店头打造成黄陵县域经济的两大核心增长极，带动周边经济快速发展。明确"中华民族精神家园、炎黄子孙朝圣地"的定位和"一城两区、人文园区、现代新城"的建设思路，以黄帝文化园区建设为契机，积极推进老城区外迁改造，将老城区打造成黄帝文化园的综合服务配套区。

（2）不断完善深入推进梨园新区建设，有序扩大县城规模，搞好交通、通信、供水、供电、供热、供气等基础设施建设，完善县城功能，提升县城品位，促进要素向县城集聚，尽快形成以旅游接待、休闲娱乐、生活居住、现代物流为主题，辐射带动力强、生态环境美的宜居宜业宜游县城。

（3）按照"经济强镇、文化名镇、生态优镇、最佳人居小城镇"的定位，以矿区和工业园区为依托，加快煤化工循环经济园区、中心综合服务区和生态农业区三大功能区建设，全力推进店头镇新型工业化城镇化，将店头建设成全省统筹城乡发展示范镇。

9.1.2 土地要素支撑

如果说城市规划政策是从空间层面配置相关经济社会活动的布局，那么土地政策则是实现这一目标的必要前提，土地作为经济社会活动的空间载体，倘若没有土地政策的支持，规划政策的目标设想就难以落地。为此，要充分认识土地政策与规划政策之间的紧密关联，既要发挥土地政策对社会经济活动的宏观调控作用，也要通过相应的城市规划政策，引导产业聚集与合理布局，实现产业的转型与升级。

（1）强调从土地供应入手，促进产业转型升级

重视对符合国家产业规划、有利于地区经济转型升级的投资项目采用相应的政策保障措施。对于鼓励类的产业项目，多通过在供地环节制定优先供地等支持政策进行鼓励；对于限制类或淘汰类的产业项目，多通过供地门槛或不供地等手段进行限制。

（2）注重提升土地产出效率，倒逼产业转型升级

提高土地产出效率，推进土地节约集约利用，是促进产业结构升级的一种"倒逼机制"，迫使不符合产业规划的项目在土地利用环节被淘汰。探索建立以单位土地面积投资强度、产出效益、创造税收等为指标的分区域、分行业工业用地标准体系，对达不到标准的项目不予供地或对项目用地面积予以调整。整合、挖潜和盘活存量土地，建立完善工业用地退出机制，依法清理低效、闲置土地，进一步提高土地节约集约利用水平和土地投入产出效率。

9.1.3 资金要素支撑

黄陵传统产业的转型升级必然伴随着资金的大量投入。目前来说，主要的资金来源包括政府扶持基金投入、企业自身投入和金融机构的融资渠道。其中，企业多是从其获得的利润中抽出一定比例来进行自主创新、科研投入、改造旧产品、研发新产品之类。涉及大的产业整体升级还要靠其他融资方式支持。这时候，政府多是靠财政拨款支持企业，这样做难免要加大财政支出，灵活性和时滞性都加大了传统产业转型升级的难度系数。所以，只有不断地扩展融资渠道，保证多样资金流来源和各种各样的资金

引用形式，才能确保传统产业转型升级的资金足够其发展变革。

（1）黄陵政府要充分发挥地方政府的引导能力，通过财政转移支付、财政专项拨款、财政参股、财政贴息等方式，获得国家和省级政府对黄陵产业转型的扶持。争取国家和省级政府设立黄陵资源型产业转型的专项基金，申请国家对转型过程中下岗职工安置的专项资金补助，争取国家和省级政府对黄陵社会保障设立专项转移基金等。争取调整资源税费收入政策，实行矿山资源补偿费率的弹性化，根据开采企业经营的周期性特点，即按不同时期的投入产出比收取矿产资源补偿费，而不是一成不变地按固定比例统一收取。同时，还要提高矿产资源补偿费的地方留成比例，资源型企业在产业转型和升级时，黄陵政府也分担着相当比例的支出任务，财政支出压力较大，因此可以在分成比例上向国家财政和省级财政争取适当提高县级财政的留成比例，保证黄陵产业转型期的财政需要。

（2）积极发挥银行、信托等金融机构的主渠道融资平台作用。银行等金融机构要在合理风控的前提下，尽可能地为转型企业创造融通资金模式，除此之外也要为企业的日常经营提供良好的结算、理财服务。作为企业，更是要分阶段地向社会上的主流金融机构展示自己的优势项目，及时得到项目融资资金，为企业的科技创新、转型发展等提供良好的资金基础条件。

（3）招商引资也是资金的有效来源之一。要打好"招商引资"这张牌，为黄陵企业和其他投资机构等建立多元化的投资渠道。随着近年来东部地区产业结构进入调整与升级阶段，沿海地区原有的体制优势、政策优势、地缘优势和成本优势在不断趋于弱化，大量劳动密集型、资源型产业开始向我国的中西部地区转移。积极承接产业转移是黄陵资源型产业转型和升级的有利契机。黄陵应把招商引资、承接发达地区先进产业转移作为调整结构的重要抓手，培育和发展新的增长点。以招商引资来促进产业结构的优化，推动产业转型升级，把招商引资提高到发展的战略高度上。具体做法如下：①进一步优化招商引资环境，打造完善的社会服务体系。优先进行与产业发展有关的基础设施建设，完善城市基础建设，加速城市交通路线建设；强化服务意识，完善服务体制，为招商引资提供良好的环境。②及时掌握投资信息，加强城市宣传力度。建立招商信息网，收集国内外信息，加强与其他招商网合作；举办各种招商活动，加强对产业转移重点区域的宣传，运用多种形式介绍投资环境，推介具体投资项目。③筛选招商项目，努力提高项目质量。招商项目的选择是招商引资成败的关键，所以在承接产业转移的背景下，可根据承接产业在黄陵经济发展中的作用分四种形式。一是补充产业空白。通过承接该产业，使产业体系更完整。二是填补产业链。承接转移产业可以使某条产业链完整，上下游企业能够衔接起来，起到关联效应。三是壮大产业规模。在产业链较完整的情况下，但总体规模小，引进该产业，可形成较强的集聚效应。四是提升技术水平。传统产业发展到一定阶段，经济增长开始变得缓慢，急需技术水平较高的企业来带动产业的改造。

（4）要充分利用民间资本。现在民间资本雄厚，而现行配套的投资体系并不完善。很多资金流向房地产市场等行业，这是对资本市场没信心也是其他实业市场设有投资渠道造成的。所以，要充分利用民间资本，这样不仅能够为企业拓展更多的融资渠道，更是那些民间闲散资金投资升级的重大机会，也是完善资本市场制度的有利方式。

9.2 现代服务业支撑

黄陵的第三产业占比偏低，是影响黄陵产业结构的主要问题之一。从世界经济的发展来看，世界各国和各地区产业结构的变化都具有共同的发展规律，即产业结构朝着农业产出为主——工业产出为主——第三产业产出为主的方向发展。中国第三产业包括流通和服务两大部门，具体分为四个层次。一是流通部门：交通运输业、邮电通信业、商业饮食业、物资供销和仓储业；二是为生产和生活服务的部门：金融业、保险业、地质普查业、房地产管理业、公用事业、居民服务业、旅游业、信息咨询服务业和各类技术服务业；三是为提高科学文化水平和居民素质服务的部门：教育、文化、广播、电视、科学研究、卫生、体育和社会福利事业；四是国家机关、政党机关、社会团体、警察、军队等，但在国内不计入第三产业产值和国民生产总值。由此可见，这种第三产业基本是一种服务性产业。大力发展以服务业为主的第三产业有利于增强农业生产的后劲，促进工农业生产的社会化和专业化水平的提高，有利于优化生产结构，促进市场充分发育，缓解就业压力，从而促进整个经济持续、快速健康发展。

把服务业发展作为黄陵优化产业结构的重点，促进服务业与农业、工业在更高水平上有机融合为导向，深化产业融合，提高创新能力，增强服务功能，不断向中高端延伸发展。实施加快发展服务业行动计划，促进生产服务业集聚化、生活服务业便利化、基础服务业网络化、公共服务业均等化发展，重点发展生产性服务业，加快发展生活性服务业，推动城市由生产型向生产消费型转变。力争黄陵服务业增加值占 GDP 的比重达到30%。

9.2.1　重点发展生产性服务业

新型工业化、农业现代化所要求的生产性服务业通常都是知识、技术、人力资本较为密集的服务部门，包括软件信息服务、物流服务、专业技术服务、金融服务等。因此，必须大力发展这些服务部门，充分发挥其行业带动作用。

（1）要着力提高和扩大服务外包的内需市场，充分发挥生产性服务业对黄陵产业的支撑服务功能。要加快探索并重点推进生产性服务业功能区建设，引导有一定规模、经营业绩良好的重点工业企业优化管理流程，延伸产业链，剥离商贸流通、现代物流、供应、采购、营销、研发、科技服务、设备检修、后勤服务业等，形成一大批围绕主业服务社会的独立核算的法人实体，壮大生产性服务业。改造和升级传统服务业，提高传统服务业的生产效率和服务水平。

（2）要与黄陵产业的升级方向相一致，围绕产业现代化的需求，加快构建区域生产性服务体系，依托支柱产业加强公共技术服务平台建设，形成依托产业、面向产业、服务产业，第二、第三产业联动发展的良性循环格局，从而有力提高资源型产业对服务业的联动发展作用。要促进生产性服务业的聚集式发展。在科学的规划布局、政策引导和必要的财政支持的引导下，有效整合各方资源，瞄准和聚集产业需求，以市场为导向，科学引导区域服务业的集聚发展。

（3）大力发展金融、保险、信息、法律服务和咨询服务等新型服务业态。广泛应用信息网络、互联网技术，构建公共信息服务平台和专业服务体系，创造新的信息服务和电子商务服务模式，推进现代服务业的技术创新、组织流程创新以及服务模式创新，推动现代服务业向更高层次的服务延伸。应用信息网络、连锁经营、特许经营、代理制、多式联运、电子商务等现代组织经营与服务方式和信息化技术。

9.2.2 加快发展生活性服务业

生活性服务业是服务经济的重要组成部分，是国民经济的基础性支柱产业，它直接向居民提供物质和精神生活消费产品及服务，其产品、服务用于解决购买者生活中（非生产中）的各种需求。生活性服务业主要包括餐饮业、住宿业、家政服务业、洗染业、美发美容业、沐浴业、人像摄影业、维修服务业和再生资源回收业等服务业态。大力发展生活性服务业，有利于转变经济发展方式，扩大消费需求，增加就业，富民惠民，改善民生，增进社会和谐，对国民经济结构的优化起到非常重要的作用。同时由于生活服务业准入门槛低、技术含量低、投资少，因此非常适合创业，是创业的主要领域。推进生活性服务的大众创业、万众创新，有利于培育和催生黄陵经济社会发展新动力。黄陵应依托新型城镇化，鼓励大众创业、万众创新，发展住宿餐饮、养老托幼、医疗康复、文化娱乐、体育产业、房地产等生活性服务业，以及家庭老人护理、卫生服务等家政服务业，促进社区管理和物业管理智能化服务。以减少管制、打破垄断、公平竞争、创业扶持、扩大开放等为重点，完善有利于黄陵服务业发展的体制环境。

9.3 政策支撑体系

9.3.1 完善黄陵产业转型升级的财政支持措施

政府在经济发展过程中，通过财政手段干预经济活动，比如通过税收的方式从社会再生产过程中筹集一定的生产资料，促进社会经济资源向符合产业导向资源移动的合理调配，从而获得更多的经济和社会效益，实现社会效用最大化。黄陵在产业转型的实施过程中，可以通过以下几个方面来实施财政支持。

（1）加大转移支付力度。通过财政转移支付、财政专项拨款、财政参股、财政贴息等方式，获得国家和省级政府对黄陵产业转型的扶持，比如向国家申请通过安排国债和一部分中央预算内资金用于支持黄陵产业转型，在生产力布局时适当向黄陵倾斜，争取国家和省级政府设立黄陵资源型产业转型的专项基金，申请国家对转型过程中下岗职工安置的专项资金补助，争取国家和省级政府对黄陵社会保障设立专项转移基金等。切实抓住国家实施积极财政政策的机遇，争取国家批复更多的项目和资金投入，充分发挥好财政资金"四两拨千斤"的作用。

（2）争取调整资源税费收入政策。实行矿山资源补偿费率的弹性化，根据开采企业经营的周期性特点，即按不同时期的投入产出比收取矿产资源补偿费，而不是一成不变地按固定比例统一收取。同时，还要提高矿产资源补偿费的地方留成比例，资源型企业在产业转型和升级时，黄陵政府也分担着相当比例的支出任务，财政支出压力较大，因此可以在分成比例上向国家财政和省级财政争取适当提高县级财政的留成比例，保证黄陵产业转型期的财政需要。

（3）建立黄陵的财政援助长效机制。可以通过设立预算稳定基金，由国家和地方出资设立启动资金，并通过从资源型产业利润中提取一定比例，以及建立矿山环保和土地复垦保证金制度等方式共同积累来构成，该基金不能用于传统支出项目，在产业转型中可以用来弥补财政预算收入不足，如用于发展接续替代产业的补贴、人员培训和环境治理等方面。

9.3.2　完善黄陵产业转型升级的创新服务支撑措施

为了促进科技成果的产业化，推动企业的技术创新和技术进步，必须要有一个能够提供全面、高效、优质服务的服务体系。当前黄陵创新服务体系与发达地区的各种创新中介服务组织相比，基础十分薄弱，未能形成完整和系统的服务体系。完善的区域创新体系应包括技术交易市场、高新技术成果转化中心、生产力促进中心、企业孵化器、科技咨询中心等服务机构，也包括技术经纪人组织、技术评估机构、技术争议仲裁机构及其他类型的技术服务机构，还包括金融服务机构、资产评估机构、会计师事务所、法律事务所和审计事务所等。完善以科技中介机构为主的区域创新服务体系，黄陵要着力做好以下五个方面的工作：①加快培育科技中介机构，构筑专业化、社会化的技术服务平台。继续强化生产力促进中心的技术服务、技术咨询功能，继续加大对公益性技术服务机构的支持力度，增强这些机构为资源型中小型企业提供技术服务的功能。为资源型产业集群中的企业提供技术服务，帮助这些企业提高创新能力和产品档次。②提升孵化器和园区功能，完善科技创业平台。增强科技园区的创新服务功能。在进一步强化创新创业孵化和招商功能的同时，加强两个方面的工作。强化专业性的创业服务，以解决科技人员创办企业中碰到的各类商务难题及管理难题，增强创业服务能力，提高科技型企业的成功率。通过与邻近的高校合作，加强以专业技术服务为主要内容的基础条件平台建设，以解决入驻孵化企业和孵化毕业企业在企业发展过程中碰到的技术难题。③构建产业园区的创新、创业服务体系。在进一步强化产业园区产业发展环境优势的基础上，通过构建针对产业园区共性技术创新需求的公共技术服务平台，进一步增强产业园区的集聚力，提升产业园区内企业的市场竞争力，加快产业园区的发展。④开拓科技合作新领域，构筑技术要素交流平台。围绕建设区域网上技术交易市场，进一步加快科技成果库、技术需求库等信息资源和技术交易平台建设，着力培育围绕技术交易的中介机构。健全网上技术市场的法规，建设管理机构，加大对网上技术市场的投入。加强与国内外著名技术转移机构的联系，采用合作、设点等多种形式，构筑畅通的技术引进信息与交易平台。通过政策的引导和人员的培训，营造发展科技中介服务机构的政策环境，培育一批科技中介服务机构的创业者。同时，对科技中介机构在科技项目等方面给予扶持，并加强规范性管理，以帮助提升科技中介服务机构的能力和信誉。在培育各类科技中介服务机构的同时，逐步向市场化运作转移。⑤加快推进民营科技企业现代企业制度建设，引导民营科技企业增强技术创新意识，把提高研究开发能力、信息应用能力、知识产权开发保护能力及人才聚集能力作为技术创新的主要内容。鼓励和支持民营科技企业和对资源型产业有扩散带动效应的重点企业高起点、高标准地建立和完善研究开发机构，经认定的民营科技企业技术研究开发机构享受高新技术企业的有关优惠政策。进一步发挥民营科技企业在推进技术创新中的机制和体制优势，加大对民营科技企业的指导、扶持和服务力度，努力为民营科技企业的发展创造更加宽松的政策环境和社会环境，引导民营科技企业不断增加研究开发投入。

9.3.3 撤县设市把黄陵作为区域经济增长极促进产业转型升级

2014 年国务院发布的《国家新型城镇化规划（2014—2020 年）》提出，到 2020 年，我国常住人口城镇化率将达 60% 左右，户籍人口城镇化率将达 45% 左右，并努力实现 1 亿左右农业转移人口和其他常住人口在城镇落户。在国家大力推进新型城镇化的背景下，国务院可能开启新一轮的撤县改市政策。撤县建市最主要的功能就是确定一个地方的经济社会的中心地位。也就是要把它作为一个经济社会发展的中心来建设。用区域经济学的术语来表述，也就是要把它作为一个新的区域经济增长极来建设。说白了，也就是要增加一个地方发展过程中必不可少的"人气"。黄陵南距关中地区的铜川市 80 公里，北距陕北的延安市 180 公里，周围再没有任何别的大中城市，黄陵是陕西省至少是陕西中北部地区未来一个十分看好的经济增长极，作为中心城市的地理位置可以说是得天独厚。以 1993 年国务院批转国家民政部关于调整设市标准下达的国发［1993］38 号文件中小城市的设市标准来看，黄陵的工业产值、工业产值在工农业总产值中的比例及财政收入方面早就达到了文件中所提到的发达地区设市的标准，但是黄陵人口只有每平方公里 53.9 人的现实，使得黄陵按照不发达地区的设市标准受到了一定的限制。主要制约因素是人口，这一点可以考虑通过并入宜君县的办法解决。

9.3.4 完善扶持黄陵非公企业和中小企业发展的政策措施

众多的非公中小企业是推进产业转型升级的重要力量，产业集群是由大企业和中小企业共同构成，产业链的形成是以大企业为中心，中小企业是承担产业分工和配套产品的生产者。同时，中小企业也是吸纳就业的主力军，所以对中小企业进行援助是十分重要的。①提供融资和担保服务，解决中小企业贷款难、融资难问题；对潜力大且符合本地区发展的中小企业采取适度的产业倾斜优惠政策，实行税收激励政策，减免税收，鼓励企业发展；鼓励符合条件的企业设立财务公司，提高资金使用效率、效益，降低财务成本；健全信用担保体系，加大财政性资金对担保业的投入，增强中小企业融资担保能力，畅通融资担保渠道。设立专项引导资金，鼓励担保公司对符合条件的中小企业优先给予贷款担保支持，对新兴产业项目尤其是高新技术项目给予贷款贴息支持。②鼓励和扶持中小企业主动参与大企业的配套产品生产，提高产业协作发展能力，带动配套产业和企业发展，培育发展一批专业化生产，社会化协作的中小企业群体。③强化服务和引导，为中小企业提供信息、技术咨询服务和从业人员提供教育和培训服务。

9.4 公共服务平台支撑

公共服务平台是促进产业转型升级的助推器。2012年3月，工业和信息化部宣布正式启动了主题为"立足公共服务，聚焦能力提升，推动转型升级"产业基地公共服务能力提升工程，全面推动工业转型升级规划的落实，为黄陵利用产业公共服务平台促进企业技术改造和产业转型升级指明了方向。

（1）创建技术创新公共服务平台。以政府"搭台"、科研单位、大专院校参与、行业协会骨干企业"唱戏"的联动方式，搭建技术创新服务平台，进行产品的更新换代，提高产品竞争力。

（2）优化检验检测公共服务平台。提高涵盖三大产业的质量检验中心技术水平，由政府财政统一投入，质监部门统一管理，把质监技术机构打造成广大企业的"产品诊所"；同时加大技术机构设备投入力度，引进高学历、高职称的专业技术人才，提高对技术的应用和掌控能力。

（3）搭建人才公共服务平台，为产业转型升级提供人才支撑。以企业技术改造和转型升级需求为导向，不断推动产业人才培养的实用性。全力抓好高端科研人才、企业经营管理人才、专业技术人才、技工人才和社会事业人才队伍建设，引进和培养现代服务业发展需要的高级管理人才，支柱产业、高新技术产业发展急需的高层次管理人才和实用技术人才，构筑地区人才资源优势。为人才培养提供全方位的服务体系，包括教学资源服务、在线学习服务、评测服务及人才服务等。推动建立人才实训基地，推动各级各类人才培养，优化人才结构，缓解人才供需矛盾。

（4）搭建公共云服务平台，整合资源，采取资金政策支持等方式，加强资源共享，制订中小企业信息化发展计划，逐步引导企业自动自觉投入到信息化建设中，不断提高企业研发、设计、营销、服务等环节的信息化水平。

（5）搭建中小企业投融资公共服务平台，缓解企业技术改造的资金瓶颈。以促进两化深度融合为目标，整合银行、信托、担保等机构资源，打造中小企业投融资公共服务平台，结合企业技术改造专项资金，为黄陵中小企业转型升级提供资金支持。重点支持企业技术创新、产品质量提升、节能环保、公共平台建设、产业链延伸等领域具有示范带动和战略意义的重点技术改造项目。

9.5 生态环境支撑

推进生态环境保护和建设，营造良好的投资环境，加强生态环境的建设与保护是经济社会发展的长远之计。黄陵应从提高居民的生活质量以及满足城市建设和城市经济可持续发展的角度出发，协调好资源开发利用、经济建设发展和环境污染治理三者之间的关系。要制定相应的环境保护地方性规章，加强环境司法，坚持"谁开发，谁保护""谁污染，谁治理"的方式，彻底改变过去的"先开发，先污染，再治理"的末端治理模式。要增加环境保护的资金投入，促进环境保护产业的发展，同时要加强环境保护的宣传教育。在条件成熟时还应着手建立自己的 GGNP（绿色 GNP），以利于形成合理的资源成本核算与补偿机制，促进资源经济的发展。实行严格的污染物排放总量控制指标，根据环境容量制定产业准入环境标准，推进排污权制度改革，合理控制排污许可证的增发，制定合理的排污权有偿取得价格，积极实行规划区域率先开展排污权有偿使用和交易试点，支持工业园区和新建项目通过排污权交易获得排污权。严格实行节能减排目标考核责任制，加强对资源开发、加工、利用各个环节的环境监测工作。大力实施生态建设工程，实施环境综合治理工程。对生态脆弱区、退化区、采煤下陷区、煤化工业园进行环境整治。积极创建国家环保模范城市、国家生态城市。以生态优势为支撑，促进黄陵生态农业、循环工业、旅游等服务业转型升级。